南开大学公共数学系列教材

经济应用数学教程

张效成　李　静　耿　薇　编著

南开大学出版社

天　津

内容简介

本书是南开大学新世纪教学改革中的系列教材之一。内容包括微分方程、最优化和随机过程初步三部分。其中，微分方程部分以常微分方程为主，介绍了常微分方程基本概念、一阶常微分方程的初等解法、高阶微分方程和线性微分方程组的解法，以及差分方程与偏微分方程概述。最优化部分重点介绍了线性规划方法(主要有单纯形法、对偶理论和灵敏度分析等)，以及非线性规划、多目标规划及动态规划。随机过程初步部分介绍了随机过程的分布与数字特征、均方微积分、马尔可夫链和平稳过程等。这些内容都是经济学(也是管理学)研究与应用中最重要、最基本、最常用的数学理论和数学方法。

阅读本书需具备微积分、线性代数和概率论等基础知识。

本书可作为经济类各专业高年级本科生或研究生经济应用数学课程的教材，也可作为管理类相关专业应用数学课程的教材，还可作为教师的参考教材。

图书在版编目(CIP)数据

经济应用数学教程 / 张效成，李静，耿薇编著. —天津：南开大学出版社,2008.2(2012.7 重印)

(南开大学公共数学系列教材)

ISBN 978-7-310-02862-7

Ⅰ.经… Ⅱ.①张…②李…③耿… Ⅲ.经济数学-高等学校-教材 Ⅳ.F224.0

中国版本图书馆 CIP 数据核字(2008)第 010267 号

南开大学出版社出版发行

出版人:孙克强

地址:天津市南开区卫津路 94 号　　邮政编码:300071

营销部电话:(022)23508339　23500755

营销部传真:(022)23508542　　邮购部电话:(022)23502200

*

天津泰宇印务有限公司印刷

全国各地新华书店经销

*

2008 年 2 月第 1 版　　2012 年 7 月第 3 次印刷

787×960 毫米　16 开本　17.625 印张　2 插页　331 千字

定价:30.00 元

如遇图书印装质量问题,请与本社营销部联系调换,电话:(022)23507125

总　序

　　高等数学是南开大学非数学类专业本科生必修的校级公共基础课。由于各个学科门类的情况差异较大,该课程又形成了包含多个层次多个类别的体系结构。层次不同,类别不同,教学目标和教学要求也就有所不同,课程内容的深度与宽度也就有所不同,自然所使用的教材也应有所不同。

　　教材建设是课程建设的一个重要方面,属于基础性建设。时代在前进,教材也应适时更新而不能一劳永逸。因此,教材建设是一项持续的不可能有"句号"的工作。20世纪80年代以来,南开大学的老师们就陆续编写出版了面向物理类、经济管理类和人文类等多种高等数学教材。其中,如《文科数学基础》一书作为"十五"国家级规划教材由高等教育出版社于2003年出版,经过几年的使用取得较好收效。这些教材为南开的数学教学作出了重要贡献,也为公共数学教材建设奠定了基础,积累了经验。

　　21世纪是一个崭新的世纪。随着新世纪的到来,人们似乎对数学也有了一个崭新的认识:数学不仅是工具,更是一种素养,一种能力,一种文化。已故数学大师陈省身先生在其晚年为将中国建设成为数学大国乃至最终成为数学强国而殚精竭虑。他尤其对大学生们寄予厚望。他不仅关心着数学专业的学生,也以他那博大胸怀关心着非数学专业的莘莘学子。2004年他挥毫为天津市大学生数学竞赛题字,并与获奖学生合影留念。这也是老一辈数学家对我们的激励与鞭策。另一方面,近年来一大批与数学交叉的新兴学科如金融数学、生物数学等不断涌现。这也对我们的数学教育和数学教学提出了许多新要求。而作为课程基础建设的教材建设自当及时跟进。现在呈现在读者面前的便是南开大学公共数学系列教材。

　　本套教材的规划和出版得到了南开大学教务处、南开大学数学科学学院和南开大学出版社的高度重视、悉心指导和大力支持。此项工作是南开大学新世纪教学改革项目"公共数学课程建设改革与实践"的重要内容之一。编委会的各位老师为组织、规划和编写本套教材付出了不少心血。此外,还有很多热心的老师和同学给我们提出了很多很好的建议。对来自方方面面的关心、支持和帮助,我们在这里一并表示衷心感谢。

　　由于我们的水平有限,缺点和不足在所难免,诚望读者批评指正。

南开大学公共数学系列教材编委会

2006年6月

前　言

　　多年来,高等数学一直是南开大学非数学类专业本科生必修的校级公共基础课。由于各个学科门类的情况差异较大,该课程又形成了包含多个层次多个类别的体系结构。层次不同,类别不同,教学目标和教学要求有所不同,课程内容的深度与宽度也有所不同,自然所使用的教材也应有所不同。

　　教材建设是课程建设的一个重要方面,属于基础性建设。时代在前进,教材也应适时更新而不能一劳永逸。因此,教材建设是一项持续的不可能有"句号"的工作。20 世纪 80 年代以来,南开大学的老师们就陆续编写出版了面向物理类、生物化学类、经济管理类和人文社科类等多种高等数学教材。这些教材为当时的数学教学作出了重要贡献,也为公共数学教材建设奠定了基础,积累了经验。

　　21 世纪是一个崭新的世纪。随着新世纪的到来,人们似乎对数学也有了一个崭新的认识:数学不仅是工具,一种素养,一种能力,一种文化。大学生应当具备更高的数学素养已经成为一种共识。已故数学大师陈省身先生在其晚年为将中国建设成为数学大国乃至最终成为数学强国而殚精竭虑。他尤其对大学生们寄予厚望。他不仅关心着数学专业的学生,也以他那博大胸怀关心着非数学专业的莘莘学子。2004 年他挥毫为天津市大学生数学竞赛题字,并与获奖学生合影留念。这不仅是老一辈数学家对大学生们的激励与鞭策,也是老一辈数学家对教师们的激励与鞭策。另一方面,近年来一大批与数学交叉的新兴学科如金融数学、生物数学等不断涌现。这也对我们的数学教育和数学教学提出了许多新要求。而作为课程基础建设的教材建设自当及时跟进。现在呈现在读者面前的便是新世纪南开大学公共数学系列教材之一——经济应用数学教程。

　　本书是南开大学经济类各专业高年级本科生必修课"经济应用数学"课程的教材,主要内容包括微分方程、最优化和随机过程初步三个部分。其中,微分方程部分以常微分方程为主,介绍了常微分方程基本概念、一阶常微分方程的初等解法、高阶微分方程和线性微分方程组的解法,以及差分方程与偏微分方程概述。最优化部分重点介绍了线性规划方法(主要有单纯形法、对偶理论和灵敏度分析等),还介绍了非线性规划、多目标规划及动态规划。随机过程初步部分介绍了随机过程的分布与数字特征、均方微积分、马尔可夫链和平稳过程等内容。

　　微分方程部分由李静编写,最优化部分由耿薇编写,随机过程初步部分由张效成编写,全书由张效成统稿。

阅读本书需具备微积分、线性代数和概率论等知识。

本书是南开大学经济类专业高等数学课程改革的产物。自 2004 年以来,南开大学经济类各专业本科生要用第一学年的两个学期学完微积分,每周安排 4 课时的讲授和 2 课时的习题课,所用教材是我们编写的《经济类数学分析》上册和下册;要用第二学年的两个学期学完线性代数、概率论与数理统计,每周安排 4 课时的讲授;第三学年要用一个学期学完经济应用数学课程,每周仍安排 4 课时讲授,本书即为该课程所使用的教材。我们之所以要加大经济类本科生基础数学的深度和广度主要是基于以下的考虑:众所周知,在经济学中引入数学方法大约已有 200 多年的历史。经济学各个学科领域的发展一次又一次地证明,数学方法是经济学中最重要的方法之一,是经济理论取得突破的重要工具。

例如对经济学影响最大的瓦尔拉斯(L. Warlas,1834—1910)的一般均衡理论,从数学角度看始终缺乏坚实的基础。这个问题经过数学家和经济学家们 80 年的努力才得以解决。其中包括大数学家冯·诺伊曼(J. von Neumann,1903—1957)在 20 世纪 30 年代的研究(他并因此提出了著名的经济增长模型);列昂惕夫(W. Leontiev,1906—1999)的研究(他因其投入产出分析获 1973 年诺贝尔经济学奖);萨缪尔森(P. Samuelson,1915—)和希克斯(J. R. Hicks,1904—1989)的研究(他们分获 1970 年和 1972 年诺贝尔经济学奖)。而最终在 1954 年给出一般经济均衡存在性严格证明的是阿罗(K. J. Arrow,1921—)和德不鲁(G. Debreu,1921—)。他们两人也因此先后获 1972 年和 1983 年诺贝尔经济学奖。阿罗和德不鲁都以学习数学开始他们的学术生涯。阿罗有数学的学士和硕士学位,德不鲁则是由法国布尔巴基学派培养出来的数学家。

再来看现代金融理论的发展过程。第二次世界大战以前,金融学是经济学的一个分支。金融学研究的方法论以定性思维推理和语言描述为主。20 世纪 50 年代初马柯维茨(H. M. Markowitz,1927—)最先把数理工具引入金融研究,提出了投资组合理论,因此被看作是现代金融学理论——分析金融学的发端。后人把马柯维茨的工作和 20 世纪 70 年代布莱克(F. Black,1938—1995)和舒尔斯(M. S. Scholes,1941—)提出的期权定价公式称为"华尔街的两次数学革命"。他们也都以其具有划时代意义的工作而获得诺贝尔经济学奖(布莱克因已去世,与诺贝尔经济学奖失之交臂)。

此外,一个非常明显的事实是,诺贝尔经济学奖得主大多都具有良好的数理基础,有的原本就是杰出的数学家。

毋庸多叙,仅仅以上这些事实就无可辩驳地告诉我们,对于经济类专业的本科生来说,良好的数学基础及其素养是多么的重要。正是基于这样一种认识,我们修订了经济类专业高等数学课程的教学大纲,并编写了这本教材。

本书的框架是在 2002 年底南开大学数学学院和经济学院数学教学研讨会上确定的,并且经过了连续两届教学实践的经验积累。本书具有以下特点:第一,在内容的选取上考虑到经济类各个专业当前和未来发展的需要,也考虑到学生继续深造或者从事实际工作的需要,因此本书所包括的内容都是经济学研究与应用中最重要、最基本也是最常用的数学理论与数学方法。第二,考虑到经济类各专业本科生现有的数学基础,将重点放在常微分方程(含差分方程)、线性规划以及随机过程基本概念等内容上,但也以简洁的篇幅介绍了偏微分方程、非线性规划、多目标规划及动态规划等内容。第三,给学生留出了自学空间,即若干介绍性内容可以留给学生自学,对于高年级本科生来讲,这样安排既是应该的也是可行的,它有助于培养他们的自学能力。

本书可被管理类相关专业本科生选作教材,也可作为经济与管理类某些专业研究生的教材用书,还可作为相关教师的参考书。在教学实践中,我们大约用 32 课时讲授常微分方程(含差分方程),大约用 32 课时讲授线性规划,大约用 12 课时讲授随机过程初步的部分内容,以上安排仅供参考,读者也可根据自己的实际情况加以调整。

本书的编写得到了南开大学"新世纪教学改革"项目《公共数学课程建设改革与实践》的资助,得到了南开大学教务处、南开大学数学学院和南开大学经济学院的大力支持和帮助。南开大学出版社莫建来老师和尹建国老师为本书的出版进行了精心的策划和悉心指导。陈怀鹏、陈学民二位老师参与了本书前期的准备工作。在教材编写、录入和试用过程中,南开大学数学学院高等数学办公室主任薛锋副研究员周密细致的组织协调工作为我们提供了有力的保障。数学学院的李桂芝老师也给了我们很多帮助。此外,高建召和陈汉哲同学利用休息时间为本书录入了全部书稿。对来自方方面面的关心、支持和帮助,我们在这里一并表示衷心感谢。

由于我们的水平有限,缺点和不足在所难免,诚望读者批评指正。

编著者

于南开大学数学科学学院

2008 年 1 月

目　录

第一部分　微分方程

第1章　基本概念 ……………………………………………………（3）

　1.1　微分方程概述 …………………………………………………（3）

　1.2　常微分方程的基本概念 ………………………………………（5）

　　1.2.1　常微分方程的一般表达形式 …………………………（5）

　　1.2.2　常微分方程的解 …………………………………………（6）

　1.3　习题 ……………………………………………………………（8）

第2章　一阶常微分方程的初等解法 ………………………………（9）

　2.1　分离变量法 ……………………………………………………（9）

　　2.1.1　变量可分离方程 …………………………………………（9）

　　2.1.2　可化为变量分离方程的方程 ………………………（11）

　2.2　一阶线性常微分方程的解法 ………………………………（14）

　2.3　恰当方程与积分因子 ………………………………………（18）

　　2.3.1　恰当方程 …………………………………………………（18）

　　2.3.2　恰当方程的判别定理 …………………………………（19）

　　2.3.3　积分因子 …………………………………………………（22）

　2.4　一阶隐方程的解法* …………………………………………（25）

　　2.4.1　可以解出 y（或 x）的方程 ……………………（25）

　　2.4.2　不显含 y（或 x）的方程 …………………………（28）

　2.5　一阶微分方程的解的存在定理* ……………………………（29）

　2.6　习题 …………………………………………………………（30）

第3章　高阶微分方程 ………………………………………………（32）

　3.1　线性微分方程的一般理论 …………………………………（32）

　　3.1.1　引言 ………………………………………………………（32）

　　3.1.2　齐次线性方程的解的性质与结构 …………………（33）

　　3.1.3　非齐次线性方程与常数变易法 ……………………（36）

　3.2　常系数线性方程的解法 ……………………………………（39）

3.2.1 复值函数与复值解 ································· (39)

3.2.2 常系数齐次线性方程的解法 ················· (41)

3.2.3 欧拉方程* ·· (43)

3.2.4 常系数非齐次线性方程的解法 ············· (44)

3.3 习题 ··· (49)

第 4 章 线性微分方程组 ··· (51)

4.1 线性微分方程组的一般理论 ······················· (51)

4.1.1 向量函数和矩阵函数 ·························· (51)

4.1.2 线性方程组解的存在唯一性 ················ (53)

4.1.3 齐次线性方程组的通解结构 ················ (56)

4.1.4 非齐次线性方程组的通解结构 ············· (60)

4.2 常系数线性微分方程组 ······························· (64)

4.2.1 矩阵指数的定义和性质 ······················ (64)

4.2.2 基解矩阵的计算 ································· (67)

4.3 习题 ··· (77)

第 5 章 差分方程 ·· (79)

5.1 差分与差分方程 ······································· (79)

5.1.1 差分的概念 ······································· (79)

5.1.2 差分方程的概念 ································· (80)

5.2 一阶常系数线性差分方程 ··························· (80)

5.2.1 一阶常系数齐次线性差分方程的通解 ····· (81)

5.2.2 一阶常系数非齐次线性差分方程的通解 ·· (81)

5.3 二阶常系数线性差分方程 ··························· (84)

5.3.1 二阶常系数齐次线性差分方程的通解 ····· (84)

5.3.2 二阶常系数非齐次线性差分方程的通解 ·· (86)

5.4 习题 ··· (89)

第 6 章 偏微分方程简介 ··· (90)

6.1 一阶偏微分方程初步 ································· (91)

6.1.1 基本概念 ··· (91)

6.1.2 一阶常微分方程组的首次积分 ············· (92)

6.1.3 一阶齐次线性偏微分方程的解法 ··········· (94)

6.1.4 一阶拟线性非齐偏微分方程的解法 ······· (97)

6.2 二阶偏微分方程初步 ································· (99)

6.2.1 二阶线性偏微分方程的分类与标准型 ····· (99)

6.2.2 热传导方程、波动方程、位势方程的定解问题 ·········· (103)

6.3 习题 ··· (107)

第二部分 最优化方法

第1章 线性规划与单纯形法·································· (111)

1.1 线性规划问题及其数学模型 ···························· (111)

1.1.1 问题的提出 ·· (111)

1.1.2 线性规划问题的标准形式 ···················· (113)

1.1.3 线性规划问题解的概念 ······················· (114)

1.2 线性规划问题的几何意义 ······························ (115)

1.2.1 两个变量线性规划问题的图解法 ·········· (115)

1.2.2 基本概念 ·· (118)

1.2.3 基本定理 ·· (119)

1.3 单纯形法 ·· (121)

1.3.1 引例 ··· (121)

1.3.2 初始基可行解的确定 ··························· (123)

1.3.3 最优检验与解的判定定理 ···················· (124)

1.3.4 换基迭代 ·· (125)

1.3.5 单纯形表 ·· (126)

1.4 单纯形法的进一步讨论 ·································· (129)

1.4.1 人工变量 ·· (129)

1.4.2 退化与循环 ··· (133)

1.5 习题 ·· (134)

第2章 对偶理论与灵敏度分析································ (136)

2.1 对偶问题的提出 ·· (136)

2.2 对偶理论 ·· (137)

2.2.1 对偶问题的表示 ·································· (137)

2.2.2 对偶问题的基本性质 ··························· (140)

2.3 对偶问题的经济解释——影子价格 ··············· (146)

2.4 对偶单纯形法 ·· (148)

2.5 灵敏度分析 ··· (151)

2.5.1 资源数量 b_i 变化的分析 ··················· (151)

2.5.2 目标函数中 c_j 变化的分析 ··············· (153)

2.5.3 技术系数 a_{ij} 变化的分析 ··············· (154)

　　　2.5.4　增加一个新变量的分析 ……………………………………（154）
　　　2.5.5　增加一个新约束条件的分析 …………………………………（155）
　　2.6　习题 ……………………………………………………………………（155）
第3章　非线性规划 ………………………………………………………………（158）
　　3.1　基本知识 ………………………………………………………………（158）
　　　3.1.1　非线性规划问题的数学模型 …………………………………（158）
　　　3.1.2　凸规划 ……………………………………………………………（158）
　　　3.1.3　最优性条件 ………………………………………………………（160）
　　　3.1.4　非线性规划方法概述 ……………………………………………（160）
　　3.2　无约束非线性规划问题的解法 ………………………………………（162）
　　　3.2.1　最速下降法 ………………………………………………………（162）
　　　3.2.2　共轭梯度法 ………………………………………………………（163）
　　　3.2.3　模矢搜索法 ………………………………………………………（166）
　　3.3　约束非线性规划问题的解法 …………………………………………（168）
　　　3.3.1　可行方向法 ………………………………………………………（168）
　　　3.3.2　增广目标函数法 …………………………………………………（173）
　　3.4　习题 ……………………………………………………………………（176）
第4章　多目标规划 ………………………………………………………………（179）
　　4.1　基本知识 ………………………………………………………………（179）
　　　4.1.1　多目标规划问题的数学模型 …………………………………（179）
　　　4.1.2　有效解、弱有效解与最优解 ……………………………………（179）
　　4.2　评价函数法 ……………………………………………………………（182）
　　　4.2.1　线性加权和法 ……………………………………………………（182）
　　　4.2.2　理想点法 …………………………………………………………（185）
　　　4.2.3　乘除法 ……………………………………………………………（186）
　　　4.2.4　功效函数法 ………………………………………………………（188）
　　4.3　分层求解法 ……………………………………………………………（190）
　　4.4　逐步宽容约束法 ………………………………………………………（190）
　　4.5　妥协约束法 ……………………………………………………………（194）
　　4.6　习题 ……………………………………………………………………（195）
第5章　动态规划 …………………………………………………………………（197）
　　5.1　动态规划简介 …………………………………………………………（197）
　　　5.1.1　引例 ………………………………………………………………（197）
　　　5.1.2　动态规划的概念 …………………………………………………（197）

5.2　动态规划问题的基本解法 ……………………………………（199）

5.3　习题 ……………………………………………………………（203）

第三部分　随机过程初步

第1章　随机过程的基本知识…………………………………………（207）

1.1　随机过程的概念 ………………………………………………（207）

1.2　随机过程的分布与数字特征 …………………………………（210）

1.2.1　随机过程的分布函数族 …………………………………（210）

1.2.2　随机过程的数字特征 ……………………………………（213）

1.2.3　随机过程的分类 …………………………………………（216）

1.3　习题 ……………………………………………………………（220）

第2章　均方微积分…………………………………………………（221）

2.1　随机变量序列的均方极限 ……………………………………（221）

2.2　随机过程的均方连续性 ………………………………………（223）

2.3　随机过程的均方导数 …………………………………………（224）

2.4　随机过程的均方积分 …………………………………………（228）

2.5　正态过程的均方微积分 ………………………………………（230）

2.6　随机微分方程 …………………………………………………（231）

2.7　习题 ……………………………………………………………（233）

第3章　马尔可夫链…………………………………………………（235）

3.1　马尔可夫链 ……………………………………………………（235）

3.2　切普曼—柯尔莫哥洛夫方程 …………………………………（239）

3.2.1　切普曼—柯尔莫哥洛夫方程 ……………………………（239）

3.2.2　初始概率分布及绝对概率分布 …………………………（240）

3.2.3　有限维概率分布 …………………………………………（241）

3.3　马尔可夫链的遍历性 …………………………………………（241）

3.4　习题 ……………………………………………………………（244）

第4章　平稳过程……………………………………………………（246）

4.1　严平稳过程及其数字特征 ……………………………………（246）

4.2　宽平稳过程 ……………………………………………………（247）

4.3　相关函数的性质 ………………………………………………（249）

4.4　习题 ……………………………………………………………（251）

第四部分　习题参考答案

第一部分　微分方程习题答案…………………………………………（255）

第二部分　最优化方法习题答案………………………………………（259）

第三部分　随机过程初步习题答案……………………………………（261）

第一部分　微分方程

第 1 章　基本概念

1.1　微分方程概述

微分方程理论在十七世纪末就开始发展起来,很快成为了研究自然现象的强有力的工具.在力学、天文学等学科中,科学家借助微分方程取得了巨大成就.例如1846 年 Leverrier 就是根据微分方程预见到了海王星的存在,并确定出海王星在天空中的位置.到现在,微分方程不仅在物理学、化学、自动控制、电子学等学科取得许许多多的成就,而且在经济学、金融学等领域中也产生了巨大的作用.如著名的期权定价公式(B−S 公式)就是借助微分方程得出的,B−S 公式对金融工程学中有关期权定价的研究起着十分重要的作用.

我们知道,数学分析中所研究的函数,是反映客观现实世界运动过程中量与量之间的一种关系.但是在实际问题中,反映运动规律的量与量之间的关系往往不能直接用函数的形式描写出来,却比较容易通过建立这些变量和它们的导数(或微分)之间的关系式或方程来确定.本书所研究的微分方程可以说是最重要的函数方程之一.所谓微分方程就是联系着自变量、未知函数以及未知函数的某些导数(或微分)的关系式.下列方程都是微分方程的具体示例.

$$\frac{\mathrm{d}x}{\mathrm{d}t} = P(t)x + Q(t) \quad (t \text{ 为自变量}, x \text{ 为未知函数}).$$

$$\frac{\mathrm{d}^2 x}{\mathrm{d}t^2} + \frac{1}{t}\frac{\mathrm{d}x}{\mathrm{d}t} + \left(1 - \frac{h^2}{t^2}\right)x = 0 \quad (t \text{ 为自变量}, x \text{ 为未知函数}).$$

$$\frac{\partial u}{\partial t} = \frac{\partial^2 u}{\partial^2 x} \quad (t、x \text{ 为自变量}, u \text{ 为未知函数}).$$

$$\frac{\partial^2 u}{\partial^2 t} = \frac{\partial^2 u}{\partial^2 x} \quad (t、x \text{ 为自变量}, u \text{ 为未知函数}).$$

$$\frac{\partial^2 u}{\partial^2 x} + \frac{\partial^2 u}{\partial^2 y} + \frac{\partial^2 u}{\partial^2 z} = 0 \quad (x、y、z \text{ 为自变量}, u \text{ 为未知函数}).$$

在上述示例中,不难发现前两个方程与后三个方程有着明显的不同,其中前两个方程仅包含一个自变量,而后三个方程却包含两个或三个自变量.因此根据微分方程中自变量个数的差异,微分方程包括常微分方程与偏微分方程.如果微分方程中的未知函数仅与一个自变量有关,则称该微分方程为**常微分方程**;如果微分方程中未知函数与多个(至少两个)自变量有关,则称该微分方程为**偏微分方程**.在上述示例中的前两个方程为常微分方程,而后三个方程为偏微分方程.

在了解了微分方程的概念后,我们以物体受到空气阻力的自由落体运动来结束本节.

例 1.1.1 受空气阻力的物体自由落体运动的微分方程.设质量为 m 的物体,在时间 $t=0$ 时自由下落,在空气中受到的阻力与物体的下落速度成正比,试建立物体下落距离与时间的关系.

解:设 x 为物体下落的距离,于是物体下落的速度 $v=\dfrac{\mathrm{d}x}{\mathrm{d}t}$,加速度 $a=\dfrac{\mathrm{d}^2x}{\mathrm{d}t^2}$,空气阻力 $f=kv=k\dfrac{\mathrm{d}x}{\mathrm{d}t}$,其中 k 为一正比例常数.

根据牛顿第二定律 $F=ma$,则

$$mg-f=ma,$$

即

$$mg-k\frac{\mathrm{d}x}{\mathrm{d}t}=m\frac{\mathrm{d}^2x}{\mathrm{d}t^2}. \tag{1.1.1}$$

这样,自由落体问题归结为以时间 t 为自变量、下落距离 x 为未知函数的微分方程问题.

当 $k=0$ 时,即物体是在真空状态下的自由落体,没有阻力,这时,(1.1.1)式简化为

$$\frac{\mathrm{d}^2x}{\mathrm{d}t^2}=g. \tag{1.1.2}$$

对(1.1.2)式积分两次,得到

$$\frac{\mathrm{d}x}{\mathrm{d}t}=gt+C_1, \tag{1.1.3}$$

$$x=\frac{1}{2}gt^2+C_1t+C_2, \tag{1.1.4}$$

其中 C_1,C_2 为两个常数.

考虑物体自由落体运动的初始状态,即 $t=0$ 时,有

$$x(0)=0, \quad v(0)=x'(0)=0,$$

将上述两条件代入(1.1.3),(1.1.4)式,得

$$C_1=0, \quad C_2=0.$$

于是,物体自由落体运动的距离公式为

$$x=\frac{1}{2}gt^2. \tag{1.1.5}$$

(1.1.5)式与普通物理学的结论是一致的.

1.2　常微分方程的基本概念

1.2.1　常微分方程的一般表达形式

由第一节我们可以知道,常微分方程是联系着自变量 t 与未知函数 x 和它的某些导数的一个关系式,于是常微分方程的一般表达式可用(1.2.1)式来描述.

$$F\left(t,x,\frac{\mathrm{d}x}{\mathrm{d}t},\frac{\mathrm{d}^2x}{\mathrm{d}t^2},\cdots,\frac{\mathrm{d}^nx}{\mathrm{d}t^n}\right)=0. \tag{1.2.1}$$

其中 F 是 $(n+2)$ 元的已知函数,而(1.2.1)式中出现的未知函数的最高阶导数的阶数 n 称为常微分方程的**阶数**,于是我们称(1.2.1)式为 **n 阶常微分方程**. 例如可将(1.1.1)式称为二阶常微分方程.

1.2.1.1　线性与非线性常微分方程

如果(1.2.1)式的左端为 x 及 $\frac{\mathrm{d}x}{\mathrm{d}t},\frac{\mathrm{d}^2x}{\mathrm{d}t^2},\cdots,\frac{\mathrm{d}^nx}{\mathrm{d}t^n}$ 的一次有理整式,则称(1.2.1)

式为 **n 阶线性常微分方程**,否则称为非线性微分方程.

例如(1.1.1)式是二阶线性常微分方程.(1.2.2)式则表示的是 n 阶线性常微分方程的一般形式,

$$\frac{\mathrm{d}^nx}{\mathrm{d}t^n}+a_1(t)\frac{\mathrm{d}^{n-1}x}{\mathrm{d}t^{n-1}}+\cdots+a_{n-1}(t)\frac{\mathrm{d}x}{\mathrm{d}t}+a_n(t)x=f(t), \tag{1.2.2}$$

其中 $a_1(t),a_2(t),\cdots,a_n(t)$ 及 $f(t)$ 是 t 的已知函数.

而微分方程

$$\frac{\mathrm{d}^2x}{\mathrm{d}t^2}+\frac{g}{l}\sin x=0$$

是二阶非线性常微分方程;

微分方程

$$\left(\frac{\mathrm{d}x}{\mathrm{d}t}\right)^2+t\frac{\mathrm{d}x}{\mathrm{d}t}+x=0$$

是一阶非线性常微分方程.

1.2.1.2　显式方程与隐式方程

如果能够从(1.2.1)式中将 $\frac{\mathrm{d}^nx}{\mathrm{d}t^n}$ 解出,则可得(1.2.3)式

$$\frac{\mathrm{d}^nx}{\mathrm{d}t^n}=f\left(t,x,\frac{\mathrm{d}x}{\mathrm{d}t},\cdots,\frac{\mathrm{d}^{n-1}x}{\mathrm{d}t^{n-1}}\right), \tag{1.2.3}$$

其中 f 是 $(n+1)$ 元的已知函数,称(1.2.3)式为 **n 阶显式常微分方程**,而称(1.2.1)式为 **n 阶隐式常微分方程**.

例如,$\dfrac{\mathrm{d}^2 x}{\mathrm{d}t^2}=3\dfrac{\mathrm{d}x}{\mathrm{d}t}-2x+\mathrm{e}^t$ 为二阶显式方程,而 $\left(\dfrac{\mathrm{d}x}{\mathrm{d}t}\right)^2+t\dfrac{\mathrm{d}x}{\mathrm{d}t}+x=0$ 为一阶隐式方程.

1.2.2　常微分方程的解

1.2.2.1　常微分方程的解

如果将定义在某区间 Ω 上的函数 $x=\varphi(t)$ 代入(1.2.1)式后,能够使之成为恒等式,即

$$F\left(t,\varphi(t),\frac{\mathrm{d}\varphi(t)}{\mathrm{d}t},\frac{\mathrm{d}^2\varphi(t)}{\mathrm{d}t^2},\cdots,\frac{\mathrm{d}^n\varphi(t)}{\mathrm{d}t^n}\right)\equiv 0,\quad \forall t\in\Omega,$$

则称 $x=\varphi(t)$ 为(1.2.1)式在区间 Ω 上的**解**.

例如(1.1.4),(1.1.5)式都是(1.1.2)式的解.

如果关系式 $\Phi(t,x)=0$ 所决定的隐函数 $x=\varphi(t)$ 是(1.2.1)式的解,则称 $\Phi(t,x)=0$ 为(1.2.1)式的**隐式解**.例如,一阶常微分方程

$$\frac{\mathrm{d}x}{\mathrm{d}t}=-\frac{t}{x} \tag{1.2.4}$$

有解 $x=\pm\sqrt{1-t^2}$,而关系式

$$x^2+t^2=C^2,\quad C\neq 0 \tag{1.2.5}$$

就是方程(1.2.4)的隐式解.

1.2.2.2　常微分方程的通解

我们将含有 n 个独立的任意常数 $C_1,C_2,\cdots,C_n$ 的解[①]

$$x=\varphi(t,C_1,C_2,\cdots,C_n)$$

称为 n 阶方程(1.2.1)的**通解**.同样,可以定义 n 阶方程(1.2.1)的隐式通解,但为简单起见,以后我们将通解和隐式通解不加区别,统称为方程的通解.

例如,(1.1.4)式就是方程(1.1.2)的通解,而(1.2.5)式是方程(1.2.4)的通解.

1.2.2.3　常微分方程初值问题的解

一般而言,微分方程不只有一个或几个解,而是有为数无穷的一族解,但是在实际应用中,我们除了要了解这族解的属性外,并不要求求出其中的每一个解,而是要求求出其中满足某些特定条件的解,于是称微分方程的解所必须满足的条件

为**定解条件**,求微分方程满足某种定解条件的解的问题,称为**定解问题**.

在常微分方程中最常见的定解条件是初始条件,所谓 n 阶常微分方程(1.2.1)的初始条件是指如下的 n 个条件:

$$x(t_0)=x_0,$$
$$\frac{\mathrm{d}x(t_0)}{\mathrm{d}t}=x_0^{(1)},$$
$$\frac{\mathrm{d}^2x(t_0)}{\mathrm{d}t^2}=x_0^{(2)},$$
$$\vdots$$
$$\frac{\mathrm{d}^{n-1}x(t_0)}{\mathrm{d}t^{n-1}}=x_0^{(n-1)}.$$

这里 $t_0,x_0,x_0^{(1)},\cdots,x_0^{(n-1)}$ 是给定的 $(n+1)$ 个常数.

当定解条件为初始条件时,相应的定解问题称为**初值问题**或称为**柯西问题**. 初始条件不同,对应的微分方程的解也会有所不同. 有时我们也将满足初始条件的解称为微分方程的**特解**.

例如,在例 1.1.1 受空气阻力的物体自由落体的微分方程中,微分方程

$$\frac{\mathrm{d}^2x}{\mathrm{d}t^2}=g$$

满足条件 $\qquad\qquad x(0)=0, \qquad \frac{\mathrm{d}x(0)}{\mathrm{d}t}=0$

的特解就是(1.1.5)式: $x=\frac{1}{2}gt^2$.

容易验证,二阶微分方程

$$\frac{\mathrm{d}^2x}{\mathrm{d}t^2}+5\frac{\mathrm{d}x}{\mathrm{d}t}+4x=0$$

的通解为

$$x=C_1\mathrm{e}^{-t}+C_2\mathrm{e}^{-4t},$$

其中 C_1,C_2 为任意常数;而满足初始条件

$$x(0)=2, \qquad \frac{\mathrm{d}x(0)}{\mathrm{d}t}=1$$

的特解为

$$x=3\mathrm{e}^{-t}-\mathrm{e}^{-4t}.$$

1.3　习题

1. 指出下列微分方程的阶数,并回答方程是否是线性的:

(1) $\dfrac{\mathrm{d}y}{\mathrm{d}x} = y^2 + x.$

(2) $\dfrac{\mathrm{d}^2 y}{\mathrm{d}x^2} - \left(\dfrac{\mathrm{d}y}{\mathrm{d}x}\right)^3 - xy = 0.$

(3) $x\dfrac{\mathrm{d}^2 y}{\mathrm{d}x^2} - 2\dfrac{\mathrm{d}y}{\mathrm{d}x} - 5xy + \sin 6x = 0.$

2. 验证下列函数是否为相应微分方程的解:

(1) $y = \dfrac{\sin x}{x},$ $\qquad x\dfrac{\mathrm{d}y}{\mathrm{d}x} + y - \cos x = 0.$

(2) $y = \dfrac{1}{x},$ $\qquad \dfrac{\mathrm{d}^2 y}{\mathrm{d}x^2} = x^2 + y^2.$

(3) $y = C\mathrm{e}^{\int p(x)\mathrm{d}x},$ $\qquad \dfrac{\mathrm{d}y}{\mathrm{d}x} = p(x)y,$ $\quad p(x)$ 为连续函数,C 是常数.

第 2 章 一阶常微分方程的初等解法

2.1 分离变量法

2.1.1 变量可分离方程

形如

$$\frac{\mathrm{d}y}{\mathrm{d}x} = f(x)g(y) \tag{2.1.1}$$

的方程,称为**变量可分离方程**,这里 $f(x)$ 与 $g(y)$ 分别是 x,y 的连续函数.该方程的特点是:方程的右端是只含 x 的函数与只含 y 的函数的乘积.

对于方程(2.1.1)的求解方法分两种情况.

(1)$g(y) \neq 0$ 时的情况

此时将(2.1.1)式改写成

$$\frac{\mathrm{d}y}{g(y)} = f(x)\mathrm{d}x.$$

这时变量就"分离"开来了.两边积分可得

$$\int \frac{\mathrm{d}y}{g(y)} = \int f(x)\mathrm{d}x + C. \tag{2.1.2}$$

这里 C 是积分常数,而 $\int \frac{\mathrm{d}y}{g(y)}$ 和 $\int f(x)\mathrm{d}x$ 可分别理解为 $\frac{1}{g(y)}$ 与 $f(x)$ 的某一个原函数.如无特别声明,以后出现的不定积分也可以这样理解.

易知由(2.1.2)所确定的隐函数 $y = y(x,C)$ 满足方程(2.1.1),因而(2.1.2)式是(2.1.1)式的通解.

(2)存在 y_0,使 $g(y_0) = 0$ 时的情况

这时将 $y = y_0$ 直接代入方程(2.1.1),可知 $y = y_0$ 也是方程(2.1.1)的解,此解可能不包含在方程的通解(2.1.2)式中,必须予以补上.

例 2.1.1 求解方程

$$\frac{\mathrm{d}y}{\mathrm{d}x} = \frac{y}{x}.$$

解:当 $y\neq 0$ 时,方程化为

$$\frac{\mathrm{d}y}{y}=\frac{\mathrm{d}x}{x}.$$

将方程两边积分,得

$$\ln|y|=\ln|x|+C_1.$$

化简,得

$$y=\pm\mathrm{e}^{C_1}x.$$

令 $C=\pm\mathrm{e}^{C_1}$,得方程的通解

$$y=Cx \quad (C\neq 0). \tag{2.1.3}$$

另外,$y=0$ 也是方程的解.

如果在(2.1.3)式中允许 $C=0$,则 $y=0$ 也包含 $y=Cx$ 中,因此,方程的通解为

$$y=Cx \quad (C\ \text{为任意常数}).$$

例 2.1.2 求解方程

$$\frac{\mathrm{d}y}{\mathrm{d}x}=\frac{\sqrt{1-y^2}}{\sqrt{1-x^2}}.$$

解:当 $y\neq\pm 1$ 时,方程的通解为

$$\int\frac{\mathrm{d}y}{\sqrt{1-y^2}}=\int\frac{1}{\sqrt{1-x^2}}\,\mathrm{d}x+C,$$

即

$$\arcsin y=\arcsin x+C.$$

另外,$y=\pm 1$ 也是方程的解,它们不包括在上述通解中.

例 2.1.3 求方程

$$\frac{\mathrm{d}y}{\mathrm{d}x}=\frac{y^2-1}{2}$$

的满足初始条件 $y(0)=0$,以及 $y(0)=1$ 的解.

解:当 $y\neq\pm 1$ 时,方程的通解为

$$\ln\left|\frac{y-1}{y+1}\right|=x+C_1,$$

$$\frac{y-1}{y+1}=C\mathrm{e}^x \quad (C=\mathrm{e}^{C_1}\neq 0),$$

即

$$y=\frac{1+C\mathrm{e}^x}{1-C\mathrm{e}^x}.$$

为求满足初始条件 $y(0)=0$ 的解,将 $y(0)=0$ 代入通解,得

$$0=\frac{1+C}{1-C},$$

$$C = -1.$$

于是，满足初始条件 $y(0)=0$ 的特解为

$$y = \frac{1-\mathrm{e}^x}{1+\mathrm{e}^x}.$$

另外，易知 $y = \pm 1$ 也是方程的解. 解 $y=1$ 显然是满足初始条件 $y(0)=1$ 的解.

2.1.2　可化为变量分离方程的方程

有些微分方程本身不是变量分离的形式，但是通过某些变量变换就可以化成变量分离的方程. 下面所介绍的是这类方程的一些主要代表，更多的变量变换的技巧，读者可在进一步的学习中通过积累经验来获得求解微分方程的方法.

2.1.2.1　齐次方程

形如

$$\frac{\mathrm{d}y}{\mathrm{d}x} = g\left(\frac{y}{x}\right) \tag{2.1.4}$$

的方程称为**齐次方程**，这里 $g(u)$ 是 u 的连续函数.

令

$$u = \frac{y}{x}, \tag{2.1.5}$$

即 $y = ux$，于是

$$\frac{\mathrm{d}y}{\mathrm{d}x} = u + x\frac{\mathrm{d}u}{\mathrm{d}x}. \tag{2.1.6}$$

将(2.1.5)式，(2.1.6)式代入(2.1.4)式，可得

$$u + x\frac{\mathrm{d}u}{\mathrm{d}x} = g(u),$$

即

$$\frac{\mathrm{d}u}{\mathrm{d}x} = \frac{g(u)-u}{x}. \tag{2.1.7}$$

这是一个变量可分离的方程.

若 $g(u)-u \neq 0$，则用变量分离法可求得方程的(隐式)通解

$$\int \frac{\mathrm{d}u}{g(u)-u} = \ln|x| + C_1.$$

令 $G(u) = \int \frac{\mathrm{d}u}{g(u)-u}$，并将 $u = \frac{y}{x}$ 代入，则齐次方程(2.1.4)的通解为

$$x = C\mathrm{e}^{G(\frac{y}{x})} \quad (C \neq 0).$$

若存在常数 u_0，使 $g(u_0)-u_0=0$，则 $y = u_0 x$ 也是齐次方程(2.1.4)的解.

例 2.1.4　求解

$$x^2 \frac{\mathrm{d}y}{\mathrm{d}x} = xy - y^2.$$

解：将方程化为

$$\frac{\mathrm{d}y}{\mathrm{d}x} = \frac{xy - y^2}{x^2}.$$

令 $u = \dfrac{y}{x}$，可得

$$u + x \frac{\mathrm{d}u}{\mathrm{d}x} = u - u^2,$$

即

$$x \frac{\mathrm{d}u}{\mathrm{d}x} = -u^2.$$

当 $u \neq 0$ 时，分离变量，得

$$\frac{\mathrm{d}u}{-u^2} = \frac{\mathrm{d}x}{x},$$

两端积分，得

$$\frac{1}{u} = \ln|x| + C,$$

将 $u = \dfrac{y}{x}$ 代入，可得原方程的通解为

$$y = \frac{x}{\ln|x| + C}.$$

另外，$u = 0$，即 $y = 0$ 也为原方程的一个解.

2.1.2.2　可化为齐次方程的方程

如果有

$$\frac{\mathrm{d}y}{\mathrm{d}x} = f\left(\frac{a_1 x + b_1 y + c_1}{a_2 x + b_2 y + c_2}\right), \tag{2.1.8}$$

我们称 (2.1.8) 形式的方程为齐次方程或可化为齐次方程的方程，其中 a_1, b_1, c_1，a_2, b_2, c_2 都是常数. 下面我们分三种情况讨论方程的解.

情况 Ⅰ：$c_1 = c_2 = 0$ 的情况.

此时，方程 (2.1.8) 本身就是齐次方程，即

$$\frac{\mathrm{d}y}{\mathrm{d}x} = f\left(\frac{a_1 x + b_1 y}{a_2 x + b_2 y}\right).$$

这时方程可化为

$$\frac{\mathrm{d}y}{\mathrm{d}x}=f\left(\frac{a_1+b_1\frac{y}{x}}{a_2+b_2\frac{y}{x}}\right),$$

因此,只需令 $u=\frac{y}{x}$,方程就化为了变量分离方程.

情况 II :$\begin{vmatrix} a_1 & b_1 \\ a_2 & b_2 \end{vmatrix}=0$,且 c_1,c_2 至少有一个不为零的情况.

设 $\frac{a_1}{a_2}=\frac{b_1}{b_2}=\frac{1}{\lambda}$,于是方程(2.1.8)可化为

$$\frac{\mathrm{d}y}{\mathrm{d}x}=f\left(\frac{a_1x+b_1y+c_1}{\lambda(a_1x+b_1y)+c_2}\right). \tag{2.1.9}$$

作变换 $z=a_1x+b_1y$,则 $\frac{\mathrm{d}z}{\mathrm{d}x}=a_1+b_1\frac{\mathrm{d}y}{\mathrm{d}x}$.

这样(2.1.9)式化为

$$\frac{\mathrm{d}z}{\mathrm{d}x}=a_1+b_1f\left(\frac{z+c_1}{\lambda z+c_2}\right). \tag{2.1.10}$$

(2.1.10)式显然是变量分离方程.

情况 III :$\begin{vmatrix} a_1 & b_1 \\ a_2 & b_2 \end{vmatrix}\neq0$,且 c_1,c_2 至少有一个不为零的情况.

引进新的变量 X,Y:

$$x=X+\alpha,\quad y=Y+\beta,$$

其中 α,β 为直线

$$a_1x+b_1y+c_1=0$$

与直线

$$a_2x+b_2y+c_2=0$$

的交点 (α,β).

于是方程(2.1.8)可化为

$$\frac{\mathrm{d}Y}{\mathrm{d}X}=f\left(\frac{a_1X+b_1Y}{a_2X+b_2Y}\right),$$

这是一个与情况 I 相同的齐次方程.

例 2.1.5　求解方程

$$\frac{\mathrm{d}y}{\mathrm{d}x}=\frac{x-y+1}{x+y-3}.$$

解:因为 $\begin{vmatrix} 1 & -1 \\ 1 & 1 \end{vmatrix}\neq0$,解方程组

$$\begin{cases} \alpha-\beta+1=0, \\ \alpha+\beta-3=0, \end{cases}$$

得 $(\alpha,\beta)=(1,2)$. 于是, 令

$$x=X+1, \quad y=Y+2$$

代入原方程, 得到新的方程为

$$\frac{\mathrm{d}Y}{\mathrm{d}X}=\frac{X-Y}{X+Y}.$$

令 $u=\dfrac{Y}{X}$, 则

$$u+X\,\frac{\mathrm{d}u}{\mathrm{d}X}=\frac{1-u}{1+u}.$$

整理后得到

$$\frac{\mathrm{d}X}{X}=\frac{1+u}{1-2u-u^2}\mathrm{d}u.$$

两边积分, 得

$$2\ln|X|=-\ln|u^2+2u-1|+C_1,$$

即

$$X^2(u^2+2u-1)=\pm\mathrm{e}^{C_1}$$

或

$$Y^2+2XY-X^2=\pm\mathrm{e}^{C_1}.$$

记 $C=\pm\mathrm{e}^{C_1}$, 并代回原变量, 得

$$(y-2)^2+2(x-1)(y-2)-(x-1)^2=C.$$

另外, 容易验证: $u^2+2u-1=0$, 即

$$Y^2+2XY-X^2=0$$

也是方程的解. 因此原方程的通解为

$$(y-2)^2+2(x-1)(y-2)-(x-1)^2=C,$$

其中 C 为任意常数.

2.2 一阶线性常微分方程的解法

本节我们讨论形如

$$\frac{\mathrm{d}y}{\mathrm{d}x}=p(x)y+q(x) \tag{2.2.1}$$

的微分方程的解法, 其中 $p(x),q(x)$ 为区间 $[a,b]$ 上的已知连续函数. 根据微分方程的定义, (2.2.1)式称为**一阶线性(常微分)方程**.

若 $q(x)\equiv 0$,则(2.2.1)式变为

$$\frac{\mathrm{d}y}{\mathrm{d}x}=p(x)y,\qquad\qquad(2.2.2)$$

称之为**一阶齐次线性方程**.

若 $q(x)$ 不恒等于零,则方程(2.2.1)称为**一阶非齐次线性方程**.

下面来介绍一阶线性方程的解法.

先考虑一阶齐次线性方程(2.2.2).

当 $y\neq 0$ 时,(2.2.2)可化为

$$\frac{\mathrm{d}y}{y}=p(x)\mathrm{d}x.$$

两边积分,得

$$\ln|y|=\int p(x)\mathrm{d}x+\ln|C|\qquad(C\neq 0)$$

或

$$y=C\mathrm{e}^{\int p(x)\mathrm{d}x}.$$

显然 $y=0$ 也是(2.2.2)式的解,所以一阶齐次线性方程的通解为

$$y=C\mathrm{e}^{\int p(x)\mathrm{d}x}\qquad\qquad(2.2.3)$$

其中 C 为任意常数.

现在讨论一阶非齐次线性方程的通解的解法——常数变易法.

我们知道(2.2.2)式是(2.2.1)式的特殊情况,因此可以设想它们的解也应当有一定的必然的联系,于是我们试图利用方程(2.2.2)的通解的形式去求出(2.2.1)式的通解.显然,方程(2.2.2)的通解(2.2.3)式中的 C 恒保持常数的话,它不可能是方程(2.2.1)的解.因此我们设想:在(2.2.3)式中,将常数 C 变易为 x 的待定函数 $C(x)$,使它满足(2.2.1)式,从而求出 $C(x)$,即假设方程(2.2.1)有形如

$$y=C(x)\mathrm{e}^{\int p(x)\mathrm{d}x}\qquad\qquad(2.2.4)$$

的解.

将(2.2.4)式微分,得

$$\frac{\mathrm{d}y}{\mathrm{d}x}=\frac{\mathrm{d}C(x)}{\mathrm{d}x}\mathrm{e}^{\int p(x)\mathrm{d}x}+C(x)p(x)\mathrm{e}^{\int p(x)\mathrm{d}x}.\qquad(2.2.5)$$

将(2.2.4),(2.2.5)式代入(2.2.1)式,得

$$\frac{\mathrm{d}C(x)}{\mathrm{d}x}\mathrm{e}^{\int p(x)\mathrm{d}x}+C(x)p(x)\mathrm{e}^{\int p(x)\mathrm{d}x}=p(x)C(x)\mathrm{e}^{\int p(x)\mathrm{d}x}+q(x),$$

即

$$\frac{\mathrm{d}C(x)}{\mathrm{d}x}\mathrm{e}^{\int p(x)\mathrm{d}x}=q(x)$$

或

$$\frac{\mathrm{d}C(x)}{\mathrm{d}x}=q(x)\mathrm{e}^{-\int p(x)\mathrm{d}x},$$

于是

$$C(x)=\int q(x)\mathrm{e}^{-\int p(x)\mathrm{d}x}\mathrm{d}x+C \qquad (C\ \text{为任意常数}). \qquad (2.2.6)$$

将(2.2.6)式代入(2.2.4)式得到

$$y=\mathrm{e}^{\int p(x)\mathrm{d}x}\left(C+\int q(x)\mathrm{e}^{-\int p(x)\mathrm{d}x}\mathrm{d}x\right), \qquad (2.2.7)$$

式(2.2.7)为方程(2.2.1)的通解.

这种将常数变易为待定函数的方法,称为**常数变易法**.在本课程以后的高阶微分方程和一阶线性微分方程组的求解中,我们还将利用此方法,请读者务必掌握好此方法的思想.

在求具体的一阶非齐次线性方程的通解时,读者既可以利用公式(2.2.7)也可以按照常数变易法的步骤来求解.

例 2.2.1　求解

$$\frac{\mathrm{d}y}{\mathrm{d}x}=\frac{2}{x}y+\frac{x}{2}.$$

解:先解齐方程

$$\frac{\mathrm{d}y}{\mathrm{d}x}=\frac{2}{x}y,$$

得到通解为

$$y=Cx^2.$$

利用常数变易法,令 $y=C(x)x^2$ 为非齐方程的解,代入原方程,简化后可得

$$C'(x)=\frac{1}{2x},$$

积分后得到

$$C(x)=\frac{1}{2}\ln|x|+C,$$

于是原方程的通解为

$$y=x^2\left(C+\frac{1}{2}\ln|x|\right).$$

例 2.2.2　求方程 $\dfrac{\mathrm{d}y}{\mathrm{d}x}=\dfrac{y}{2x-y^2}$ 的通解.

解:显然,原方程不是 y 的线性方程,但是如果将方程改写为

$$\frac{\mathrm{d}x}{\mathrm{d}y}=\frac{2x-y^2}{y},$$

即

$$\frac{\mathrm{d}x}{\mathrm{d}y}=\frac{2}{y}x-y.$$

此时,方程可看作是关于自变量为 y 未知函数为 x 的一个一阶线性方程,利用常数变易法,可得通解为

$$x=y^2(C-\ln|y|).$$

同时,$y=0$ 也是原方程的解.

例 2.2.3　求形如

$$\frac{\mathrm{d}y}{\mathrm{d}x}=p(x)y+q(x)y^n \qquad (n\neq 0,1) \tag{2.2.8}$$

方程的解,其中 n 是 0 和 1 以外的实数.

此类方程称为**伯努利(Bernoulli)方程**,它很容易化成线性方程来求解.

解:将(2.2.8)式两边除以 y^n,得到

$$y^{-n}\frac{\mathrm{d}y}{\mathrm{d}x}=p(x)y^{1-n}+q(x).$$

令 $z=y^{1-n}$,则有

$$\frac{\mathrm{d}z}{\mathrm{d}x}=(1-n)y^{-n}\frac{\mathrm{d}y}{\mathrm{d}x}.$$

于是

$$\frac{\mathrm{d}z}{\mathrm{d}x}=(1-n)p(x)z+(1-n)q(x).$$

这是一个线性方程,可以按照上面一阶非齐次线性方程的方法求解,然后代回原来的变量,便得到伯努利方程(2.2.8)的通解.此外,当 $n>0$ 时,方程还有解 $y=0$.

例 2.2.4　求方程 $\dfrac{\mathrm{d}y}{\mathrm{d}x}=6\dfrac{y}{x}-xy^2$ 的通解.

解:这是 $n=2$ 的贝努利方程.令 $z=y^{-1}$,得

$$\frac{\mathrm{d}z}{\mathrm{d}x}=-y^{-2}\frac{\mathrm{d}y}{\mathrm{d}x},$$

代入原方程得到

$$\frac{\mathrm{d}z}{\mathrm{d}x}=-\frac{6}{x}z+x.$$

求其通解,得

$$z=\frac{C}{x^6}+\frac{x^2}{8}.$$

代回原来的变量,得

$$\frac{1}{y} = \frac{C}{x^6} + \frac{x^2}{8}.$$

此外,方程还有解 $y = 0$.

另外值得注意的是,在求一阶线性方程的初值问题

$$\begin{cases} \dfrac{\mathrm{d}y}{\mathrm{d}x} = p(x)y + q(x), \\ y(x_0) = y_0 \end{cases}$$

的解时,可以采用两种方式求解:

(1)首先求出方程的通解,然后利用初始条件,定出常数 C.

(2)利用公式直接计算,其公式为

$$y = \mathrm{e}^{\int_{x_0}^{x} p(x)\mathrm{d}x} \left[y_0 + \int_{x_0}^{x} q(x) \mathrm{e}^{-\int_{x_0}^{x} p(x)\mathrm{d}x} \mathrm{d}x \right].$$

2.3   恰当方程与积分因子

将一阶方程

$$\frac{\mathrm{d}y}{\mathrm{d}x} = f(x, y),$$

改成微分形式

$$f(x, y)\mathrm{d}x - \mathrm{d}y = 0$$

有时会方便许多. 现在一般地考虑对称形式的一阶微分方程

$$M(x, y)\mathrm{d}x + N(x, y)\mathrm{d}y = 0, \tag{2.3.1}$$

这里 $M(x, y), N(x, y)$ 在某矩形域内是 x, y 的连续可微函数.

从(2.3.1)式中可以看出 x, y 的地位是平等的,因此它们任何一个都可以看作是自变量或未知函数.

2.3.1   恰当方程

如果方程(2.3.1)的左端恰好是某个二元函数 $U(x, y)$ 的全微分,即

$$\mathrm{d}U(x, y) = M(x, y)\mathrm{d}x + N(x, y)\mathrm{d}y,$$

则称方程(2.3.1)为**恰当方程**.

此时,方程(2.3.1)可写成 $\mathrm{d}U(x, y) = 0$,因而

$$U(x, y) = C \qquad (C \text{ 为任意常数})$$

即为方程(2.3.1)的通解.

例 2.3.1 求 $x\mathrm{d}x + y\mathrm{d}y = 0$ 的通解.

解:很明显,方程的左端是函数 $U(x,y) = \dfrac{x^2}{2} + \dfrac{y^2}{2}$ 的全微分,故其通解为

$$\frac{x^2}{2} + \frac{y^2}{2} = C.$$

例 2.3.2 求 $(x^3 + y)\mathrm{d}x + (x - y)\mathrm{d}y = 0$ 的通解.

解:我们并不能很容易地看出这是一个恰当方程,但是将方程的左端重新组合,可得新的方程为

$$x^3\mathrm{d}x - y\mathrm{d}y + (y\mathrm{d}x + x\mathrm{d}y) = 0.$$

方程的左端是函数 $U(x,y) = \dfrac{x^4}{4} - \dfrac{y^2}{2} + xy$ 的全微分,于是方程的通解为

$$\frac{x^4}{4} - \frac{y^2}{2} + xy = C.$$

我们自然会提出如下问题:

(1)如何判断方程(2.3.1)是否为恰当方程?

(2)如果方程(2.3.1)是恰当方程,如何求得其通解函数?

2.3.2 恰当方程的判别定理

定理 2.3.1 设 $M(x,y)$,$N(x,y)$ 是在某矩形域 R 内的连续可微函数,则 $M(x,y)\mathrm{d}x + N(x,y)\mathrm{d}y = 0$ 是恰当方程的充分必要条件为

$$\frac{\partial M}{\partial y} = \frac{\partial N}{\partial x}. \tag{2.3.2}$$

证明:必要性.如果方程 $M(x,y)\mathrm{d}x + N(x,y)\mathrm{d}y = 0$ 是恰当方程,则有函数 $U(x,y)$ 使

$$\mathrm{d}U(x,y) = M(x,y)\mathrm{d}x + N(x,y)\mathrm{d}y.$$

而

$$\mathrm{d}U(x,y) \equiv \frac{\partial U}{\partial x}\mathrm{d}x + \frac{\partial U}{\partial y}\mathrm{d}y.$$

从而,有

$$M(x,y) = \frac{\partial U}{\partial x}, \quad N(x,y) = \frac{\partial U}{\partial y}. \tag{2.3.3}$$

将(2.3.3)式的第一式对 y 求偏导,第二式对 x 求偏导,得

$$\frac{\partial M}{\partial y} = \frac{\partial^2 U}{\partial y \partial x}, \quad \frac{\partial N}{\partial x} = \frac{\partial^2 U}{\partial x \partial y}.$$

由于 $M(x,y),N(x,y)$ 的连续可微性,有 $\dfrac{\partial^2 U}{\partial y \partial x}=\dfrac{\partial^2 U}{\partial x \partial y}$,

故

$$\frac{\partial M}{\partial y}=\frac{\partial N}{\partial x}.$$

充分性. 即方程 $M(x,y)\mathrm{d}x+N(x,y)\mathrm{d}y=0$ 在(2.3.2)式成立的条件下,找到满足(2.3.3)的函数 $U(x,y)$.

由(2.3.3)式的第一式,将 y 看作参数,应有

$$U(x,y)=\int M(x,y)\mathrm{d}x+\varphi(y),$$

这里 $\varphi(y)$ 是 y 的任意可微函数. 为了使寻找的函数 $U(x,y)$ 再满足(2.3.3)式的第二式,必须适当选取 $\varphi(y)$,使

$$\frac{\partial U(x,y)}{\partial y}=\frac{\partial}{\partial y}\int M(x,y)\mathrm{d}x+\frac{\mathrm{d}\varphi(y)}{\mathrm{d}y}=N(x,y).$$

由此可得

$$\frac{\mathrm{d}\varphi(y)}{\mathrm{d}y}=N(x,y)-\frac{\partial}{\partial y}\int M(x,y)\mathrm{d}x. \qquad (2.3.4)$$

我们可证明(2.3.4)式的右端与 x 无关. 为此,只需证明(2.3.4)式的右端对 x 的偏导数恒为零. 事实上,

$$\frac{\partial}{\partial x}\left[N(x,y)-\frac{\partial}{\partial y}\int M(x,y)\mathrm{d}x\right]=\frac{\partial N(x,y)}{\partial x}-\frac{\partial}{\partial x}\left[\frac{\partial}{\partial y}\int M(x,y)\mathrm{d}x\right]$$

$$=\frac{\partial N(x,y)}{\partial x}-\frac{\partial}{\partial y}\left[\frac{\partial}{\partial x}\int M(x,y)\mathrm{d}x\right]$$

$$=\frac{\partial N(x,y)}{\partial x}-\frac{\partial M(x,y)}{\partial y}=0.$$

在我们的假设条件下,上述交换求导的顺序是允许的. 于是(2.3.4)式的右端的确只含有 y. 积分之,得

$$\varphi(y)=\int\left[N(x,y)-\frac{\partial}{\partial y}\int M(x,y)\mathrm{d}x\right]\mathrm{d}y.$$

于是,

$$U(x,y)=\int M(x,y)\mathrm{d}x+\int\left[N(x,y)-\frac{\partial}{\partial y}\int M(x,y)\mathrm{d}x\right]\mathrm{d}y.$$

因此,恰当方程(2.3.1)的通解为

$$\int M(x,y)\mathrm{d}x+\int\left[N(x,y)-\frac{\partial}{\partial y}\int M(x,y)\mathrm{d}x\right]\mathrm{d}y=C.$$

例 2.3.3　求 $(3x^2+6xy^2)\mathrm{d}x+(6x^2y+4y^3)\mathrm{d}y=0$ 的通解.

解: $M(x,y)=3x^2+6xy^2,\quad N(x,y)=6x^2y+4y^3.$

$$\frac{\partial M}{\partial y}=12xy,\quad \frac{\partial N}{\partial x}=12xy.$$

因此方程是恰当方程.

进一步求函数 $U(x,y)$,使之满足:

$$\frac{\partial U(x,y)}{\partial x}=M(x,y),\quad \frac{\partial U(x,y)}{\partial y}=N(x,y).$$

从而

$$U(x,y)=\int(3x^2+6xy^2)\mathrm{d}x+\varphi(y)=x^3+3x^2y^2+\varphi(y).$$

为了确定 $\varphi(y)$,将上式对 y 求导,得

$$\frac{\partial U(x,y)}{\partial y}=6x^2y+\varphi'(y).$$

这样,因为

$$\frac{\partial U(x,y)}{\partial y}=N(x,y),$$

所以

$$6x^2y+\varphi'(y)=6x^2y+4y^3,$$

即

$$\varphi'(y)=4y^3.$$

积分后可得 $\varphi(y)$ 的一个原函数

$$\varphi(y)=y^4.$$

于是

$$U(x,y)=x^3+3x^2y^2+y^4.$$

从而方程的通解为

$$x^3+3x^2y^2+y^4=C.$$

在实际应用中,当已经判明方程是恰当方程后,往往不需要用上述常规的方法去求解,而是采取"分项组合"的方法,即先把那些本身已构成全微分的项分出,再把剩余的项凑成全微分. 这种方法要求大家熟记一些简单二元函数的全微分,如

$$y\mathrm{d}x+x\mathrm{d}y=\mathrm{d}(xy),$$

$$\frac{y\mathrm{d}x-x\mathrm{d}y}{y^2}=\mathrm{d}\left(\frac{x}{y}\right),$$

$$\frac{-y\mathrm{d}x+x\mathrm{d}y}{x^2}=\mathrm{d}\left(\frac{y}{x}\right),$$

$$\frac{y\mathrm{d}x-x\mathrm{d}y}{xy}=\mathrm{d}\left(\ln\left|\frac{x}{y}\right|\right),$$

$$\frac{y\mathrm{d}x-x\mathrm{d}y}{x^2+y^2}=\mathrm{d}\left(\arctan\frac{x}{y}\right),$$

$$\frac{y\mathrm{d}x-x\mathrm{d}y}{x^2-y^2}=\frac{1}{2}\mathrm{d}\left(\ln\left|\frac{x-y}{x+y}\right|\right).$$

现在我们试用这种方法重新求解例 2.3.3.

例 2.3.4 试用"分项组合"的方法,求$(3x^2+6xy^2)\mathrm{d}x+(6x^2y+4y^3)\mathrm{d}y=0$ 的通解.

解:将方程重新组合,得

$$3x^2\mathrm{d}x+4y^3\mathrm{d}y+(6xy^2\mathrm{d}x+6x^2y\mathrm{d}y)=0,$$

即

$$\mathrm{d}x^3+\mathrm{d}y^4+\mathrm{d}(3x^2y^2)=0.$$

于是方程的通解为

$$x^3+y^4+3x^2y^2=C.$$

例 2.3.5 求$\left(\cos x+\frac{1}{y}\right)\mathrm{d}x+\left(\frac{1}{y}-\frac{x}{y^2}\right)\mathrm{d}y=0$ 的通解.

解:因为$\frac{\partial M}{\partial y}=-\frac{1}{y^2},\frac{\partial N}{\partial x}=-\frac{1}{y^2}$,故方程为恰当方程. 将方程重新组合,得

$$\cos x\mathrm{d}x+\frac{1}{y}\mathrm{d}y+\left(\frac{1}{y}\mathrm{d}x-\frac{x}{y^2}\mathrm{d}y\right)=0,$$

即

$$\mathrm{d}\sin x+\mathrm{d}\ln|y|+\mathrm{d}\left(\frac{x}{y}\right)=0.$$

于是,方程的通解为

$$\sin x+\ln|y|+\frac{x}{y}=C.$$

2.3.3　积分因子

既然恰当方程都可以通过积分求出其通解,因此能否将一个非恰当方程化为恰当方程就有很大意义. 积分因子就是为了解决这一问题而引进的概念.

如果存在连续可微函数 $\mu(x,y)\neq0$,使得

$$\mu(x,y)M(x,y)\mathrm{d}x+\mu(x,y)N(x,y)\mathrm{d}y=0 \qquad\qquad (2.3.5)$$

为一恰当方程,即存在函数 $U(x,y)$,使

$$\mu(x,y)M(x,y)\mathrm{d}x+\mu(x,y)N(x,y)\mathrm{d}y=\mathrm{d}U(x,y),$$

则称 $\mu(x,y)$ 为方程 $M(x,y)\mathrm{d}x+N(x,y)\mathrm{d}y=0$ 的**积分因子**.

此时,$U(x,y)=C$ 是方程(2.3.5)的通解,同时它也是方程(2.3.1)的通解.

　　根据恰当方程的判别定理,函数 $\mu(x,y)$ 成为积分因子的充要条件是

$$\frac{\partial(\mu M)}{\partial y}=\frac{\partial(\mu N)}{\partial x}. \tag{2.3.6}$$

展开来就是

$$N\frac{\partial\mu}{\partial x}-M\frac{\partial\mu}{\partial y}=\left(\frac{\partial M}{\partial y}-\frac{\partial N}{\partial x}\right)\mu. \tag{2.3.7}$$

这是一个以 $\mu(x,y)$ 为未知函数的一阶线性偏微分方程,它的解在理论上可以证明是存在的,但是在一般情况下,要找出其表达式往往会比求解方程(2.3.1)本身还困难.尽管如此,(2.3.7)式还是提供了寻找特殊形式积分因子的途径.下面介绍的就是两种特殊情况.

　　情况 I:方程(2.3.1)有只与 x 有关的积分因子 $\mu=\mu(x)$ 时的情况.

　　此时,$\frac{\partial\mu}{\partial y}=0$.因而(2.3.7)式变成

$$N\frac{\mathrm{d}\mu}{\mathrm{d}x}=\left(\frac{\partial M}{\partial y}-\frac{\partial N}{\partial x}\right)\mu, \tag{2.3.8}$$

即

$$\frac{\mathrm{d}\mu}{\mu}=\frac{\left(\dfrac{\partial M}{\partial y}-\dfrac{\partial N}{\partial x}\right)}{N}\mathrm{d}x.$$

由此可知,方程(2.3.1)存在仅与 x 有关的积分因子的充要条件是

$$\frac{\left(\dfrac{\partial M}{\partial y}-\dfrac{\partial N}{\partial x}\right)}{N}=\varphi(x). \tag{2.3.9}$$

假如条件(2.3.9)式成立,则由(2.3.8)式,可以求得方程(2.3.1)的一个积分因子

$$\mu=\mathrm{e}^{\int\varphi(x)\mathrm{d}x}.$$

　　情况 II:方程(2.3.1)有只与 y 有关的积分因子 $\mu=\mu(y)$ 时的情况.

　　同理可得

$$\frac{\mathrm{d}\mu}{\mu}=\frac{\left(\dfrac{\partial M}{\partial y}-\dfrac{\partial N}{\partial x}\right)}{-M}\mathrm{d}y.$$

方程(2.3.1)存在仅与 y 有关的积分因子的充要条件是

$$\frac{\left(\dfrac{\partial M}{\partial y}-\dfrac{\partial N}{\partial x}\right)}{-M}=\phi(y). \tag{2.3.10}$$

方程(2.3.1)的一个积分因子为

$$\mu=\mathrm{e}^{\int\phi(y)\mathrm{d}y}.$$

例 2.3.6 求解方程 $y\mathrm{d}x+(y-x)\mathrm{d}y=0$.

解：因为 $M=y,N=y-x$，这时

$$\frac{\partial M}{\partial y}=1,\quad \frac{\partial N}{\partial x}=-1,$$

方程不是恰当方程. 由于

$$\frac{\left(\dfrac{\partial M}{\partial y}-\dfrac{\partial N}{\partial x}\right)}{-M}=-\frac{2}{y}$$

只与 y 有关，故方程有仅与 y 有关的积分因子

$$\mu=\mathrm{e}^{\int\left(-\frac{2}{y}\right)\mathrm{d}y}=\frac{1}{y^2}.$$

以 $\mu=\dfrac{1}{y^2}$ 乘方程两边，得到

$$\frac{1}{y}\mathrm{d}x+\frac{1}{y}\mathrm{d}y-\frac{x}{y^2}\mathrm{d}y=0.$$

重新组合

$$\frac{1}{y}\mathrm{d}y+\frac{y\mathrm{d}x-x\mathrm{d}y}{y^2}=0.$$

因而通解为

$$\ln|y|+\frac{x}{y}=C.$$

此外，$y=0$ 也是方程的解.

例 2.3.7 求解方程 $\left(2xy+x^2y+\dfrac{y^3}{3}\right)\mathrm{d}x+(x^2+y^2)\mathrm{d}y=0$.

解：$M=2xy+x^2y+\dfrac{y^3}{3},\quad N=x^2+y^2.$

$$\frac{\left(\dfrac{\partial M}{\partial y}-\dfrac{\partial N}{\partial x}\right)}{N}=\frac{(2x+x^2+y^2)-2x}{x^2+y^2}=1.$$

所以方程有仅与 x 有关的积分因子

$$\mu=\mathrm{e}^{\int 1\mathrm{d}x}=\mathrm{e}^x.$$

以 $\mu=\mathrm{e}^x$ 乘方程两边，得到

$$\mathrm{e}^x\left(2xy+x^2y+\frac{y^3}{3}\right)\mathrm{d}x+\mathrm{e}^x(x^2+y^2)\mathrm{d}y=0.$$

该方程为恰当方程. 经计算，得到方程的通解为

$$\mathrm{e}^x\left(x^2y+\frac{y^3}{3}\right)=C.$$

上述求积分因子的方法很重要,但在有些情况下,利用熟悉的全微分能够更简单地"凑"出积分因子,以解决方程的求解问题."凑"积分因子的方法虽然简便,但需要更多的技巧和经验,希望读者在练习中留心体会.

例 2.3.8　求解 $(x^2+y+x^3\cos y)\mathrm{d}x+\left(x^2y-x-\dfrac{x^4}{2}\sin y\right)\mathrm{d}y=0$.

解:因为 $\dfrac{\partial M}{\partial y}=1-x^3\sin y$,$\dfrac{\partial N}{\partial x}=2xy-2x^3\sin y$,方程不是恰当方程. 不过,将方程重新组合,可得

$$(y\mathrm{d}x-x\mathrm{d}y)+x^2(\mathrm{d}x+y\mathrm{d}y)+x^2\left(x\cos y\mathrm{d}x-\dfrac{x^2}{2}\sin y\right)\mathrm{d}y=0.$$

由此可以看出方程有积分因子 $\mu=\dfrac{1}{x^2}$. 方程两边同乘以 $\dfrac{1}{x^2}$ 后,有

$$\dfrac{(y\mathrm{d}x-x\mathrm{d}y)}{x^2}+(\mathrm{d}x+y\mathrm{d}y)+\left(x\cos y\mathrm{d}x-\dfrac{x^2}{2}\sin y\right)\mathrm{d}y=0,$$

即

$$-\mathrm{d}\left(\dfrac{y}{x}\right)+\mathrm{d}\left(x+\dfrac{y^2}{2}\right)+\left(\mathrm{d}\,\dfrac{x^2}{2}\cos y\right)=0.$$

从而方程的通解为

$$-\dfrac{y}{x}+x+\dfrac{y^2}{2}+\dfrac{x^2}{2}\cos y=C.$$

2.4　一阶隐方程的解法*

一阶隐方程的一般形式可以表示为

$$F(x,y,y')=0. \tag{2.4.1}$$

如果能从(2.4.1)式中将 y' 解出,其表达式为 $y'=f(x,y)$ 的形式,则我们可以按照前面介绍的方法进行求解. 但是在难以从方程中将 y' 解出,或即使将 y' 解出而其表达式相当复杂的情况下,则宜采用引进参数的方法. 本节主要讨论的是几种不直接解出 y' 而求解方程的方法.

2.4.1　可以解出 y(或 x)的方程

2.4.1.1　可以解出 y 的方程

由(2.4.1)可解出 y,即

$$y=f(x,y'). \tag{2.4.2}$$

这时,引入参数 $p=y'$,于是(2.4.2)式变为

$$y=f(x,p). \tag{2.4.3}$$

把(2.4.3)式两边对 x 求导数,得

$$p=f'_x(x,p)+f'_p(x,p)\frac{\mathrm{d}p}{\mathrm{d}x}. \tag{2.4.4}$$

这是一个关于变量 x,p 的可解出 $\dfrac{\mathrm{d}p}{\mathrm{d}x}$ 的一阶微分方程,它可以按照前面几节的方法求解.

若求得(2.4.4)式的通解形式为

$$p=\varphi(x,C),$$

将其代入(2.4.3)式,得到

$$y=f(x,\varphi(x,C)).$$

这就是方程(2.4.1)的通解,其中 C 为任意常数.

若求得(2.4.4)式的通解形式为

$$x=\phi(p,C),$$

则方程(2.4.1)参数形式的通解为

$$\begin{cases} x=\phi(p,C), \\ y=f(\phi(p,C),p), \end{cases}$$

其中 p 为参数,C 为任意常数.

若求得(2.4.4)式的通解形式为

$$\Phi(x,p,C)=0,$$

则方程(2.4.1)参数形式的通解为

$$\begin{cases} \Phi(x,p,C)=0, \\ y=f(x,p), \end{cases}$$

其中 p 为参数,C 为任意常数.

例 2.4.1　解方程 $y=(y')^2-xy'+\dfrac{x^2}{2}$.

解:令 $p=y'$,得到

$$y=p^2-xp+\frac{x^2}{2}. \tag{2.4.5}$$

两边对 x 求导并以 p 代替 y',得到

$$p=2p\frac{\mathrm{d}p}{\mathrm{d}x}-p-x\frac{\mathrm{d}p}{\mathrm{d}x}+x.$$

整理后可得

$$\left(\frac{\mathrm{d}p}{\mathrm{d}x}-1\right)(2p-x)=0.$$

当 $\dfrac{\mathrm{d}p}{\mathrm{d}x}-1=0$ 时,$p=x+C$,代入(2.4.5)式得方程的通解为

$$y = \frac{x^2}{2} + Cx + C^2.$$

当 $2p - x = 0$ 时, $p = \frac{x}{2}$, 代入 (2.4.5) 式得方程的一个特解为

$$y = \frac{x^2}{4}.$$

2.4.1.2 可以解出 x 的方程

由 (2.4.1) 式可解出 x, 即

$$x = f(y, y'). \tag{2.4.6}$$

同上, 令 $p = y'$, (2.4.6) 式变为

$$x = f(y, p). \tag{2.4.7}$$

把 (2.4.7) 式两边对 y 求导数, 得

$$\frac{1}{p} = f'_y(y, p) + f'_p(y, p) \frac{\mathrm{d}p}{\mathrm{d}y} \tag{2.4.8}$$

或

$$1 = f'_y(y, p)p + f'_p(y, p)p \frac{\mathrm{d}p}{\mathrm{d}y}. \tag{2.4.9}$$

这是一个关于变量 y, p 的可解出 $\frac{\mathrm{d}p}{\mathrm{d}y}$ 的一阶微分方程. 读者可仿照前面解出 y 的方程的通解形式来求出方程的通解表达式.

例 2.4.2 求解 $(y')^3 - 4xyy' + 8y^2 = 0$.

解: 解出 x, 得

$$x = \frac{(y')^2}{4y} + \frac{2y}{y'}.$$

令 $p = y'$, 得

$$x = \frac{p^2}{4y} + \frac{2y}{p}. \tag{2.4.10}$$

两边对 y 求导, 以 p 代替 y', 并整理后可得

$$\left(\frac{p^3 - 4y^2}{2yp^2} \right) \left(\frac{\mathrm{d}p}{\mathrm{d}y} - \frac{p}{2y} \right) = 0.$$

当 $p^3 - 4y^2 = 0$ 时, $p = (4y^2)^{\frac{1}{3}}$, 代入 (2.4.10) 式得方程的一个特解为

$$y = \frac{4}{27} x^3.$$

当 $\frac{\mathrm{d}p}{\mathrm{d}y} - \frac{p}{2y} = 0$ 时, $p = Cy^{\frac{1}{2}}$, 代入 (2.4.10) 式得方程的通解为

$$x = \frac{C^2}{4} + \frac{2y^{\frac{1}{2}}}{C}.$$

2.4.2　不显含 y(或 x)的方程

2.4.2.1　不显含 y 的方程

由于方程(2.4.1)不显含 y,此时方程(2.4.1)可以表示为

$$F(x,y')=0. \tag{2.4.11}$$

记 $p=y'$,从几何的观点看,$F(x,p)=0$ 代表的是 xp 平面上的一条曲线. 设该曲线有参数表示

$$x=\varphi(t), \quad p=\phi(t), \tag{2.4.12}$$

这里 t 是参数.

利用(2.4.12)式和沿任何一条积分曲线所必须满足的基本关系式

$$\mathrm{d}y=y'\mathrm{d}x,$$

由 $y'=p=\phi(t)$,$\mathrm{d}x=\varphi'(t)\mathrm{d}t$,可以得到

$$\mathrm{d}y=\phi(t)\varphi'(t)\mathrm{d}t.$$

从而

$$y=\int\phi(t)\varphi'(t)\mathrm{d}t +C.$$

于是方程(2.4.11)的参数形式的通解为

$$\begin{cases} x = \varphi(t), \\ y = \int\phi(t)\varphi'(t)\mathrm{d}t + C, \end{cases}$$

其中 t 是参数,C 是任意常数.

2.4.2.2　不显含 x 的方程

同样,由于方程(2.4.1)不显含 x,此时方程(2.4.1)可以表示为

$$F(y,y')=0. \tag{2.4.13}$$

记 $p=y'$,设(2.4.13)式的参数形式为

$$y=\varphi(t), \quad p=\phi(t), \tag{2.4.14}$$

这里 t 是参数.

利用基本关系式 $\mathrm{d}y=y'\mathrm{d}x$ 以及 $y'=p=\phi(t)$、$\mathrm{d}y=\varphi'(t)\mathrm{d}t$,得到

$$\varphi'(t)\mathrm{d}t=\phi(t)\mathrm{d}x,$$

即

$$\mathrm{d}x=\frac{\varphi'(t)}{\phi(t)}\mathrm{d}t.$$

从而

$$x=\int\frac{\varphi'(t)}{\phi(t)}\mathrm{d}t +C.$$

于是方程(2.4.11)的参数形式的通解为

$$\begin{cases} x = \int \dfrac{\varphi'(t)}{\phi(t)} \mathrm{d}t + C, \\ y = \varphi(t), \end{cases}$$

其中 t 是参数，C 是任意常数.

例 2.4.3　求解 $x\sqrt{1+(y')^2}=y'$.

解：记 $p=y'$，并令 $p=\tan t$，则 $x=\sin t$. 于是

$$\mathrm{d}y = p\mathrm{d}x = \tan t\,\cos t\mathrm{d}t = \sin t\mathrm{d}t.$$

两边积分，得

$$y = -\cos t + C.$$

从而通解为

$$\begin{cases} x = \sin t, \\ y = -\cos t + C. \end{cases}$$

消去参数 t，得

$$x^2 + (y-C)^2 = 1.$$

2.5　一阶微分方程的解的存在定理*

　　解的存在性与唯一性是近代常微分方程定性理论、稳定性理论以及其他理论的基础. 同时由于许多微分方程来源于生产实际，而实际问题中所需要的往往是要求满足某种初始条件的解，因此对初值问题的研究被提到了重要地位. 在本节中，我们仅给出一阶微分方程的解的存在与唯一性定理，对于定理的详细证明与进一步的讨论有兴趣的读者可参阅《常微分方程讲义》[①].

　　首先我们来考虑一个具体的初值问题

$$\begin{cases} \dfrac{\mathrm{d}y}{\mathrm{d}x} = 2\sqrt{y}, \\ y(0) = 0. \end{cases}$$

容易验证，$y=0$ 以及 $y=x^2$ 都是满足初值问题的解，即通过点$(0,0)$的解不唯一. 因此我们自然会问：在什么条件下，方程关于初值问题的解存在而且是唯一的呢？微分方程的解的存在与唯一性定理很好地回答了这个问题.

　　考虑如下初值问题

---

① 王柔怀,伍卓群:《常微分方程讲义》,人民教育出版社,1963 年 12 月第 1 版.

$$\begin{cases} \dfrac{\mathrm{d}y}{\mathrm{d}x}=f(x,y), \\ y(x_0)=y_0. \end{cases} \tag{2.5.1}$$

其解的存在与唯一性定理的叙述可由定理 2.5.1 给出.

定理 2.5.1　如果 $f(x,y)$ 在闭矩形域

$$R:|x-x_0|\leqslant a,\quad |y-y_0|\leqslant b$$

上满足如下条件：

(1)在 R 上连续；

(2)在 R 上关于变量 y 满足李普希兹(Lipschitz)条件,即存在常数 $L>0$,使得不等式

$$|f(x,y_1)-f(x,y_2)|\leqslant L$$

对于所有 $(x,y_1),(x,y_2)\in R$ 都成立(其中 L 称为李普希兹常数),则初值问题 (2.5.1)式在区间 $|x-x_0|\leqslant h$ 上存在唯一解

$$y=\varphi(x),$$

且满足初始条件

$$\varphi(x_0)=y_0,$$

这里 $h=\mathrm{Min}\left(a,\dfrac{b}{M}\right),M=\max\limits_{(x,y)\in R}|f(x,y)|.$

2.6　习题

1.求下列方程的通解

$(1)\dfrac{\mathrm{d}y}{\mathrm{d}x}=\mathrm{e}^{x-y}$；

$(2)\dfrac{\mathrm{d}y}{\mathrm{d}x}=\dfrac{1+y^2}{xy+x^3y}$；

$(3)x(\ln x-\ln y)\mathrm{d}y-y\mathrm{d}x=0$；

$(4)\dfrac{\mathrm{d}y}{\mathrm{d}x}=\dfrac{2x-y+1}{x-2y+1}$；

$(5)\dfrac{\mathrm{d}y}{\mathrm{d}x}=(x+1)^2+(4y+1)^2+8xy+1$；

$(6)\dfrac{\mathrm{d}y}{\mathrm{d}x}=\dfrac{y^6-2x^2}{2xy^5+x^2y^2}$；

$(7)\dfrac{\mathrm{d}y}{\mathrm{d}x}=2\left(\dfrac{y-2}{x+y-1}\right)^2.$

2. 求下列方程的通解

$(1)\dfrac{\mathrm{d}y}{\mathrm{d}x}=x+y+1$;

$(2)(\cos x)\dfrac{\mathrm{d}y}{\mathrm{d}x}+y\sin x=1$;

$(3)\dfrac{\mathrm{d}y}{\mathrm{d}x}=\dfrac{y}{x+y^3}$;

$(4)\dfrac{\mathrm{d}y}{\mathrm{d}x}-y=xy^5$;

$(5)\dfrac{\mathrm{d}y}{\mathrm{d}x}+y=y^2(\cos x-\sin x)$.

3. 求下列方程的通解

$(1)(y-3x^2)\mathrm{d}x=(4y-x)\mathrm{d}y$;

$(2)\left(\dfrac{1}{y}\sin\dfrac{x}{y}-\dfrac{y}{x^2}\cos\dfrac{y}{x}+1\right)\mathrm{d}x+\left(\dfrac{1}{x}\cos\dfrac{y}{x}-\dfrac{x}{y^2}\sin\dfrac{x}{y}+\dfrac{1}{y^2}\right)\mathrm{d}y=0$;

$(3)y\mathrm{d}x-x\mathrm{d}y=(x^2+y^2)\mathrm{d}x$;

$(4)[x\cos(x+y)+\sin(x+y)]\mathrm{d}x+x\cos(x+y)\mathrm{d}y=0$;

$(5)(y\cos x-x\sin x)\mathrm{d}x+(y\sin x+x\cos x)\mathrm{d}y=0$;

$(6)x(4y\mathrm{d}x+2x\mathrm{d}y)+y^3(3y\mathrm{d}x+5x\mathrm{d}y)=0$;

$(7)y\mathrm{d}x-(1+x+y^2)\mathrm{d}y=0$.

4. 求下列方程的通解

$(1)x\dfrac{\mathrm{d}y}{\mathrm{d}x}=1+\left(\dfrac{\mathrm{d}y}{\mathrm{d}x}\right)^2$;

$(2)x\left(\dfrac{\mathrm{d}y}{\mathrm{d}x}\right)^2-2\left(\dfrac{\mathrm{d}y}{\mathrm{d}x}\right)+4x=0$;

$(3)y^2\left[1-\left(\dfrac{\mathrm{d}y}{\mathrm{d}x}\right)^2\right]=0$.

第 3 章　高阶微分方程

　　在第 2 章里我们已经了解了一阶微分方程的解法,本章我们将讨论二阶及二阶以上的微分方程即高阶微分方程的求解方法.在微分方程的理论中,线性微分方程是一类很重要的方程,这不仅因为线性微分方程的一般理论已被研究得十分清楚,而且线性微分方程是研究非线性微分方程的基础,同时它在自然科学、工程技术、经济学和金融学中也有着广泛的应用.本章将重点讲述线性微分方程的基本理论和常系数方程的解法.

3.1　线性微分方程的一般理论

3.1.1　引言

　　n 阶线性微分方程的一般形式为

$$\frac{\mathrm{d}^n x}{\mathrm{d}t^n}+a_1(t)\frac{\mathrm{d}^{n-1}x}{\mathrm{d}t^{n-1}}+\cdots+a_{n-1}(t)\frac{\mathrm{d}x}{\mathrm{d}t}+a_n(t)x=f(t)\,, \tag{3.1.1}$$

其中 $a_i(t)$ $(i=1,2,\cdots,n)$ 及 $f(t)$ 是区间 $[a,b]$ 上的连续函数.

　　如果 $f(t)\equiv 0$,则方程(3.1.1)变为

$$\frac{\mathrm{d}^n x}{\mathrm{d}t^n}+a_1(t)\frac{\mathrm{d}^{n-1}x}{\mathrm{d}t^{n-1}}+\cdots+a_{n-1}(t)\frac{\mathrm{d}x}{\mathrm{d}t}+a_n(t)x=0. \tag{3.1.2}$$

我们称(3.1.2)式为 **n 阶齐次线性微分方程**,简称**齐次线性方程**,而称一般的方程(3.1.1)为 **n 阶非齐次线性微分方程**,简称**非齐次线性方程**,并且通常将方程(3.1.2)叫做对应于方程(3.1.1)的齐次线性方程.

　　与一阶方程一样,高阶方程也存在着是否有解和解是否唯一的问题,作为理论基础,这里仅给出方程(3.1.1)的解的存在与唯一性定理,其详细证明可参阅《常微分方程》(第二版)[①].

　　定理 3.1.1　如果 $a_i(t)$ $(i=1,2,\cdots,n)$ 及 $f(t)$ 是区间 $[a,b]$ 上的连续函数,则对于任一 $t_0\in[a,b]$ 及任意的 $x_0,x_0^{(1)},\cdots,x_0^{(n-1)}$,方程(3.1.1)存在唯一解 $x=\varphi(t)$

---

　　① 王高雄,周之铭等:《常微分方程》(第二版),高等教育出版社,1983 年 9 月.

定义于区间$[a,b]$上,且满足初始条件:

$$\varphi(t_0)=x_0,\frac{\mathrm{d}\varphi(t_0)}{\mathrm{d}t}=x_0^{(1)},\cdots,\frac{\mathrm{d}^{n-1}\varphi(t_0)}{\mathrm{d}t^{n-1}}=x_0^{(n-1)}.$$

3.1.2 齐次线性方程的解的性质与结构

对于n阶齐次线性方程(3.1.2),我们很容易验证其解满足下面的叠加原理.

定理 3.1.2(叠加原理) 如果$x_1(t),x_2(t),\cdots,x_k(t)$是方程(3.1.2)的$k$个解,则它们的线性组合$c_1x_1(t)+c_2x_2(t)+\cdots+c_kx_k(t)$也是方程(3.1.2)的解,这里$c_1$,$c_2,\cdots,c_k$是任意常数.

特别地,当$k=n$时,方程(3.1.2)有解

$$x(t)=c_1x_1(t)+c_2x_2(t)+\cdots+c_nx_n(t). \tag{3.1.3}$$

它含有n个任意常数. 我们自然要问,(3.1.3)式是否就是n阶齐次线性方程(3.1.2)的通解呢? 为回答这一问题,我们需要引进函数线性相关与线性无关的概念.

定义 3.1.1 设$x_1(t),x_2(t),\cdots,x_n(t)$是定义在区间$[a,b]$上的$n$个函数,如果存在不全为零的常数$c_1,c_2,\cdots,c_n$,使得恒等式

$$c_1x_1(t)+c_2x_2(t)+\cdots+c_nx_n(t)\equiv 0$$

对于所有$t\in[a,b]$都成立,则称这些函数在区间$[a,b]$上**线性相关**,否则就称这些函数在区间$[a,b]$上**线性无关**.

例如函数$\sin t$和$\cos t$在任何区间上都是线性无关的;而函数$\sin^2 t,\cos^2 t$和1在任何区间上都是线性相关的.

为判断函数是线性相关还是线性无关,这里引入伏朗斯基(Wronsky)行列式的概念.

定义 3.1.2 设$x_1(t),x_2(t),\cdots,x_n(t)$是定义在区间$[a,b]$上的$n$个$(n-1)$次可微函数,称$n$阶行列式

$$W(t)=W[x_1(t),x_2(t),\cdots,x_n(t)]=\begin{vmatrix} x_1(t) & x_2(t) & \cdots & x_n(t) \\ x_1'(t) & x_2'(t) & \cdots & x_n'(t) \\ \vdots & \vdots & & \vdots \\ x_1^{(n-1)}(t) & x_2^{(n-1)}(t) & \cdots & x_n^{(n-1)}(t) \end{vmatrix}$$

为这些函数的**伏朗斯基行列式**.

利用伏朗斯基行列式,我们可以给出以下定理.

定理 3.1.3 若函数$x_1(t),x_2(t),\cdots,x_n(t)$在区间$[a,b]$上线性相关,则在$[a,b]$上它们的伏朗斯基行列式$W(t)\equiv 0$.

证明:根据假设,即知存在一组不全为零的常数$c_1,c_2,\cdots,c_n$,使得

$$c_1 x_1(t) + c_2 x_2(t) + \cdots + c_n x_n(t) \equiv 0, \quad (a \leqslant t \leqslant b). \tag{3.1.4}$$

依次对 t 微分此恒等式$(n-1)$次,加上(3.1.4)式,可以得到 n 个恒等式

$$\begin{cases} c_1 x_1(t) + c_2 x_2(t) + \cdots + c_n x_n(t) \equiv 0, \\ c_1 x_1'(t) + c_2 x_2'(t) + \cdots + c_n x_n'(t) \equiv 0, \\ \vdots \\ c_1 x_1^{(n-1)}(t) + c_2 x_2^{(n-1)}(t) + \cdots + c_n x_n^{(n-1)}(t) \equiv 0, \end{cases} \tag{3.1.5}$$

将(3.1.5)式看成关于 $c_1, c_2, \cdots, c_n$ 的齐次线性方程组,其系数行列式就是伏朗斯基行列式 $W(t)$,于是由线性代数理论,要使此方程组有非零解,则它的系数行列式必须为零,即 $W(t) \equiv 0 (a \leqslant t \leqslant b)$.

推论 3.1.1 如果函数 $x_1(t), x_2(t), \cdots, x_n(t)$ 的伏朗斯基行列式在区间$[a,b]$上的某一点 t_0 处不等于零,即 $W(t_0) \neq 0$,则这些函数在$[a,b]$上线性无关.

定理 3.1.4 如果 $x_1(t), x_2(t), \cdots, x_n(t)$ 是 n 阶齐次线性方程(3.1.2)式定义在区间$[a,b]$上的 n 个线性无关解,则它们的伏朗斯基行列式在该区间的任何点上都不等于零,即 $W(t) \neq 0 (a \leqslant t \leqslant b)$.

证明:反证法. 设有某点 $t_0 \in [a,b]$,使得 $W(t_0) = 0$,则考虑关于 $c_1, c_2, \cdots, c_n$ 的齐次线性方程组

$$\begin{cases} c_1 x_1(t_0) + c_2 x_2(t_0) + \cdots + c_n x_n(t_0) = 0, \\ c_1 x_1'(t_0) + c_2 x_2'(t_0) + \cdots + c_n x_n'(t_0) = 0, \\ \vdots \\ c_1 x_1^{(n-1)}(t_0) + c_2 x_2^{(n-1)}(t_0) + \cdots + c_n x_n^{(n-1)}(t_0) = 0, \end{cases} \tag{3.1.6}$$

其系数行列式 $W(t_0) = 0$,所以方程组(3.1.6)有非零解:$c_1^*, c_2^*, \cdots, c_n^*$,现以这组不全为零的常数构造函数

$$x(t) = c_1^* x_1(t) + c_2^* x_2(t) + \cdots + c_n^* x_n(t) \quad (a \leqslant t \leqslant b),$$

根据叠加原理(即定理 3.1.2),$x(t)$ 是方程(3.1.2)的解. 同时注意(3.1.6)式,可知 $x(t)$ 满足初始条件

$$x(t_0) = x'(t_0) = \cdots = x^{(n-1)}(t_0) = 0.$$

但是,方程(3.1.2)显然有 $\bar{x}(t) \equiv 0$ 也是满足上述初始条件的解,于是根据解的唯一性(定理 3.1.1),有

$$x(t) \equiv \bar{x}(t) \equiv 0 \quad (a \leqslant t \leqslant b),$$

即

$$c_1^* x_1(t) + c_2^* x_2(t) + \cdots + c_n^* x_n(t) \equiv 0 \quad (a \leqslant t \leqslant b).$$

因为 $c_1^*, c_2^*, \cdots, c_n^*$ 不全为零,这与 $x_1(t), x_2(t), \cdots, x_n(t)$ 线性无关矛盾.

推论 3.1.2 设 $x_1(t), x_2(t), \cdots, x_n(t)$ 是 n 阶齐次线性方程(3.1.2)定义在区

间 $[a,b]$ 上的 n 个解,如果存在某点 $t_0\in[a,b]$,使得 $W(t_0)=0$,则 $x_1(t),x_2(t),\cdots,$ $x_n(t)$ 在该区间上线性相关.

推论 3.1.3　n 阶齐次线性方程(3.1.2)的 n 个解 $x_1(t),x_2(t),\cdots,x_n(t)$ 在定义区间 $[a,b]$ 上线性无关的充分必要条件是:存在某点 $t_0\in[a,b]$,使得 $W(t_0)\neq0$.

根据以上定理和推论可以得出:由 n 阶齐次线性方程(3.1.2)的 n 个解 $x_1(t),$ $x_2(t),\cdots,x_n(t)$ 构成的伏朗斯基行列式 $W(t)$ 在其定义区间上或恒为零或恒不为零,即若在某一点处等于零,则必在整个区间上等于零;若在某一点处不为零,则必在整个区间上恒不为零.

虽然上述定理和推论给出了 n 阶齐次线性方程(3.1.2)的 n 个解线性相关或线性无关的判断,但是它们并没有回答 n 阶齐次线性方程(3.1.2)是否存在 n 个线性无关的解. 定理 3.1.5 则回答了这个问题.

定理 3.1.5　n 阶齐次线性方程(3.1.2)一定存在定义在 $[a,b]$ 上的 n 个线性无关的解.

证明:在 $[a,b]$ 上任取一点 $t=t_0$,根据解的存在唯一性定理(定理 3.1.1),在 $[a,b]$ 上必存在 n 个解 $x_1(t),x_2(t),\cdots,x_n(t)$,它们分别满足下列初始条件:

当 $t=t_0$ 时,

$$x_1(t_0)=1,\quad x_1'(t_0)=0,\quad \cdots,\quad x_1^{(n-1)}(t_0)=0;$$
$$x_2(t_0)=0,\quad x_2'(t_0)=1,\quad \cdots,\quad x_2^{(n-1)}(t_0)=0;$$
$$\vdots\qquad\qquad\vdots\qquad\qquad\qquad\vdots$$
$$x_n(t_0)=0,\quad x_n'(t_0)=0,\quad \cdots,\quad x_n^{(n-1)}(t_0)=1.$$

由于这 n 个解在 $t=t_0$ 点的伏朗斯基行列式的值

$$W(t_0)=\begin{vmatrix} 1 & 0 & \cdots & 0 \\ 0 & 1 & \cdots & 0 \\ \vdots & \vdots & & \vdots \\ 0 & 0. & \cdots & 1 \end{vmatrix}=1\neq0,$$

从而 $x_1(t),x_2(t),\cdots,x_n(t)$ 是定义在 $[a,b]$ 上的方程(3.1.2)的 n 个线性无关解.

因此,我们也称方程(3.1.2)的 n 个线性无关解为方程(3.1.2)的一个基本解组,显然基本解组不唯一.

结合上面的定理和推论,可以得出 n 阶齐次线性方程(3.1.2)的通解结构定理.

定理 3.1.6　如果 $x_1(t),x_2(t),\cdots,x_n(t)$ 是 n 阶齐次线性方程(3.1.2)的一个基本解组,则方程(3.1.2)的通解可表示为

$$x(t)=c_1x_1(t)+c_2x_2(t)+\cdots+c_nx_n(t),\tag{3.1.7}$$

其中 $c_1, c_2, \cdots, c_n$ 是任意常数,且通解(3.1.7)包括了方程(3.1.2)的所有解.

推论 3.1.4　n 阶齐次线性方程(3.1.2)的线性无关解的个数不超过 n 个.

例 3.1.1　已知方程 $\dfrac{\mathrm{d}^2 x}{\mathrm{d}t^2} + x = 0$ 的两个解为 $x_1(t) = \cos t$, $x_2(t) = \sin t$,试验证它们是该方程在 $(-\infty, +\infty)$ 上的一个基本解组,并写出方程的通解.

解:由于

$$W(t) = \begin{vmatrix} \cos t & \sin t \\ -\sin t & \cos t \end{vmatrix} = 1 \neq 0$$

在 $(-\infty, +\infty)$ 上恒成立,所以两函数在 $(-\infty, +\infty)$ 上线性无关,即它们是方程的一个基本解组,方程的通解为

$$x(t) = c_1 \cos t + c_2 \sin t,$$

其中 c_1, c_2 为任意常数.

3.1.3　非齐次线性方程与常数变易法

在得到 n 阶齐次线性方程通解的结构基础上,研究 n 阶非齐次线性方程的通解结构是很容易的.

考虑 n 阶非齐次线性方程

$$\frac{\mathrm{d}^n x}{\mathrm{d}t^n} + a_1(t)\frac{\mathrm{d}^{n-1} x}{\mathrm{d}t^{n-1}} + \cdots + a_{n-1}(t)\frac{\mathrm{d}x}{\mathrm{d}t} + a_n(t)x = f(t). \tag{3.1.1}$$

易见方程(3.1.2)是方程(3.1.1)的特殊形式,同时也很容易验证两方程之间的解有如下关系.

性质 3.1.1　如果 $\overline{x}(t)$ 是方程(3.1.1)的解,而 $x(t)$ 是方程(3.1.2)的解,则 $\overline{x}(t) + x(t)$ 是方程(3.1.1)的解.

性质 3.1.2　方程(3.1.1)的任意两个解之差必为方程(3.1.2)的解.

于是根据上述性质,我们有 n 阶非齐次线性方程(3.1.1)的解的结构定理.

定理 3.1.7　设 $x_1(t), x_2(t), \cdots, x_n(t)$ 是 n 阶齐次线性方程(3.1.2)的一个基本解组,$\overline{x}(t)$ 是 n 阶非齐次线性方程(3.1.1)的某一解,则方程(3.1.1)的通解可表为

$$x(t) = c_1 x_1(t) + c_2 x_2(t) + \cdots + c_n x_n(t) + \overline{x}(t), \tag{3.1.8}$$

其中 $c_1, c_2, \cdots, c_n$ 是任意常数,且通解(3.1.8)包括了方程(3.1.1)的所有解.

由定理 3.1.7 可知,求非齐次线性方程通解问题,归结为求非齐次线性方程的一个特解和对应的齐次线性方程的基本解组问题.而事实上,只要知道了对应的齐次线性方程的基本解组就可以利用常数变易法求得非齐次线性方程的解.

设 $x_1(t), x_2(t), \cdots, x_n(t)$ 是 n 阶齐次线性方程(3.1.2)的一个基本解组,则

$$x(t)=c_1x_1(t)+c_2x_2(t)+\cdots+c_nx_n(t) \qquad (3.1.9)$$

是方程(3.1.2)的通解,其中 $c_1,c_2,\cdots,c_n$ 是任意常数.

为求方程(3.1.1)的特解,将(3.1.9)中的任意常数 c_i 看成 t 的待定函数 $c_i(t)\ (i=1,\cdots,n)$,这时(3.1.9)式变为

$$x(t)=c_1(t)x_1(t)+c_2(t)x_2(t)+\cdots+c_n(t)x_n(t). \qquad (3.1.10)$$

此时,假定(3.1.10)式是方程(3.1.1)的形式解,来寻找待定函数 $c_i(t)\ (i=1,\cdots,n)$所应满足的条件.

将(3.1.10)式代入方程(3.1.1),仅能得到一个使(3.1.10)式成为方程(3.1.1)的解时 $c_i(t)\ (i=1,\cdots,n)$所应满足的条件.由于需要待定 n 个函数,所以,为了确定它们,必须再给出关于 $c_i(t)\ (i=1,\cdots,n)$所应满足的$(n-1)$个条件.在理论上,这些另加的条件可以任意给出,但为了使运算简便,我们在计算(3.1.10)式关于 t 的直到$(n-1)$阶导数的表达式中,令所有含有 $c_i'(t)$的项之和等于零.如此得到

$$x(t)=c_1(t)x_1(t)+c_2(t)x_2(t)+\cdots+c_n(t)x_n(t), \qquad (式\ 0)$$
$$x'(t)=c_1(t)x_1'(t)+c_2(t)x_2'(t)+\cdots+c_n(t)x_n'(t)$$
$$+c_1'(t)x_1(t)+c_2'(t)x_2(t)+\cdots+c_n'(t)x_n(t).$$

令 $c_1'(t)x_1(t)+c_2'(t)x_2(t)+\cdots+c_n'(t)x_n(t)=0,$ (条件 1)

得到

$$x_1'=c_1(t)x_1'(t)+c_2(t)x_2'(t)+\cdots+c_n(t)x_n'(t), \qquad (式\ 1)$$
$$x^{(2)}(t)=c_1(t)x_1^{(2)}(t)+c_2(t)x_2^{(2)}(t)+\cdots+c_n(t)x_n^{(2)}(t)$$
$$+c_1'(t)x_1'(t)+c_2'(t)x_2'(t)+\cdots+c_n'(t)x_n'(t).$$

令 $c_1'(t)x_1'(t)+c_2'(t)x_2'(t)+\cdots+c_n'(t)x_n'(t)=0,$ (条件 2)

得到

$$x^{(2)}(t)=c_1(t)x_1^{(2)}(t)+c_2(t)x_2^{(2)}(t)+\cdots+c_n(t)x_n^{(2)}(t), \qquad (式\ 2)$$
$$\cdots\cdots\cdots\cdots\cdots$$
$$x^{(n-1)}(t)=c_1(t)x_1^{(n-1)}(t)+c_2(t)x_2^{(n-1)}(t)+\cdots+c_n(t)x_n^{(n-1)}(t)$$
$$+c_1'(t)x_1^{(n-2)}(t)+c_2'(t)x_2^{(n-2)}(t)+\cdots+c_n'(t)x_n^{(n-2)}(t).$$

令 $c_1'(t)x_1^{(n-2)}(t)+c_2'(t)x_2^{(n-2)}(t)+\cdots+c_n'(t)x_n^{(n-2)}(t)=0,$ (条件 $n-1$)

得到

$$x^{(n-1)}(t)=c_1(t)x_1^{(n-1)}(t)+c_2(t)x_2^{(n-1)}(t)+\cdots+c_n(t)x_n^{(n-1)}(t) \qquad (式\ n-1)$$
$$x^{(n)}(t)=c_1(t)x_1^{(n)}(t)+c_2(t)x_2^{(n)}(t)+\cdots+c_n(t)x_n^{(n)}(t)$$
$$+c_1'(t)x_1^{(n-1)}(t)+c_2'(t)x_2^{(n-1)}(t)+\cdots+c_n'(t)x_n^{(n-1)}(t). \qquad (式\ n)$$

这样,$1\times$(式 n)$+a_1(t)\times$(式 $n-1$)$+\cdots+a_n(t)\times$(式 0),得到

$$x^{(n)}(t)+a_1(t)x^{(n-1)}(t)+\cdots+a_n(t)x(t)$$
$$=c_1(t)\big[x_1^{(n)}(t)+a_1(t)x_1^{(n-1)}(t)+\cdots+a_n(t)x_1(t)\big]$$
$$+c_2(t)\big[x_2^{(n)}(t)+a_1(t)x_2^{(n-1)}(t)+\cdots+a_n(t)x_2(t)\big]$$
$$\cdots\cdots\cdots\cdots\cdots\cdots$$
$$+c_n(t)\big[x_n^{(n)}(t)+a_1(t)x_n^{(n-1)}(t)+\cdots+a_n(t)x_n(t)\big]$$
$$+c_1'(t)x_1^{(n-1)}(t)+c_2'(t)x_2^{(n-1)}(t)+\cdots+c_n'(t)x_n^{(n-1)}(t).$$

考虑到 $x_1(t),x_2(t),\cdots,x_n(t)$ 是 n 阶齐次线性方程(3.1.2)的解,以及 $x(t)$ 是方程(3.1.1)的解,所以有

$$c_1'(t)x_1^{(n-1)}(t)+c_2'(t)x_2^{(n-1)}(t)+\cdots+c_n'(t)x_n^{(n-1)}(t)=f(t). \qquad (条件\ n)$$

从而我们得到了如下的 n 个条件

$$c_1'(t)x_1(t)+c_2'(t)x_2(t)+\cdots+c_n'(t)x_n(t)=0,$$
$$c_1'(t)x_1'(t)+c_2'(t)x_2'(t)+\cdots+c_n'(t)x_n'(t)=0,$$
$$\cdots\cdots\cdots\cdots\cdots$$
$$c_1'(t)x_1^{(n-2)}(t)+c_2'(t)x_2^{(n-2)}(t)+\cdots+c_n'(t)x_n^{(n-2)}(t)=0,$$
$$c_1'(t)x_1^{(n-1)}(t)+c_2'(t)x_2^{(n-1)}(t)+\cdots+c_n'(t)x_n^{(n-1)}(t)=f(t).$$

这 n 个条件组成了以 $c_1'(t),c_2'(t),\cdots,c_n'(t)$ 为 n 个未知数的线性方程组,其系数行列式恰好就是 $x_1(t),x_2(t),\cdots,x_n(t)$ 的伏朗斯基行列式 $W(t)$. 由于 $x_1(t),x_2(t),\cdots,x_n(t)$ 是方程的一个基本解组,所以 $W(t)\neq0$,因而上述方程组的解存在且唯一. 设求得的解为

$$c_i'(t)=\varphi_i(t) \qquad (i=1,\cdots,n),$$

积分得

$$c_i(t)=\int\varphi_i(t)\mathrm{d}t+\gamma_i \qquad (i=1,\cdots,n).$$

这里 $\gamma_i(i=1,\cdots,n)$ 是任意常数,将所得 $c_i(t)\ (i=1,\cdots,n)$ 代入(3.1.10)式,即得方程(3.1.1)的解

$$x(t)=\sum_{i=1}^{n}\gamma_i x_i(t)+\sum_{i=1}^{n}x_i(t)\int\varphi_i(t)\mathrm{d}t. \qquad (3.1.11)$$

显然,(3.1.11)式也是方程(3.1.1)式的通解. 而为了求得方程(3.1.1)的一个特解,只需给 $\gamma_i(i=1,\cdots,n)$ 以确定的值即可. 例如,当取 $\gamma_i=0\ (i=1,\cdots,n)$ 时,方程(3.1.1)有特解 $x(t)=\sum_{i=1}^{n}x_i(t)\int\varphi_i(t)\mathrm{d}t.$

例 3.1.2 求方程 $\dfrac{\mathrm{d}^2x}{\mathrm{d}t^2}+x=\dfrac{1}{\cos t}$ 的通解.

解:由例 3.1.1 可知,方程所对应的齐方程的一个基本解组为 $\cos t,\sin t$,且齐

方程的通解为 $x(t)=c_1\mathrm{cos}t+c_2\mathrm{sin}t.$ 于是,令

$$x(t)=c_1(t)\mathrm{cos}t+c_2(t)\mathrm{sin}t.$$

得到

$$\mathrm{cos}tc'_1(t)+\mathrm{sin}tc'_2(t)=0,$$

$$-\mathrm{sin}tc'_1(t)+\mathrm{cos}tc'_2(t)=\frac{1}{\mathrm{cos}t}.$$

解得

$$c'_1(t)=-\frac{\mathrm{sin}t}{\mathrm{cos}t},\quad c'_2(t)=1.$$

积分,得

$$c_1(t)=\ln|\mathrm{cos}t|+\gamma_1,\quad c_2(t)=t+\gamma_2.$$

于是原方程的通解为

$$x(t)=\gamma_1\mathrm{cos}t+\gamma_2\mathrm{sin}t+\mathrm{cos}t\ln|\mathrm{cos}t|+t\mathrm{sin}t,$$

其中 γ_1,γ_2 为任意常数.

3.2　常系数线性方程的解法

从第一节我们可以知道,关于线性方程的通解结构问题,从理论上讲,可以认为已经解决了,但是求方程通解的方法并没有具体给出.事实上,对于一般的线性方程还没有普遍的求解方法,本节所介绍的常系数线性方程是一类特殊方程,其求解问题能够彻底解决.

3.2.1　复值函数与复值解

定义 3.2.1　如果对于区间$[a,b]$中的每一实数 t,有复数 $z(t)=\varphi(t)+i\psi(t)$ 与之对应,其中 $\varphi(t)$ 和 $\psi(t)$ 是定义在区间$[a,b]$上的实函数,i 是虚数单位,则在区间$[a,b]$上定义了一个**复值函数** $z(t)$.

对于复值函数,如同实函数,我们可以定义它的极限、连续、导数等.

(1)极限.如果实函数 $\varphi(t)$ 和 $\psi(t)$ 当 t 趋于 t_0 时有极限,则定义复值函数当 t 趋于 t_0 时有极限,且 $\lim\limits_{t\to t_0}z(t)=\lim\limits_{t\to t_0}\varphi(t)+i\lim\limits_{t\to t_0}\psi(t).$

(2)连续.如果 $\lim\limits_{t\to t_0}z(t)=z(t_0)$,则称 $z(t)$ 在 t_0 点连续;当 $z(t)$ 在区间$[a,b]$上的每一点都连续时,称 $z(t)$ 在区间$[a,b]$上连续.

(3)导数.如果极限 $\lim\limits_{t\to t_0}\dfrac{z(t)-z(t_0)}{t-t_0}$ 存在,则称 $z(t)$ 在 t_0 点可导(或有导数),并

记此极限为 $\dfrac{\mathrm{d}z(t_0)}{\mathrm{d}t}$ 或 $z'(t_0)$，同时，有 $\dfrac{\mathrm{d}z(t_0)}{\mathrm{d}t}=\dfrac{\mathrm{d}\varphi(t_0)}{\mathrm{d}t}+i\,\dfrac{\mathrm{d}\phi(t_0)}{\mathrm{d}t}$；如果 $z(t)$ 在区间 $[a,b]$ 上的每一点都可导（或有导数）时，称 $z(t)$ 在区间 $[a,b]$ 上可导（或有导数）. 类似地也可以定义高阶导数.

同时对于定义于区间 $[a,b]$ 上可导的复值函数 $z_1(t),z_2(t)$ 以及复值常数 c，容易验证下列等式成立：

(1) $\dfrac{\mathrm{d}}{\mathrm{d}t}[z_1(t)+z_2(t)]=\dfrac{\mathrm{d}z_1(t)}{\mathrm{d}t}+\dfrac{\mathrm{d}z_2(t)}{\mathrm{d}t}$；

(2) $\dfrac{\mathrm{d}}{\mathrm{d}t}[cz_1(t)]=c\,\dfrac{\mathrm{d}z_1(t)}{\mathrm{d}t}$；

(3) $\dfrac{\mathrm{d}}{\mathrm{d}t}[z_1(t)z_2(t)]=\dfrac{\mathrm{d}z_1(t)}{\mathrm{d}t}z_2(t)+z_1(t)\dfrac{\mathrm{d}z_2(t)}{\mathrm{d}t}$.

定义 3.2.2 定义于区间 $[a,b]$ 上的实变量复值函数 $x(t)=z(t)$ 称为方程 (3.1.1) 的**复值解**，如果 $\dfrac{\mathrm{d}^n z(t)}{\mathrm{d}t^n}+a_1(t)\dfrac{\mathrm{d}^{n-1}z(t)}{\mathrm{d}t^{n-1}}+\cdots+a_{n-1}(t)\dfrac{\mathrm{d}z(t)}{\mathrm{d}t}+a_n(t)z(t)\equiv f(t)$，对于 $t\in[a,b]$ 恒成立.

定理 3.2.1 如果 n 阶齐次线性方程 (3.1.2) 中所有系数 $a_i(t)$ $(i=1,\cdots,n)$ 都是实值函数，而 $x(t)=z(t)=\varphi(t)+i\phi(t)$ 是方程 (3.1.2) 的复值解，则 $z(t)$ 的实部 $\varphi(t)$，虚部 $\phi(t)$ 和共轭复值函数 $\bar{z}(t)$ 也都是方程 (3.1.2) 的解.

定理 3.2.2 若方程 $\dfrac{\mathrm{d}^n x}{\mathrm{d}t^n}+a_1(t)\dfrac{\mathrm{d}^{n-1}x}{\mathrm{d}t^{n-1}}+\cdots+a_{n-1}(t)\dfrac{\mathrm{d}x}{\mathrm{d}t}+a_n(t)x=u(t)+iv(t)$ 有复值解 $x(t)=U(t)+iV(t)$，这里 $a_i(t)$ $(i=1,\cdots,n)$ 以及 $u(t),v(t)$ 都是实函数，那么这个复值解的实部 $U(t)$ 和虚部 $V(t)$ 分别是方程

$$\frac{\mathrm{d}^n x}{\mathrm{d}t^n}+a_1(t)\frac{\mathrm{d}^{n-1}x}{\mathrm{d}t^{n-1}}+\cdots+a_{n-1}(t)\frac{\mathrm{d}x}{\mathrm{d}t}+a_n(t)x=u(t)$$

和

$$\frac{\mathrm{d}^n x}{\mathrm{d}t^n}+a_1(t)\frac{\mathrm{d}^{n-1}x}{\mathrm{d}t^{n-1}}+\cdots+a_{n-1}(t)\frac{\mathrm{d}x}{\mathrm{d}t}+a_n(t)x=v(t)$$

的解.

由于在讨论常系数线性方程时，函数 e^{Kt} 起着重要作用，这里 K 是复值常数，我们现在给出它的定义，并讨论它的简单性质.

设 $K=\alpha+i\beta$ 是任一复数，其中 α,β 是实数，而 t 是实变量，则定义

$$e^{Kt}=e^{(\alpha+i\beta)t}=e^{\alpha}(\cos\beta t+i\sin\beta t).$$

根据定义，不难证明，

(1) $e^{\overline{K}t}=\overline{e^{Kt}}$，这里 $\overline{K}=\alpha-i\beta$ 表示复数 $K=\alpha+i\beta$ 的共轭复数；

$(2) e^{(K_1+K_2)t} = e^{K_1 t} e^{K_2 t}$;

$(3) \dfrac{d}{dt}[e^{Kt}] = K e^{Kt}$;

$(4) \dfrac{d^n}{dt^n}[e^{Kt}] = K^n e^{Kt}$.

3.2.2　常系数齐次线性方程的解法

设 n 阶齐次线性方程中所有系数都是(实)常数,即方程具有如下形式

$$\frac{d^n x}{dt^n} + a_1 \frac{d^{n-1}x}{dt^{n-1}} + \cdots + a_{n-1}\frac{dx}{dt} + a_n x = 0, \tag{3.2.1}$$

其中 $a_1, a_2, \cdots, a_n$ 为(实)常数,称(3.2.1)式为 **n 阶常系数齐次线性方程**.

回顾一阶常系数齐次线性方程

$$\frac{dx}{dt} + ax = 0,$$

其中 a 是常数,不难求出它有形如 $x = e^{-at}$ 的特解,且其通解为 $x = Ce^{-at}$. 因而我们猜想方程(3.2.1)也有形如

$$x = e^{\lambda t}$$

的解,其中 λ 是待定常数. 这样,我们假定方程(3.2.1)有 $x = e^{\lambda t}$ 的形式解,并将其代入方程(3.2.1),得

$$\frac{d^n e^{\lambda t}}{dt^n} + a_1 \frac{d^{n-1}e^{\lambda t}}{dt^{n-1}} + \cdots + a_{n-1}\frac{de^{\lambda t}}{dt} + a_n e^{\lambda t} = 0,$$

即

$$(\lambda^n + a_1 \lambda^{n-1} + \cdots + a_{n-1}\lambda + a_n)e^{\lambda t} = 0.$$

令

$$F(\lambda) = \lambda^n + a_1 \lambda^{n-1} + \cdots + a_{n-1}\lambda + a_n, \tag{3.2.2}$$

易知,$x = e^{\lambda t}$ 是方程(3.2.1)的解的充分必要条件为,λ 是 n 次多项式 $F(\lambda) = \lambda^n + a_1 \lambda^{n-1} + \cdots + a_{n-1}\lambda + a_n$ 的根.

我们称(3.2.2)式为方程(3.2.1)的**特征多项式**,方程 $F(\lambda) = 0$ 称为(3.2.1)式的**特征方程**,其特征方程的根称为(3.2.1)式的**特征根**.

通过以上分析可以得出,求方程(3.2.1)的解的问题,归结为求其特征根的问题. 由此,我们将根据(3.2.1)式的特征根的性质来得出方程(3.2.1)的解的结构.

由代数学基本定理可知,特征方程 $F(\lambda) = 0$ 可以写成如下形式

$$F(\lambda) = \lambda^n + a_1 \lambda^{n-1} + \cdots + a_{n-1}\lambda + a_n$$
$$= (\lambda - \lambda_1)^{k_1}(\lambda - \lambda_2)^{k_2}\cdots(\lambda - \lambda_m)^{k_m} = 0,$$

其中 $k_1 + k_2 + \cdots + k_m = n$,即 $\lambda_1, \lambda_2, \cdots, \lambda_m$ 分别是特征方程 $F(\lambda) = 0$ 的重数为 k_1,

$k_2,\cdots,k_m$ 的特征根(单根的重数记为 1 重).于是我们得出如下定理.

定理 3.2.3　设 $\lambda_1,\lambda_2,\cdots,\lambda_m$ 分别是 n 阶齐次线性方程(3.2.1)的重数为 k_1, $k_2,\cdots,k_m$ 的特征根(单根的重数记为 1),其中 $k_1+k_2+\cdots+k_m=n$,则

$$
\begin{array}{cccc}
e^{\lambda_1 t}, & te^{\lambda_1 t}, & \cdots, & t^{k_1-2}e^{\lambda_1 t}, \quad t^{k_1-1}e^{\lambda_1 t}; \\
e^{\lambda_2 t}, & te^{\lambda_2 t}, & \cdots, & t^{k_2-2}e^{\lambda_2 t}, \quad t^{k_2-1}e^{\lambda_2 t}; \\
\vdots & \vdots & & \vdots \qquad\qquad \vdots \\
e^{\lambda_m t}, & te^{\lambda_m t}, & \cdots, & t^{k_m-2}e^{\lambda_m t}, \quad t^{k_m-1}e^{\lambda_m t}
\end{array}
$$

构成 n 阶齐次线性方程(3.2.1)的一个基本解组.

另外,如果 n 阶齐次线性方程(3.2.1)的系数都是实系数,则方程(3.2.1)的实值解可叙述为定理 3.2.4.

定理 3.2.4　设 n 阶齐次线性方程(3.2.1)的特征根如下(单根的重数记为 1):

$$
\begin{array}{ccccc}
\text{实根}: & \lambda_1, & \lambda_2, & \cdots, & \lambda_m, \\
\text{重数}: & k_1, & k_2, & \cdots, & k_m, \\
\text{复根}: & \alpha_1\pm i\beta_1, & \alpha_2\pm i\beta_2, & \cdots, & \alpha_l\pm i\beta_l, \\
\text{重数}: & n_1, & n_2, & \cdots, & n_l,
\end{array}
$$

其中 $k_1+k_2+\cdots+k_m+2n_1+2n_2+\cdots+2n_l=n$,则

$$
\begin{array}{lclcl}
e^{\lambda_j t}, & te^{\lambda_j t}, & \cdots, & t^{k_j-2}e^{\lambda_j t}, & t^{k_j-1}e^{\lambda_j t}; \quad (j=1,\cdots,m) \\
e^{\alpha_r t}\cos\beta_r t, & te^{\alpha_r t}\cos\beta_r t, & \cdots, & t^{n_r-2}e^{\alpha_r t}\cos\beta_r t, & t^{n_r-1}e^{\alpha_r t}\cos\beta_r t; \quad (r=1,\cdots,l) \\
e^{\alpha_r t}\sin\beta_r t, & te^{\alpha_r t}\sin\beta_r t, & \cdots, & t^{n_r-2}e^{\alpha_r t}\sin\beta_r t, & t^{n_r-1}e^{\alpha_r t}\sin\beta_r t; \quad (r=1,\cdots,l)
\end{array}
$$

构成 n 阶齐次线性方程(3.2.1)的一个基本解组.

特别地,当特征方程具有 n 个互异的特征根 $\lambda_1,\lambda_2,\cdots,\lambda_n$,即特征根都是单根时,$n$ 阶齐次线性方程(3.2.1)有如下 n 个解

$$
e^{\lambda_1 t}, \quad e^{\lambda_2 t}, \quad \cdots, \quad e^{\lambda_n t}.
$$

这 n 个解构成了方程(3.2.1)的一个基本解组.

同时,对于方程(3.2.1)的实值解而言,设特征方程的实根为 $\lambda_1,\lambda_2,\cdots,\lambda_k$,虚根为 $\alpha_1\pm i\beta_1,\alpha_2\pm i\beta_2,\cdots,\alpha_l\pm i\beta_l$,这里 $k+2l=n$,则 n 阶齐次线性方程(3.2.1)有如下 n 个实值解

$$
\begin{array}{cccc}
e^{\lambda_1 t}, & e^{\lambda_2 t}, & \cdots, & e^{\lambda_k t}; \\
e^{\alpha_1 t}\cos\beta_1 t, & e^{\alpha_2 t}\cos\beta_2 t, & \cdots, & e^{\alpha_{l-1} t}\cos\beta_{l-1} t, \quad e^{\alpha_l t}\cos\beta_l t; \\
e^{\alpha_1 t}\sin\beta_1 t, & e^{\alpha_2 t}\sin\beta_2 t, & \cdots, & e^{\alpha_{l-1} t}\sin\beta_{l-1} t, \quad e^{\alpha_l t}\sin\beta_l t.
\end{array}
$$

它们构成了方程(3.2.1)的一个实值的基本解组.

例 3.2.1　求方程 $\dfrac{d^4 x}{dt^4}-x=0$ 的实值通解.

解：特征方程为

$$\lambda^4 - 1 = 0.$$

特征根为 $\lambda_1 = 1, \lambda_2 = -1, \lambda_3 = i, \lambda_4 = -i$. 故方程的通解为

$$x = c_1 e^t + c_2 e^{-t} + c_3 \cos t + c_4 \sin t,$$

其中 c_1, c_2, c_3, c_4 是任意常数.

例 3.2.2　求方程 $\dfrac{d^3 x}{dt^3} - 3\dfrac{d^2 x}{dt^2} + 9\dfrac{dx}{dt} + 13x = 0$ 的实值通解.

解：特征方程为

$$\lambda^3 - 3\lambda^2 + 9\lambda + 13 = 0.$$

特征根为 $\lambda_1 = -1, \lambda_2 = 2 + 3i, \lambda_3 = 2 - 3i$. 故方程的通解为

$$x = c_1 e^{-t} + c_2 e^{2t} \cos 3t + c_3 e^{2t} \sin 3t,$$

其中 c_1, c_2, c_3 是任意常数.

例 3.2.3　求方程 $\dfrac{d^3 x}{dt^3} - 3\dfrac{d^2 x}{dt^2} + 3\dfrac{dx}{dt} - x = 0$ 的实值通解.

解：特征方程为

$$\lambda^3 - 3\lambda^2 + 3\lambda - 1 = 0.$$

特征根为 $\lambda_1 = \lambda_2 = \lambda_3 = 1$. 故方程的通解为

$$x = c_1 e^t + c_2 t e^t + c_3 t^2 e^t,$$

其中 c_1, c_2, c_3 是任意常数.

例 3.2.4　求方程 $\dfrac{d^4 x}{dt^4} + 2\dfrac{d^2 x}{dt^2} + x = 0$ 的实值通解.

解：特征方程为

$$\lambda^4 + 2\lambda^2 + 1 = 0.$$

特征根为 $\lambda_1 = \lambda_2 = i, \lambda_3 = \lambda_4 = -i$. 故方程的通解为

$$x = c_1 \cos t + c_2 t \cos t + c_3 \sin t + c_4 t \sin t,$$

其中 c_1, c_2, c_3, c_4 是任意常数.

3.2.3　欧拉方程*

形如

$$x^n \frac{d^n y}{dx^n} + a_1 x^{n-1} \frac{d^{n-1} y}{dx^{n-1}} + \cdots + a_{n-1} x \frac{dy}{dx} + a_n y = 0 \tag{3.2.3}$$

的方程称为**欧拉方程**，这里 $a_1, a_2, \cdots, a_n$ 为常数. 此方程通过引进自变量的变换

$$x = e^t \quad \text{或} \quad t = \ln x$$

可以化为常系数齐次线性方程.有兴趣的读者可参阅《常微分方程》(第二版)[①],这里不再赘述.

3.2.4 常系数非齐次线性方程的解法

形如

$$\frac{\mathrm{d}^n x}{\mathrm{d} t^n} + a_1 \frac{\mathrm{d}^{n-1} x}{\mathrm{d} t^{n-1}} + \cdots + a_{n-1} \frac{\mathrm{d} x}{\mathrm{d} t} + a_n x = f(t) \tag{3.2.4}$$

的方程称为 **n 阶常系数非齐次线性方程**,这里 $a_1, a_2, \cdots, a_n$ 是常数,$f(t)$ 是连续函数.

由于前面已经给出了 n 阶常系数齐次线性方程基本解组的求法,因此可用常数变易法求得方程(3.2.4)的解.常数变易法的求解过程往往是比较繁琐的,而且必须经过积分运算,故而当方程(3.2.4)的右端函数 $f(t)$ 具有某些特殊形式时,我们可以直接利用比较系数法求其特解.

比较系数法的优点是不需通过积分而用代数方法即可求得非齐次线性方程的特解,因而比较简便.

下面我们通过 $f(t)$ 的具体类型,利用比较系数法来讨论常系数非齐次线性方程求特解的过程.

类型 I

设

$$f(t) = (b_0 t^m + b_1 t^{m-1} + \cdots + b_{m-1} t + b_m) \mathrm{e}^{\lambda t},$$

其中 λ 及 $b_i (i=0,1,\cdots,m)$ 为实常数,则方程(3.2.4)有形如

$$x(t) = t^k (B_0 t^m + B_1 t^{m-1} + \cdots + B_{m-1} t + B_m) \mathrm{e}^{\lambda t} \tag{3.2.5}$$

的特解,其中 k 为特征方程 $F(\lambda)=0$ 的根 λ 的重数(单根相当于 $k=1$),而当 λ 不是特征根时,取 $k=0$;$B_i (i=0,1,\cdots,m)$ 是待定常数,它们可以通过比较系数来确定.

例 3.2.5 求方程 $\dfrac{\mathrm{d}^2 x}{\mathrm{d} t^2} - 2 \dfrac{\mathrm{d} x}{\mathrm{d} t} - 3x = 3t + 1$ 的实值通解.

解:先求对应的齐次线性方程

$$\frac{\mathrm{d}^2 x}{\mathrm{d} t^2} - 2 \frac{\mathrm{d} x}{\mathrm{d} t} - 3x = 0$$

的通解.这里特征方程为 $\lambda^2 - 2\lambda - 3 = 0$,特征根为 $\lambda_1 = 3, \lambda_2 = -1$,因此,齐次线性方程的通解为 $x(t) = c_1 \mathrm{e}^{3t} + c_2 \mathrm{e}^{-t}$,其中 c_1, c_2 为任意常数.

然后,求非齐次线性方程的一个特解,这里 $f(t) = 3t + 1, \lambda = 0$.

---

① 王高雄,周之铭等:《常微分方程》(第二版),高等教育出版社,1983 年 9 月.

因为 $\lambda=0$ 不是特征根,故非齐次线性方程有形如

$$\overline{x}(t)=A+Bt$$

的特解. 将它代入原方程,得到

$$-2B-3A-3Bt=3t+1,$$

比较系数得

$$\begin{cases} -3B=3, \\ -2B-3A=1, \end{cases}$$

即 $B=-1,A=\dfrac{1}{3}$. 从而 $\overline{x}(t)=\dfrac{1}{3}-t$,因此,原方程的通解为

$$x(t)=c_1\mathrm{e}^{3t}+c_2\mathrm{e}^{-t}+\dfrac{1}{3}-t,$$

其中 c_1,c_2 为任意常数.

例 3.2.6　求方程 $\dfrac{\mathrm{d}^2x}{\mathrm{d}t^2}-2\dfrac{\mathrm{d}x}{\mathrm{d}t}-3x=\mathrm{e}^{-t}$ 的实值通解.

解:由例 3.2.5 知,齐次线性方程的通解为 $x(t)=c_1\mathrm{e}^{3t}+c_2\mathrm{e}^{-t}$,其中 c_1,c_2 为任意常数.

因为 $\lambda=-1$ 是特征根的单根,故非齐次线性方程有形如

$$\overline{x}(t)=tA\mathrm{e}^{-t}$$

的特解. 将它代入原方程,得到

$$-4A\mathrm{e}^{-t}=\mathrm{e}^{-t}.$$

比较系数得 $A=-\dfrac{1}{4}$,从而 $\overline{x}(t)=-\dfrac{t}{4}\mathrm{e}^{-t}$,因此,原方程的通解为

$$x(t)=c_1\mathrm{e}^{3t}+c_2\mathrm{e}^{-t}-\dfrac{t}{4}\mathrm{e}^{-t},$$

其中 c_1,c_2 为任意常数.

例 3.2.7　求方程 $\dfrac{\mathrm{d}^3x}{\mathrm{d}t^3}+3\dfrac{\mathrm{d}^2x}{\mathrm{d}t^2}+3\dfrac{\mathrm{d}x}{\mathrm{d}t}+x=\mathrm{e}^{-t}(t-5)$ 的实值通解.

解:特征方程为 $\lambda^3+3\lambda^2+3\lambda+1=0$,特征根为 $\lambda_1=\lambda_2=\lambda_3=-1$(三重根),故齐次线性方程的通解为 $x(t)=c_1\mathrm{e}^{-t}+c_2t\mathrm{e}^{-t}+c_3t^2\mathrm{e}^{-t}$,其中 c_1,c_2,c_3 为任意常数.

因为 $\lambda=-1$ 是特征根的三重根,故非齐次线性方程有形如

$$\overline{x}(t)=t^3(A+Bt)\mathrm{e}^{-t}$$

的特解. 将它代入原方程,得到

$$(6A+24Bt)\mathrm{e}^{-t}=\mathrm{e}^{-t}(t-5).$$

比较系数得 $A=-\dfrac{5}{6},B=\dfrac{1}{24}$. 从而 $\overline{x}(t)=\dfrac{t^3}{24}(t-20)\mathrm{e}^{-t}$,因此,原方程的通解为

$$x(t)=c_1\mathrm{e}^{3t}+c_2\mathrm{e}^{-t}+\frac{t^3}{24}(t-20)\mathrm{e}^{-t},$$

其中 c_1,c_2 为任意常数.

类型 Ⅱ

设

$$f(t)=(A(t)\cos\beta t+B(t)\sin\beta t)\mathrm{e}^{\alpha t},$$

其中, α,β 为实常数, $A(t),B(t)$ 是关于 t 的次数不高于 m ,但二者至少有一个是次数为 m 的实系数多项式,则方程(3.2.4)有形如

$$x(t)=t^k(P(t)\cos\beta t+Q(t)\sin\beta t)\mathrm{e}^{\alpha t} \tag{3.2.6}$$

的特解,其中 k 为特征方程 $F(\lambda)=0$ 的根 $\alpha\pm\mathrm{i}\beta$ 的重数(单根相当于 $k=1$);而当 $\alpha\pm\mathrm{i}\beta$ 不是特征根时,取 $k=0,P(t),Q(t)$ 均为待定的次数不高于 m 的关于 t 的实系数多项式,它们可以通过比较系数来确定.

例 3.2.8　求方程 $\dfrac{\mathrm{d}^2x}{\mathrm{d}t^2}+\dfrac{\mathrm{d}x}{\mathrm{d}t}-2x=\mathrm{e}^t(\cos t-7\sin t)$ 的实值通解.

解: 特征方程为 $\lambda^2+\lambda-2=0$,特征根为 $\lambda_1=1,\lambda_2=-2$,故齐次线性方程的通解为 $x(t)=c_1\mathrm{e}^t+c_2\mathrm{e}^{-2t}$,其中 c_1,c_2 为任意常数.

因为 $\alpha\pm\mathrm{i}\beta=1\pm\mathrm{i}$ 不是特征根,故非齐次线性方程有形如

$$\overline{x}(t)=(A\cos t+B\sin t)\mathrm{e}^t$$

的特解.将它代入原方程,由于

$$\overline{x}(t)=(A\cos t+B\sin t)\mathrm{e}^t,$$

$$\frac{\mathrm{d}\overline{x}(t)}{\mathrm{d}t}=((A+B)\cos t+(B-A)\sin t)\mathrm{e}^t,$$

$$\frac{\mathrm{d}^2\overline{x}(t)}{\mathrm{d}t^2}=(2B\cos t-2A\sin t)\mathrm{e}^t,$$

故

$$\frac{\mathrm{d}^2\overline{x}(t)}{\mathrm{d}t^2}+\frac{\mathrm{d}\overline{x}(t)}{\mathrm{d}t}-2\overline{x}(t)$$

$$=(2B\cos t-2A\sin t)\mathrm{e}^t+((A+B)\cos t+(B-A)\sin t)\mathrm{e}^t+(A\cos t+B\sin t)\mathrm{e}^t$$

$$=\mathrm{e}^t(\cos t-7\sin t).$$

化简,得

$$(3B-A)\cos t-(B+3A)\sin t=\cos t-7\sin t.$$

比较上述等式两端 $\cos t,\sin t$ 的系数,可得

$$3B-A=1,\quad -B-3A=-7.$$

即 $A=2,B=1$,从而 $\overline{x}(t)=(2\cos t+\sin t)\mathrm{e}^t$.

因此,原方程的通解为

$$x(t)=c_1\mathrm{e}^t+c_2\mathrm{e}^{-2t}+(2\cos t+\sin t)\mathrm{e}^t,$$

其中 c_1,c_2 为任意常数.

例 3.2.9　求方程 $\dfrac{\mathrm{d}^2x}{\mathrm{d}t^2}+4\dfrac{\mathrm{d}x}{\mathrm{d}t}+4x=\cos 2t$ 的实值通解.

解：特征方程为 $\lambda^2+4\lambda+4=0$，特征根为 $\lambda_1=\lambda_2=-2$（二重根），故齐次线性方程的通解为 $x(t)=c_1\mathrm{e}^{-2t}+c_2t\mathrm{e}^{-2t}$，其中 c_1,c_2 为任意常数.

因为 $\alpha\pm\mathrm{i}\beta=0\pm2\mathrm{i}$ 不是特征根，故非齐次线性方程有形如

$$\overline{x}(t)=A\cos 2t+B\sin 2t$$

的特解. 将它代入原方程并化简，得

$$8B\cos 2t-8A\sin 2t=\cos 2t.$$

比较同类项系数，得 $A=0,B=\dfrac{1}{8}$，从而 $\overline{x}(t)=\dfrac{1}{8}\sin 2t$.

因此，原方程的通解为

$$x(t)=c_1\mathrm{e}^{-2t}+c_2t\mathrm{e}^{-2t}+\dfrac{1}{8}\sin 2t,$$

其中 c_1,c_2 为任意常数.

在例 3.2.9 中，请读者注意，虽然非齐次线性方程的右端函数只有 $\cos 2t$，而没有出现 $\sin 2t$ 的形式，但是在求特解时务必按照（3.2.6）式的形式设定特解，因为代入微分方程之后，函数形式可能会发生变化.

例 3.2.10　求方程 $\dfrac{\mathrm{d}^2x}{\mathrm{d}t^2}+x=2\sin t$ 的实值通解.

解：特征方程为 $\lambda^2+1=0$，特征根为 $\lambda_1=\mathrm{i},\lambda_2=-\mathrm{i}$，故齐次线性方程的通解为 $x(t)=c_1\cos t+c_2\sin t$，其中 c_1,c_2 为任意常数.

因为 $\alpha\pm\mathrm{i}\beta=0\pm\mathrm{i}$ 是特征根（单根），故非齐次线性方程有形如

$$\overline{x}(t)=t(A\cos t+B\sin t)$$

的特解. 将它代入原方程并化简，求得 $A=-1,B=0$，从而 $\overline{x}(t)=-t\cos t$.

因此，原方程的通解为

$$x(t)=c_1\cos t+c_2\sin t+-t\cos t,$$

其中 c_1,c_2 为任意常数.

类型 Ⅲ

定理 3.2.5　设 n 阶常系数非齐次线性方程为

$$\frac{\mathrm{d}^n x}{\mathrm{d}t^n}+a_1\frac{\mathrm{d}^{n-1}x}{\mathrm{d}t^{n-1}}+\cdots+a_{n-1}\frac{\mathrm{d}x}{\mathrm{d}t}+a_n x=f_1(t)+f_2(t), \tag{3.2.6}$$

且 $x_1(t)$ 与 $x_2(t)$ 分别是方程

$$\frac{\mathrm{d}^n x}{\mathrm{d}t^n}+a_1\frac{\mathrm{d}^{n-1}x}{\mathrm{d}t^{n-1}}+\cdots+a_{n-1}\frac{\mathrm{d}x}{\mathrm{d}t}+a_n x=f_1(t) \tag{3.2.7}$$

与

$$\frac{\mathrm{d}^n x}{\mathrm{d}t^n}+a_1\frac{\mathrm{d}^{n-1}x}{\mathrm{d}t^{n-1}}+\cdots+a_{n-1}\frac{\mathrm{d}x}{\mathrm{d}t}+a_n x=f_2(t) \tag{3.2.8}$$

的解,则函数 $x_1(t)+x_2(t)$ 是方程(3.2.6)的解.

例 3.2.11 求方程 $\dfrac{\mathrm{d}^2 x}{\mathrm{d}t^2}+x=2\sin t-\cos 2t$ 的实值通解.

解:(1)求对应的齐次线性方程的通解.

特征方程为 $\lambda^2+1=0$,特征根为 $\lambda_1=\mathrm{i}$,$\lambda_2=-\mathrm{i}$,齐次线性方程的通解为 $x(t)=c_1\cos t+c_2\sin t$,其中 c_1,c_2 为任意常数.

(2)将原方程分解为两个方程

① $\dfrac{\mathrm{d}^2 x}{\mathrm{d}t^2}+x=2\sin t$,

② $\dfrac{\mathrm{d}^2 x}{\mathrm{d}t^2}+x=-\cos 2t$.

分别求出各自的特解 $x_1(t)$ 与 $x_2(t)$. 经计算得 $x_1(t)=-t\cos t$,$x_2(t)=\dfrac{1}{3}\cos 2t$.

于是原方程的特解为

$$\overline{x}(t)=x_1(t)+x_2(t)=-t\cos t+\frac{1}{3}\cos 2t.$$

因此,原方程的通解为

$$x(t)=c_1\cos t+c_2\sin t-t\cos t+\frac{1}{3}\cos 2t,$$

其中 c_1,c_2 为任意常数.

作为非齐次线性方程的通用解法——常数变易法虽然运算可能繁琐,但它却是能够解决求非齐次线性方程特解乃至通解的最一般的方法.作为本节的结束,我们将完整地利用常数变易法求一个具体的非齐次线性方程的通解.

例 3.2.12 求方程 $\dfrac{\mathrm{d}^2 x}{\mathrm{d}t^2}-2\dfrac{\mathrm{d}x}{\mathrm{d}t}+x=\dfrac{\mathrm{e}^t}{t}$ 的实值通解.

解:(1)求原方程对应的齐次线性方程的通解.

原方程对应的齐次线性方程的特征方程为

$$\lambda^2-2\lambda+1=0,$$

特征根为 $\lambda_1=\lambda_2=1$(二重),故齐次线性方程的通解为

$$x(t)=c_1\mathrm{e}^t+c_2 t\mathrm{e}^t,$$

其中 c_1,c_2 为任意常数.

(2)用常数变易法求原方程的特解,并写出原方程的通解.

设原方程有形如

$$x(t) = c_1(t)e^t + c_2(t)te^t$$

的特解,可得 $c_1'(t), c_2'(t)$ 满足的代数方程组为

$$\begin{cases} c_1'(t)e^t + c_2'(t)te^t = 0, \\ c_1'(t)e^t + c_2'(t)(t+1)e^t = \dfrac{e^t}{t}. \end{cases}$$

解之,得

$$c_1'(t) = -1, \quad c_2'(t) = \frac{1}{t}.$$

积分,得

$$c_1(t) = -t + \gamma_1, \quad c_2(t) = \ln|t| + \gamma_2.$$

故原方程的通解为

$$x(t) = (-t + \gamma_1)e^t + (\ln|t| + \gamma_2)te^t,$$

其中 γ_1, γ_2 为任意常数.

进一步整理,得

$$x(t) = (\gamma_3 t + \gamma_1)e^t + te^t\ln|t|,$$

其中 $\gamma_3 = \gamma_2 - 1$.

3.3　习题

1. 求解下列常系数齐次线性方程:

(1) $\dfrac{d^3y}{dx^3} - 2\dfrac{d^2y}{dx^2} - \dfrac{dy}{dx} + 2y = 0$;

(2) $\dfrac{d^2y}{dx^2} + 4\dfrac{dy}{dx} + 13y = 0$;

(3) $\dfrac{d^3y}{dx^3} - \dfrac{d^2y}{dx^2} + \dfrac{dy}{dx} - y = 0$;

(4) $\dfrac{d^3y}{dx^3} - \dfrac{d^2y}{dx^2} - \dfrac{dy}{dx} + y = 0$;

(5) $\dfrac{d^4y}{dx^4} + 4\dfrac{d^3y}{dx^3} + 8\dfrac{d^2y}{dx^2} + 8\dfrac{dy}{dx} + 4y = 0$;

(6) $\dfrac{d^2y}{dx^2} + 4\dfrac{dy}{dx} + 4y = 0$;　$y(2) = 4$,　$y'(2) = 0$;

(7) $\dfrac{d^4y}{dx^4} - y = 0$,　$y(0) = 2$,　$y'(0) = -1$,　$y''(0) = -2$,　$y'''(0) = 1$.

2. 求解下列常系数非齐次线性方程：

(1)$\dfrac{\mathrm{d}^2 y}{\mathrm{d}x^2} - y = \dfrac{2\mathrm{e}^x}{\mathrm{e}^x - 1}$；

(2)$\dfrac{\mathrm{d}^2 y}{\mathrm{d}x^2} - 2\dfrac{\mathrm{d}y}{\mathrm{d}x} + y = \dfrac{\mathrm{e}^x}{x}$；

(3)$\dfrac{\mathrm{d}^2 y}{\mathrm{d}x^2} + 6\dfrac{\mathrm{d}y}{\mathrm{d}x} + 5y = \mathrm{e}^{2x}$；

(4)$\dfrac{\mathrm{d}^2 y}{\mathrm{d}x^2} + y = x\mathrm{e}^{-x}$；

(5)$\dfrac{\mathrm{d}^2 y}{\mathrm{d}x^2} + 4y = x\sin 2x$；

(6)$\dfrac{\mathrm{d}^2 y}{\mathrm{d}x^2} + y = \sin x - \cos 2x$；

(7)$\dfrac{\mathrm{d}^2 y}{\mathrm{d}x^2} + y = x + 3\sin 2x + 2\cos x$；

(8)$\dfrac{\mathrm{d}^2 y}{\mathrm{d}x^2} - 2\dfrac{\mathrm{d}y}{\mathrm{d}x} + 2y = x\mathrm{e}^x\cos x$；

(9)$\dfrac{\mathrm{d}^4 y}{\mathrm{d}x^4} + 2\dfrac{\mathrm{d}^2 y}{\mathrm{d}x^2} + y = \sin x$，$y(0)=1$，$y'(0)=-2$，$y''(0)=3$，$y'''(0)=0$.

第 4 章　线性微分方程组

在前面我们主要研究了含有一个未知函数的微分方程的解法以及它们的性质.但是,在很多实际问题与理论研究中,还要求我们去求解含有多个未知函数的微分方程组或研究它们的解的性质.本章我们讨论线性微分方程组的一般理论以及常系数线性微分方程组的解法.

4.1　线性微分方程组的一般理论

4.1.1　向量函数和矩阵函数

定义 4.1.1　设 $x_i(t)$ $(i=1,\cdots,n)$ 是定义在区间 $[a,b]$ 上的 n 个函数,则称

$$x(t)=\begin{bmatrix} x_1(t) \\ x_2(t) \\ \vdots \\ x_n(t) \end{bmatrix}$$

为 $[a,b]$ 上的 **n 维列向量函数**.

定义 4.1.2　设 $a_{ij}(t)$ $(i,j=1,\cdots,n)$ 是定义在区间 $[a,b]$ 上的 n^2 个函数,则称

$$A(t)=\begin{bmatrix} a_{11}(t) & a_{12}(t) & \cdots & a_{1n}(t) \\ a_{21}(t) & a_{22}(t) & \cdots & a_{2n}(t) \\ \vdots & \vdots & & \vdots \\ a_{n1}(t) & a_{n2}(t) & \cdots & a_{nn}(t) \end{bmatrix}$$

为 $[a,b]$ 上的 **$n\times n$ 矩阵函数**.

在引进向量函数与矩阵函数后,我们可以给出它们关于连续、可微、积分以及它们之间导数运算的一些性质,而这些性质对系统研究线性微分方程组将有很大的帮助.

(1)向量函数与矩阵函数的连续性.

当所有的 $x_i(t)$ $(i=1,\cdots,n)$ 在区间 $[a,b]$ 上连续时,称 $x(t)$ 在区间 $[a,b]$ 上连续;

当所有的 $a_{ij}(t)$ $(i,j=1,\cdots,n)$ 在区间 $[a,b]$ 上连续时,称 $A(t)$ 在区间 $[a,b]$ 上连续.

(2)向量函数与矩阵函数的可微性.

当所有的 $x_i(t)$ $(i=1,\cdots,n)$ 在区间 $[a,b]$ 上可微时,称 $x(t)$ 在区间 $[a,b]$ 上可微,并且其导数为

$$x'(t)=\begin{bmatrix} x_1'(t) \\ x_2'(t) \\ \vdots \\ x_n'(t) \end{bmatrix},$$

同时,我们也可以定义高阶导数;

当所有的 $a_{ij}(t)$ $(i,j=1,\cdots,n)$ 在区间 $[a,b]$ 上可微时,称 $A(t)$ 在区间 $[a,b]$ 上可微,并且其导数为

$$A'(t)=\begin{bmatrix} a_{11}'(t) & a_{12}'(t) & \cdots & a_{1n}'(t) \\ a_{21}'(t) & a_{22}'(t) & \cdots & a_{2n}'(t) \\ \vdots & \vdots & & \vdots \\ a_{n1}'(t) & a_{n2}'(t) & \cdots & a_{nn}'(t) \end{bmatrix}.$$

(3)向量函数与矩阵函数的可积性.

当所有的 $x_i(t)$ $(i=1,\cdots,n)$ 在区间 $[a,b]$ 上可积时,称 $x(t)$ 在区间 $[a,b]$ 上可积,并且其积分为

$$\int_a^b x(t)\mathrm{d}t=\begin{bmatrix} \int_a^b x_1(t)\mathrm{d}t \\ \int_a^b x_2(t)\mathrm{d}t \\ \vdots \\ \int_a^b x_n(t)\mathrm{d}t \end{bmatrix};$$

当所有的 $a_{ij}(t)$ $(i,j=1,\cdots,n)$ 在区间 $[a,b]$ 上可积时,称 $A(t)$ 在区间 $[a,b]$ 上可积,并且其积分为

$$\int_a^b A(t)\mathrm{d}t=\begin{bmatrix} \int_a^b a_{11}(t)\mathrm{d}t & \int_a^b a_{12}(t)\mathrm{d}t & \cdots & \int_a^b a_{1n}(t)\mathrm{d}t \\ \int_a^b a_{21}(t)\mathrm{d}t & \int_a^b a_{22}(t)\mathrm{d}t & \cdots & \int_a^b a_{2n}(t)\mathrm{d}t \\ \vdots & \vdots & & \vdots \\ \int_a^b a_{n1}(t)\mathrm{d}t & \int_a^b a_{n2}(t)\mathrm{d}t & \cdots & \int_a^b a_{nn}(t)\mathrm{d}t \end{bmatrix}.$$

（4）向量函数与矩阵函数之间的导数运算关系.

如果 $n \times n$ 矩阵函数 $A(t), B(t)$ 以及 n 维列向量函数 $u(t), v(t)$ 在区间 $[a,b]$ 上均可微,则有下列等式成立:

① $(A(t)+B(t))' = A'(t)+B'(t)$;

② $(u(t)+v(t))' = u'(t)+v'(t)$;

③ $(A(t)B(t))' = A'(t)B(t)+A(t)B'(t)$;

④ $(A(t)u(t))' = A'(t)u(t)+A(t)u'(t)$.

4.1.2　线性方程组解的存在唯一性

考虑如下的一阶线性微分方程组

$$\begin{cases} x_1'(t)=a_{11}(t)x_1(t)+a_{12}(t)x_2(t)+\cdots+a_{1n}(t)x_n(t)+f_1(t), \\ x_2'(t)=a_{21}(t)x_1(t)+a_{22}(t)x_2(t)+\cdots+a_{2n}(t)x_n(t)+f_2(t), \\ \vdots \\ x_n'(t)=a_{n1}(t)x_1(t)+a_{n2}(t)x_2(t)+\cdots+a_{nn}(t)x_n(t)+f_n(t), \end{cases} \tag{4.1.1}$$

其中 $a_{ij}(t)\ (i,j=1,\cdots,n)$ 以及 $f_i(t)\ (i=1,\cdots,n)$ 都是区间 $[a,b]$ 上的连续函数. 若记

$$A(t)=\begin{bmatrix} a_{11}(t) & a_{12}(t) & \cdots & a_{1n}(t) \\ a_{21}(t) & a_{22}(t) & \cdots & a_{2n}(t) \\ \vdots & \vdots & & \vdots \\ a_{n1}(t) & a_{n2}(t) & \cdots & a_{nn}(t) \end{bmatrix}, \quad x(t)=\begin{bmatrix} x_1(t) \\ x_2(t) \\ \vdots \\ x_n(t) \end{bmatrix}, \quad f(t)=\begin{bmatrix} f_1(t) \\ f_2(t) \\ \vdots \\ f_n(t) \end{bmatrix},$$

则方程组 (4.1.1) 可以简写为

$$x'(t)=A(t)x(t)+f(t). \tag{4.1.2}$$

若 $f(t) \equiv 0^{①}$,则方程组 (4.1.2) 成为

$$x'(t)=A(t)x(t), \tag{4.1.3}$$

我们称 (4.1.3) 为**齐次线性方程组**.

若 $f(x)$ 不恒等于 0,则称方程组 (4.1.2) 为**非齐次线性方程组**.

通常 (4.1.3) 式也称为对应于 (4.1.2) 式的齐次线性方程组.

定义 4.1.3　设 $n \times n$ 矩阵函数 $A(t)$ 和 n 维列向量函数 $f(t)$ 都在区间 $[a,b]$ 上连续,如果 n 维列向量函数 $u(t)$ 在区间 $[a,b]$ 上连续可微,且满足

$$u'(t)=A(t)u(t)+f(t),$$

则称 $u(t)$ 是方程组 (4.1.2) 在区间 $[a,b]$ 上的**解**.

定义 4.1.4　如果 n 维列向量函数 $u(t)$ 在区间 $[a,b]$ 上连续可微,且满足

---

① 这里的零,代表的是零向量,在本章中,有许多地方表示的是同一含义,请读者注意.

$$u'(t) = A(t)u(t) + f(t), \quad u(t_0) = \eta,$$

则称 $u(t)$ 为初值问题

$$x'(t) = A(t)x(t) + f(t), \quad x(t_0) = \eta$$

在区间 $[a,b]$ 上的解. 这里 $t_0 \in [a,b]$, η 为已知的 n 维常数列向量.

定理 4.1.1（线性方程组的解的存在唯一性定理）　如果 $n \times n$ 矩阵函数 $A(t)$ 和 n 维列向量函数 $f(t)$ 都在区间 $[a,b]$ 上连续, 则对于区间 $[a,b]$ 上的任何数 t_0 以及任一常数向量

$$\eta = \begin{bmatrix} \eta_1 \\ \eta_2 \\ \vdots \\ \eta_n \end{bmatrix},$$

方程组 $x'(t) = A(t)x(t) + f(t)$ 存在唯一解 $\varphi(t)$, 定义于整个区间 $[a,b]$ 上, 且满足初始条件 $\varphi(t_0) = \eta$.

例 4.1.1　设 $A(t) = \begin{bmatrix} 0 & 1 \\ 1 & 0 \end{bmatrix}$, 验证向量函数

$$u(t) = \begin{bmatrix} \mathrm{e}^{-t} \\ -\mathrm{e}^{-t} \end{bmatrix}$$

是初值问题

$$x'(t) = A(t)x(t), \quad x(0) = \begin{bmatrix} 1 \\ -1 \end{bmatrix}$$

在区间 $(-\infty, +\infty)$ 上的解.

解：显然, $u(0) = \begin{bmatrix} 1 \\ -1 \end{bmatrix}$, 满足初始条件.

又因为函数 e^{-t} 和 $-\mathrm{e}^{-t}$ 在 $(-\infty, +\infty)$ 上处处连续可导, 所以, 有

$$u'(t) = \begin{bmatrix} -\mathrm{e}^{-t} \\ \mathrm{e}^{-t} \end{bmatrix},$$

而

$$A(t)u(t) = \begin{bmatrix} 0 & 1 \\ 1 & 0 \end{bmatrix} \begin{bmatrix} \mathrm{e}^{-t} \\ -\mathrm{e}^{-t} \end{bmatrix} = \begin{bmatrix} -\mathrm{e}^{-t} \\ \mathrm{e}^{-t} \end{bmatrix}.$$

因此, $u(t)$ 是给定初值问题的解.

例 4.1.2　试证明 n 阶线性微分方程 (3.1.1)

$$\frac{\mathrm{d}^n x}{\mathrm{d}t^n} + a_1(t) \frac{\mathrm{d}^{n-1} x}{\mathrm{d}t^{n-1}} + \cdots + a_{n-1}(t) \frac{\mathrm{d}x}{\mathrm{d}t} + a_n(t)x = f(t)$$

可转化为等价的一阶线性微分方程组.

证明:令

$$x_1 = x, \quad x_2 = x', \quad x_3 = x^{(2)}, \quad \cdots, \quad x_n = x^{(n-1)}.$$

这时有

$$x_1' = x_2,$$
$$x_2' = x_3,$$
$$\cdots\cdots\cdots$$
$$x_{n-1}' = x_n,$$
$$x_n' = x^{(n)} = -a_n(t)x_1 - a_{n-1}(t)x_2 - \cdots - a_1(t)x_n(t) + f(t).$$

于是,若记

$$B(t) = \begin{bmatrix} 0 & 1 & 0 & \cdots & 0 & 0 \\ 0 & 0 & 1 & \cdots & 0 & 0 \\ \vdots & \vdots & \vdots & & \vdots & \vdots \\ 0 & 0 & 0 & \cdots & 0 & 1 \\ -a_n(t) & -a_{n-1}(t) & -a_{n-2}(t) & \cdots & -a_2(t) & -a_1(t) \end{bmatrix},$$

$$x(t) = \begin{bmatrix} x_1 \\ x_2 \\ \vdots \\ x_{n-1} \\ x_n \end{bmatrix}, \quad F(t) = \begin{bmatrix} 0 \\ 0 \\ \vdots \\ 0 \\ f(t) \end{bmatrix},$$

则可将 n 阶线性微分方程(3.1.1)化成为

$$x'(t) = B(t)x(t) + F(t). \tag{4.1.4}$$

同时,可以验证当 $\varphi(t)$ 是方程(3.1.1)的解时,

$$\Phi(t) = \begin{bmatrix} \varphi(t) \\ \varphi'(t) \\ \vdots \\ \varphi^{(n-1)}(t) \\ \varphi^{(n)}(t) \end{bmatrix}$$

是方程组(4.1.4)的解;

反之,当

$$U(t) = \begin{bmatrix} u_1(t) \\ u_2(t) \\ \vdots \\ u_{n-1}(t) \\ u_n(t) \end{bmatrix}$$

是方程组(4.1.4)的解时,则 $U(t)$ 的第一个分量 $u(t)$ 是方程(3.1.1)的解.

因此,根据例 4.1.2 可知,对于高阶微分方程(3.1.1)的实际求解问题,理论上都可以转化成一阶方程组来解决.

4.1.3　齐次线性方程组的通解结构

本节我们主要研究一阶齐次线性方程组
$$x'(t) = A(t)x(t) \tag{4.1.3}$$
的所有解的集合的代数结构问题,这里假设 $n \times n$ 矩阵函数 $A(t)$ 在区间 $[a,b]$ 上连续.

定理 4.1.2(叠加原理)　如果 $u(t), v(t)$ 是方程(4.1.3)的两个解,则它们的线性组合 $\alpha u(t) + \beta v(t)$ 也是方程(4.1.3)的解,这里 α, β 是任意常数.

定理 4.1.2 说明,(4.1.3)式的所有解的集合构成了一个线性空间,于是我们自然会问:该空间的维数是多少? 为回答该问题,同时也为解决一阶齐次线性方程组的解的结构问题,我们引入了向量函数的线性相关与线性无关的概念.

定义 4.1.5　设 $x_1(t), x_2(t), \cdots, x_n(t)$ 是定义在区间 $[a,b]$ 上的 n 个向量函数,如果存在不全为零的常数 $c_1, c_2, \cdots, c_n$,使得恒等式
$$c_1 x_1(t) + c_2 x_2(t) + \cdots + c_n x_n(t) \equiv 0$$
对于所有 $t \in [a,b]$ 都成立,则称这些向量函数在区间 $[a,b]$ 上**线性相关**,否则就称这些向量函数在区间 $[a,b]$ 上**线性无关**.

例如向量函数
$$\begin{bmatrix} \sin t \\ 0 \\ 0 \\ \vdots \\ 0 \end{bmatrix}, \begin{bmatrix} \cos t \\ 0 \\ 0 \\ \vdots \\ 0 \end{bmatrix}$$
在任何区间上都是线性无关的;而向量函数
$$\begin{bmatrix} \sin^2 t \\ 0 \\ 0 \\ \vdots \\ 0 \end{bmatrix}, \begin{bmatrix} \cos^2 t \\ 0 \\ 0 \\ \vdots \\ 0 \end{bmatrix}, \begin{bmatrix} 1 \\ 0 \\ 0 \\ \vdots \\ 0 \end{bmatrix}$$
在任何区间上都是线性相关的.

为判断向量函数是线性相关还是线性无关,这里引入伏朗斯基(Wronsky)行列式的概念.

定义 4.1.6　设

$$x_1(t)=\begin{bmatrix}x_{11}(t)\\x_{21}(t)\\\vdots\\x_{n1}(t)\end{bmatrix},\quad x_2(t)=\begin{bmatrix}x_{12}(t)\\x_{22}(t)\\\vdots\\x_{n2}(t)\end{bmatrix},\quad\cdots,\quad x_n(t)=\begin{bmatrix}x_{1n}(t)\\x_{2n}(t)\\\vdots\\x_{nn}(t)\end{bmatrix}$$

是定义在区间$[a,b]$上的 n 个向量函数,则称 n 阶行列式

$$W(t)=W[x_1(t),x_2(t),\cdots,x_n(t)]=\begin{vmatrix}x_{11}(t)&x_{12}(t)&\cdots&x_{1n}(t)\\x_{21}(t)&x_{22}(t)&\cdots&x_{2n}(t)\\\vdots&\vdots& &\vdots\\x_{n1}(t)&x_{n2}(t)&\cdots&x_{nn}(t)\end{vmatrix}$$

为这些向量函数的**伏朗斯基行列式**.

利用伏朗斯基行列式,我们可以给出以下定理.

定理的证明方法与第 3 章中齐次线性方程的解的性质与结构部分中的定理证明方法是一致的,请读者自行证明.

定理 4.1.3　若向量函数 $x_1(t),x_2(t),\cdots,x_n(t)$ 在区间 $[a,b]$ 上线性相关,则在 $[a,b]$ 上它们的伏朗斯基行列式 $W(t)\equiv0$.

定理 4.1.4　如果 $x_1(t),x_2(t),\cdots,x_n(t)$ 是一阶齐次线性方程组(4.1.3)定义在区间 $[a,b]$ 上的 n 个线性无关解,则它们的伏朗斯基行列式在该区间的任何点上都不等于零,即 $W(t)\neq0$　$(a\leqslant t\leqslant b)$.

推论 4.1.1　一阶齐次线性方程组(4.1.3)的 n 个解 $x_1(t),x_2(t),\cdots,x_n(t)$ 在定义区间 $[a,b]$ 上线性无关的充分必要条件是,存在某点 $t_0\in[a,b]$,使得 $W(t_0)\neq0$.

根据以上定理和推论可以得出:由一阶齐次线性方程组(4.1.3)的 n 个解 $x_1(t),x_2(t),\cdots,x_n(t)$ 构成的伏朗斯基行列式 $W(t)$ 在其定义区间上或恒为零或恒不为零,即若在某一点处等于零,则必在整个区间上等于零;若在某一点处不为零,则必在整个区间上恒不为零.

定理 4.1.5　一阶齐次线性方程组(4.1.3)一定存在定义在 $[a,b]$ 上的 n 个线性无关的解.

同样,我们也称方程组(4.1.3)的 n 个线性无关解为方程组(4.1.3)的一个基本解组.但是基本解组不唯一.

定理 4.1.6(解的结构定理)　如果 $x_1(t),x_2(t),\cdots,x_n(t)$ 是一阶齐次线性方程组(4.1.3)的一个基本解组,则方程组(4.1.3)的任一解 $x(t)$ 均可表示为

$$x(t)=c_1x_1(t)+c_2x_2(t)+\cdots+c_nx_n(t),\tag{4.1.5}$$

其中 $c_1,c_2,\cdots,c_n$ 是相应的确定常数.

定理 4.1.6 也可理解为:如果 $x_1(t),x_2(t),\cdots,x_n(t)$ 是一阶齐次线性方程组 (4.1.3)的一个基本解组,则方程组(4.1.3)的通解可表为

$$x(t)=c_1x_1(t)+c_2x_2(t)+\cdots+c_nx_n(t),\qquad(4.1.6)$$

其中 $c_1,c_2,\cdots,c_n$ 是任意常数,且通解(4.1.6)包括了方程组(4.1.3)的所有解.

推论 4.1.2　一阶齐次线性方程组(4.1.3)的线性无关解的个数不超过 n 个.

现在,我们将本部分的定理写成矩阵的形式,因为用矩阵来描述线性微分方程组不仅书写形式简便,而且对于以后的求解问题会有很大的帮助.

定义 4.1.7　如果一个 $n\times n$ 矩阵函数的每一列都是方程组(4.1.3)的解,则称该矩阵为方程组(4.1.3)的**解矩阵**.或者设向量函数 $\varphi_1(t),\varphi_2(t),\cdots,\varphi_n(t)$ 是方程组(4.1.3)的 n 个解,则矩阵 $\Phi(t)=[\varphi_1(t)\quad\varphi_2(t)\quad\cdots\quad\varphi_n(t)]$ 构成方程组(4.1.3)的解矩阵.

由解矩阵的定义可知,一个矩阵函数 $\Phi(t)$ 是方程组(4.1.3)的解矩阵,则有

$$\Phi'(t)=A(t)\Phi(t).\qquad(4.1.7)$$

定义 4.1.8　在解矩阵中,若它的列在区间 $[a,b]$ 上是线性无关的,则称该解矩阵为在区间 $[a,b]$ 上的方程组(4.1.3)的一个**基解矩阵**.或者,若 $\varphi_1(t),\varphi_2(t),\cdots,\varphi_n(t)$ 为在区间 $[a,b]$ 上 n 个线性无关的解,则 $\Phi(t)=[\varphi_1(t)\quad\varphi_2(t)\quad\cdots\quad\varphi_n(t)]$ 为在区间 $[a,b]$ 上的方程组(4.1.3)的一个基解矩阵.

这时可以将前述的定理表述为定理 4.1.7 和定理 4.1.8.

定理 4.1.7　方程组(4.1.3)一定存在一个基解矩阵 $\Phi(t)$,如果 $\varphi(t)$ 是方程组(4.1.3)的任一解,则一定有

$$\varphi(t)=\Phi(t)c\qquad(4.1.8)$$

这里 c 是确定的 n 维常数列向量.

定理 4.1.8　方程组(4.1.3)的一个解矩阵 $\Phi(t)$ 是基解矩阵的充要条件是:对所有的 $t\in[a,b]$,都有

$$\det\Phi(t)\neq0$$

成立.而且,如果对某个 $t_0\in[a,b],\det\Phi(t_0)\neq0$,则一定有 $\det\Phi(t)\neq0$ $(t\in[a,b])$,这里 $\det\Phi(t)$ 表示矩阵 $\Phi(t)$ 的行列式.

例 4.1.3　验证 $\Phi(t)=\begin{bmatrix}\mathrm{e}^t&t\mathrm{e}^t\\0&\mathrm{e}^t\end{bmatrix}$ 是方程组

$$x'(t)=A(t)x(t)$$

的基解矩阵,其中 $A(t)=\begin{bmatrix}1&1\\0&1\end{bmatrix},x(t)=\begin{bmatrix}x_1(t)\\x_2(t)\end{bmatrix}.$

解:(1)验证 $\Phi(t)$ 是方程组的解矩阵.

令 $\varphi_1(t) = \begin{bmatrix} e^t \\ 0 \end{bmatrix}, \varphi_2(t) = \begin{bmatrix} te^t \\ e^t \end{bmatrix}$，即 $\varphi_1(t)$ 和 $\varphi_2(t)$ 分别为 $\Phi(t)$ 的第一列和第二列.

这时，

$$\varphi_1'(t) = \begin{bmatrix} e^t \\ 0 \end{bmatrix}, A(t)\varphi(t) = \begin{bmatrix} 1 & 1 \\ 0 & 1 \end{bmatrix} \begin{bmatrix} e^t \\ 0 \end{bmatrix} = \begin{bmatrix} e^t \\ 0 \end{bmatrix},$$

即 $\varphi_1(t)$ 是方程组的一个解；同样，

$$\varphi_2'(t) = \begin{bmatrix} (t+1)e^t \\ e^t \end{bmatrix}, A(t)\varphi_2 = \begin{bmatrix} 1 & 1 \\ 0 & 1 \end{bmatrix} \begin{bmatrix} te^t \\ e^t \end{bmatrix} = \begin{bmatrix} (t+1)e^t \\ e^t \end{bmatrix},$$

即 $\varphi_2(t)$ 也是方程组的一个解. 因此，$\Phi(t)$ 是方程组的解矩阵.

（2）验证 $\Phi(t)$ 是基解矩阵.

因为 $\det\Phi(t) = \begin{vmatrix} e^t & te^t \\ 0 & e^t \end{vmatrix} = e^{2t} \neq 0$，所以 $\Phi(t)$ 是方程组的基解矩阵.

推论 4.1.3　如果 $\Phi(t)$ 是方程组（4.1.3）在区间 $[a,b]$ 上的基解矩阵，C 是非奇异的 $n \times n$ 常数矩阵，则 $\Phi(t)C$ 也是方程组（4.1.3）在区间 $[a,b]$ 上的基解矩阵.

证明：因为 $\Phi(t)$ 是方程组（4.1.3）在区间 $[a,b]$ 上的基解矩阵，所以，有

$$\Phi'(t) = A(t)\Phi(t),$$

于是

$$(\Phi(t)C)' = \Phi'(t)C + \Phi(t)C' = \Phi'(t)C = A(t)\Phi(t)C = A(t)(\Phi(t)C),$$

即 $\Phi(t)C$ 是方程组（4.1.3）在区间 $[a,b]$ 上的解矩阵.

又因为 C 是非奇异矩阵，$\Phi(t)$ 是基解矩阵，所以

$$\det(\Phi(t)C) = \det\Phi(t) \cdot \det C \neq 0.$$

故，$\Phi(t)C$ 是方程组（4.1.3）在区间 $[a,b]$ 上的基解矩阵.

推论 4.1.4　如果 $\Phi_1(t)$ 和 $\Phi_2(t)$ 是方程组（4.1.3）在区间 $[a,b]$ 上的两个基解矩阵，则存在一个非奇异 $n \times n$ 常数矩阵 C，使得在区间 $[a,b]$ 上有

$$\Phi_2(t) = \Phi_1(t)C.$$

证明：因为 $\Phi_1(t)$ 是基解矩阵，所以它一定存在逆矩阵 $\Phi_1^{-1}(t)$，于是，令

$$X(t) = \Phi_1^{-1}(t)\Phi_2(t), \qquad t \in [a,b],$$

则有

$$\Phi_2(t) = \Phi_1(t)X(t), \qquad t \in [a,b].$$

由已知条件可知，$X(t)$ 是 $n \times n$ 的可微矩阵，且 $\det X(t) \neq 0$（$t \in [a,b]$），即 $X(t)$ 为 $n \times n$ 非奇异可微矩阵. 同时，

$$A(t)\Phi_2(t) = \Phi_2'(t)$$

$$= (\Phi_1(t)X(t))' = \Phi_1'(t)X(t) + \Phi_1(t)X'(t)$$

$$=A(t)\Phi_1(t)X(t)+\Phi_1(t)X'(t)=A(t)\Phi_2(t)+\Phi_1(t)X'(t).$$

这样,可得

$$\Phi_1(t)X'(t)=0,$$

即

$$X'(t)=0,$$

$X(t)$ 为常数矩阵,记为 C.

因此,有

$$\Phi_2(t)=\Phi_1(t)C, \qquad t\in[a,b].$$

4.1.4　非齐次线性方程组的通解结构

本部分以齐次线性微分方程组的解的结构为基础,讨论非齐次线性微分方程组

$$x'(t)=A(t)x(t)+f(t) \tag{4.1.2}$$

的解的结构问题. 这里 $A(t)$ 和 $f(t)$ 是在区间 $[a,b]$ 上连续的已知的 $n\times n$ 矩阵函数和 n 维列向量函数.

容易验证如下两个性质.

性质 4.1.1　如果 $\bar{x}(t)$ 是方程组(4.1.2)的解,而 $x(t)$ 是对应于方程组(4.1.2)在 $f(t)\equiv 0$ 时(4.1.3)的解,则 $\bar{x}(t)+x(t)$ 是方程组(4.1.2)的解.

性质 4.1.2　方程组(4.1.2)的任意两个解之差必为对应于方程组(4.1.2)的(4.1.3)的解.

于是根据上述性质,我们有一阶非齐次线性方程组(4.1.2)的解的结构定理.

定理 4.1.9　设 $x_1(t),x_2(t),\cdots,x_n(t)$ 是一阶齐次线性方程组(4.1.3)的一个基本解组,$\bar{x}(t)$ 是一阶非齐次线性方程组(4.1.2)的某一解,则方程组(4.1.2)的通解可表为

$$x(t)=c_1x_1(t)+c_2x_2(t)+\cdots c_nx_n(t)+\bar{x}(t). \tag{4.1.9}$$

其中 $c_1,c_2,\cdots,c_n$ 是任意常数,且通解(4.1.9)包括了方程组(4.1.2)的所有解.

本定理用矩阵描述为:设 $\Phi(t)$ 是方程组(4.1.3)的一个基解矩阵,$\varphi(t)$ 是方程组(4.1.2)的某个解,则方程组(4.1.2)的通解可表示为

$$x(t)=\Phi(t)c+\varphi(t), \tag{4.1.10}$$

其中 c 是任意的常数列向量.

由定理 4.1.9 可知,求非齐次线性方程组通解问题,归结为求非齐次线性方程组的一个特解和对应的齐次线性方程组的基本解组问题. 而事实上,只要知道了对应的齐次线性方程组的基本解组,就可以利用常数变易法求得非齐次线性方程组的解.

设 $\Phi(t)$ 是方程组 (4.1.3) 的一个基本解组，则

$$x(t)=\Phi(t)c \qquad (4.1.11)$$

是方程组 (4.1.3) 的通解，其中 c 是任意的常数列向量.

为求方程组 (4.1.2) 的特解，将 (4.1.11) 式中的任意常数向量 c 看成 t 的待定向量函数 $c(t)$，这时 (4.1.11) 式变为

$$x(t)=\Phi(t)c(t). \qquad (4.1.12)$$

此时，假定 (4.1.12) 式是方程组 (4.1.2) 的形式解，将 (4.1.12) 式代入方程组 (4.1.2)，得

$$\Phi'(t)c(t)+\Phi(t)c'(t)=A(t)\Phi(t)c(t)+f(t), \qquad (4.1.13)$$

因为 $\Phi(t)$ 是方程组 (4.1.3) 的基解矩阵，所以有 $\Phi'(t)=A(t)\Phi(t)$，由此 (4.1.13) 式可简化为

$$\Phi(t)c'(t)=f(t). \qquad (4.1.14)$$

因为 $\Phi(t)$ 是基解矩阵，所以在区间 $[a,b]$ 上是可逆矩阵，这样 (4.1.14) 式可写成

$$c'(t)=\Phi^{-1}(t)f(t), \qquad (4.1.15)$$

积分之，可得

$$c(t)=\int \Phi^{-1}(t)f(t)\mathrm{d}t + c,$$

这里 c 是任意常数向量，将所得 $c(t)$ 代入 (4.1.12) 式，即得方程组 (4.1.2) 的解

$$x(t)=\Phi(t)\left[\int \Phi^{-1}(t)f(t)\mathrm{d}t + c\right]. \qquad (4.1.16)$$

显然，(4.1.16) 式也是方程组 (4.1.2) 的通解. 而为了求得方程组 (4.1.2) 的一个特解，只需给向量以确定的值即可. 例如，当取 $c=0$ 时，方程组 (4.1.2) 有特解

$$\bar{x}(t)=\Phi(t)\int \Phi^{-1}(t)f(t)\mathrm{d}t .$$

公式 (4.1.16) 给出的是利用常数变易法得到的方程组 (4.1.2) 的通解表达式，当求初值问题

$$\begin{cases} x'(t)=A(t)x(t)+f(t), \\ x(t_0)=\eta \end{cases} \qquad (4.1.17)$$

的解时，同样可利用常数变易法得到类似的结果. 公式 (4.1.18) 是初值问题 (4.1.17) 的常数变易公式，有兴趣的读者可自行验证其结果：

$$x^*(t)=\Phi(t)\Phi^{-1}(t_0)\eta+\Phi(t)\int_{t_0}^{t}\Phi^{-1}(t)f(t)\mathrm{d}t . \qquad (4.1.18)$$

例 4.1.4　求微分方程组 $\begin{cases} \dfrac{\mathrm{d}x}{\mathrm{d}t}=y-5\cos t, \\ \dfrac{\mathrm{d}y}{\mathrm{d}t}=2x+y \end{cases}$ 的通解.

解：容易验证，向量函数

$$\begin{bmatrix} x_1(t) \\ y_1(t) \end{bmatrix} = \begin{bmatrix} e^{-t} \\ -e^{-t} \end{bmatrix}, \quad \begin{bmatrix} x_2(t) \\ y_2(t) \end{bmatrix} = \begin{bmatrix} e^{2t} \\ 2e^{2t} \end{bmatrix}$$

是原方程组的对应的齐次线性方程组 $\begin{cases} \dfrac{dx}{dt} = y, \\ \dfrac{dy}{dt} = 2x + y \end{cases}$ 的基本解组.

于是，齐次线性方程组的通解可表示为

$$\begin{bmatrix} x(t) \\ y(t) \end{bmatrix} = c_1 \begin{bmatrix} e^{-t} \\ -e^{-t} \end{bmatrix} + c_2 \begin{bmatrix} e^{2t} \\ 2e^{2t} \end{bmatrix},$$

其中 c_1, c_2 是任意常数.

为求原方程组的解，令

$$\begin{bmatrix} x(t) \\ y(t) \end{bmatrix} = c_1(t) \begin{bmatrix} e^{-t} \\ -e^{-t} \end{bmatrix} + c_2(t) \begin{bmatrix} e^{2t} \\ 2e^{2t} \end{bmatrix} \tag{4.1.19}$$

为原方程组的解，并将其代入原方程组，可得

$$\begin{cases} c_1'(t)e^{-t} + c_2'(t)e^{2t} = -5\cos t, \\ c_1'(t)(-e^{-t}) + c_2'(t)(2e^{2t}) = 0. \end{cases}$$

解之，得

$$c_1'(t) = -\frac{10}{3}e^t\cos t, \quad c_2'(t) = -\frac{5}{3}e^{-2t}\cos t,$$

从而

$$c_1(t) = -\frac{5}{3}e^t(\cos t + \sin t) + c_1, \quad c_2(t) = \frac{1}{3}e^{-2t}(2\cos t - \sin t) + c_2.$$

代入(4.1.19)式，于是原方程组的通解为

$$\begin{cases} x(t) = c_1 e^{-t} + c_2 e^{2t} - \cos t - 2\sin t, \\ y(t) = -c_1 e^{-t} + 2c_2 e^{2t} + 3\cos t + 2\sin t, \end{cases}$$

其中 c_1, c_2 是任意常数.

这里需要指出的是，若令 $c_1 = c_2 = 0$，可得原方程组的一个特解

$$\begin{cases} x(t) = -\cos t - 2\sin t, \\ y(t) = 3\cos t + \sin t. \end{cases}$$

另外，熟悉矩阵的读者可以利用矩阵的形式来求解，下面是其主要计算过程.

齐次线性方程组的基解矩阵为

$$\Phi(t) = \begin{bmatrix} e^{-t} & e^{2t} \\ -e^{-t} & 2e^{2t} \end{bmatrix},$$

齐次线性方程组的通解为

$$\begin{bmatrix} x(t) \\ y(t) \end{bmatrix} = \begin{bmatrix} \mathrm{e}^{-t} & \mathrm{e}^{2t} \\ -\mathrm{e}^{-t} & 2\mathrm{e}^{2t} \end{bmatrix} \begin{bmatrix} c_1 \\ c_2 \end{bmatrix}.$$

利用常数变易法,求原方程组的解. 令原方程组的解为

$$\begin{bmatrix} x(t) \\ y(t) \end{bmatrix} = \begin{bmatrix} \mathrm{e}^{-t} & \mathrm{e}^{2t} \\ -\mathrm{e}^{-t} & 2\mathrm{e}^{2t} \end{bmatrix} \begin{bmatrix} c_1(t) \\ c_2(t) \end{bmatrix}, \tag{4.1.20}$$

将其代入原方程组,可得

$$\begin{bmatrix} \mathrm{e}^{-t} & \mathrm{e}^{2t} \\ -\mathrm{e}^{-t} & 2\mathrm{e}^{2t} \end{bmatrix} \begin{bmatrix} c_1'(t) \\ c_2'(t) \end{bmatrix} = \begin{bmatrix} -5\cos t \\ 0 \end{bmatrix}.$$

求解,并积分,可得

$$c_1(t) = -\frac{5}{3}\mathrm{e}^t(\cos t + \sin t) + c_1, \quad c_2(t) = \frac{1}{3}\mathrm{e}^{2t}(2\cos t - \sin t) + c_2.$$

代入(4.1.20)式,可得原方程组的通解为

$$\begin{bmatrix} x(t) \\ y(t) \end{bmatrix} = \begin{bmatrix} \mathrm{e}^{-t} & \mathrm{e}^{2t} \\ -\mathrm{e}^{-t} & 2\mathrm{e}^{2t} \end{bmatrix} \begin{bmatrix} c_1 \\ c_2 \end{bmatrix} + \begin{bmatrix} -\cos t - 2\sin t \\ 3\cos t + \sin t \end{bmatrix}.$$

例 4.1.5　求初值问题

$$\begin{cases} \begin{bmatrix} x_1'(t) \\ x_2'(t) \end{bmatrix} = \begin{bmatrix} 1 & 1 \\ 0 & 1 \end{bmatrix} \begin{bmatrix} x_1(t) \\ x_2(t) \end{bmatrix} + \begin{bmatrix} \mathrm{e}^{-t} \\ 0 \end{bmatrix}, \\ \begin{bmatrix} x_1(0) \\ x_2(0) \end{bmatrix} = \begin{bmatrix} -1 \\ 1 \end{bmatrix} \end{cases}$$

的解.

解:由例 4.1.3 可知 $\Phi(t) = \begin{bmatrix} \mathrm{e}^t & t\mathrm{e}^t \\ 0 & \mathrm{e}^t \end{bmatrix}$ 是原方程组对应的齐次线性方程组的基解矩阵,其逆矩阵为

$$\Phi^{-1}(t) = \begin{bmatrix} \mathrm{e}^{-t} & -t\mathrm{e}^{-t} \\ 0 & \mathrm{e}^{-t} \end{bmatrix}, \quad \Phi^{-1}(0) = \begin{bmatrix} 1 & 0 \\ 0 & 1 \end{bmatrix}.$$

于是根据(4.1.18)式,可得

$$\begin{aligned} \begin{bmatrix} x_1(t) \\ x_2(t) \end{bmatrix} &= \begin{bmatrix} \mathrm{e}^t & t\mathrm{e}^t \\ 0 & \mathrm{e}^t \end{bmatrix} \begin{bmatrix} 1 & 0 \\ 0 & 1 \end{bmatrix} \begin{bmatrix} -1 \\ 1 \end{bmatrix} + \begin{bmatrix} \mathrm{e}^t & t\mathrm{e}^t \\ 0 & \mathrm{e}^t \end{bmatrix} \int_0^t \begin{bmatrix} \mathrm{e}^{-t} & -t\mathrm{e}^{-t} \\ 0 & \mathrm{e}^{-t} \end{bmatrix} \begin{bmatrix} \mathrm{e}^{-t} \\ 0 \end{bmatrix} \mathrm{d}t \\ &= \begin{bmatrix} (t-1)\mathrm{e}^t \\ \mathrm{e}^t \end{bmatrix} + \begin{bmatrix} \mathrm{e}^t & t\mathrm{e}^t \\ 0 & \mathrm{e}^t \end{bmatrix} \int_0^t \begin{bmatrix} \mathrm{e}^{-2t} \\ 0 \end{bmatrix} \mathrm{d}t \\ &= \begin{bmatrix} (t-1)\mathrm{e}^t \\ \mathrm{e}^t \end{bmatrix} + \begin{bmatrix} \mathrm{e}^t & t\mathrm{e}^t \\ 0 & \mathrm{e}^t \end{bmatrix} \begin{bmatrix} \dfrac{1}{2}(1-\mathrm{e}^{-2t}) \\ 0 \end{bmatrix} \end{aligned}$$

$$= \begin{bmatrix} (t-1)e^t \\ e^t \end{bmatrix} + \begin{bmatrix} \dfrac{1}{2}(e^t-e^{-t}) \\ 0 \end{bmatrix}$$

$$= \begin{bmatrix} te^t - \dfrac{1}{2}(e^t+e^{-t}) \\ e^t \end{bmatrix}.$$

4.2 常系数线性微分方程组

本节研究常系数线性微分方程组的问题,而根据第一节的讨论,我们将重点研究常系数齐次线性微分方程组

$$x'(t)=Ax(t) \tag{4.2.1}$$

的基解矩阵的结构,这里 A 是 $n\times n$ 常数矩阵.

4.2.1 矩阵指数的定义和性质

设 A 是一个 $n\times n$ 常数矩阵,定义矩阵指数 $\exp A$ 为下面的矩阵级数的和

$$\exp A = \sum_{k=0}^{\infty} \frac{A^k}{k!} = I+A+\frac{A^2}{2!}+\cdots+\frac{A^k}{k!}+\cdots, \tag{4.2.2}$$

其中 I 是 n 阶单位矩阵, A^k 是 A 的 k 次幂,且规定 $A^0=I,0!=1$.同时,我们还可以证明对于任意的 $n\times n$ 常数矩阵 A,(4.2.2)式所表示的这个矩阵级数是收敛的,因而 $\exp A$ 是一个确定的矩阵.更进一步,级数

$$\exp(At) = \sum_{k=0}^{\infty} \frac{A^k t^k}{k!} \tag{4.2.3}$$

在 t 的任何有限区间上都是一致收敛的.

矩阵指数 $\exp A$ 具有如下性质:

1.如果矩阵 A,B 是可交换的,即 $AB=BA$,则 $\exp(A+B)=\exp A\cdot\exp B$.

事实上,由二项式定理和 $AB=BA$,得

$$\exp(A+B) = \sum_{k=0}^{\infty} \frac{(A+B)^k}{k!} = \sum_{k=0}^{\infty}\left[\sum_{l=0}^{k}\frac{A^l B^{k-l}}{l!(k-l)!}\right].$$

而

$$\exp A\cdot\exp B = \left(\sum_{i=0}^{\infty}\frac{A^i}{i!}\right)\left(\sum_{j=0}^{\infty}\frac{B^j}{j!}\right) = \sum_{k=0}^{\infty}\left[\sum_{l=0}^{k}\frac{A^l B^{k-l}}{l!(k-l)!}\right].$$

2.对于任何 $n\times n$ 矩阵 A, $\exp A$ 的逆矩阵存在,且其逆矩阵

$$(\exp A)^{-1}=\exp(-A).$$

事实上, A 与 $(-A)$ 是可交换的,故有

$$\exp A \cdot \exp(-A) = \exp(A + (-A)) = \exp 0 = I,$$

即 $\exp A$ 是可逆矩阵,且

$$(\exp A)^{-1} = \exp(-A).$$

3. 如果 T 是 $n \times n$ 可逆矩阵,则

$$\exp(T^{-1}AT) = T^{-1}(\exp A)T.$$

这是因为,

$$\exp(T^{-1}AT) = I + \sum_{k=1}^{\infty} \frac{(T^{-1}AT)^k}{k!} = I + \sum_{k=1}^{\infty} \frac{T^{-1}(A^k)T}{k!}$$

$$= I + T^{-1}\left(\sum_{k=1}^{\infty} \frac{A^k}{k!}\right)T = T^{-1}(\exp A)T.$$

定理 4.2.1　矩阵

$$\Phi(t) = \exp(At) \tag{4.2.4}$$

是一阶常系数齐次线性微分方程组

$$x'(t) = Ax(t) \tag{4.2.1}$$

的基解矩阵,且 $\Phi(0) = I$.

证明:首先,由定义易知 $\Phi(0) = I$. 其次,对(4.2.4)式两边求导,得

$$\Phi'(t) = [\exp(At)]' = A + \frac{A^2 t}{1!} + \frac{A^3 t^2}{2!} + \cdots + \frac{A^k t^{k-1}}{(k-1)!} + \cdots$$

$$= A\left(I + \frac{A^1 t}{1!} + \frac{A^2 t^2}{2!} + \cdots + \frac{A^{k-1} t^{k-1}}{(k-1)!} + \cdots\right) = A\exp(At) = A\Phi(t),$$

这表明 $\Phi(t)$ 是(4.2.1)式的解矩阵. 又因为 $\det\Phi(0) = 1$,因此 $\Phi(t)$ 是(4.2.1)式的基解矩阵.

于是根据定理 4.2.1 可得一阶常系数齐次线性微分方程组(4.2.1)的通解表达式为

$$x(t) = [\exp(At)]c,$$

其中 c 是任意的常数向量.

例 4.2.1　如果 A 是一个对角矩阵,即

$$A = \begin{bmatrix} a_1 & & & \\ & a_2 & & \\ & & \ddots & \\ & & & a_n \end{bmatrix},$$

试求 $x'(t) = Ax(t)$ 的基解矩阵.

解:根据(4.2.3)式可得

$$\exp(At)=I+\begin{bmatrix}a_1&&&\\&a_2&&\\&&\ddots&\\&&&a_n\end{bmatrix}\frac{t}{1!}+\begin{bmatrix}a_1^2&&&\\&a_2^2&&\\&&\ddots&\\&&&a_n^2\end{bmatrix}\frac{t^2}{2!}+\cdots+\begin{bmatrix}a_1^k&&&\\&a_2^k&&\\&&\ddots&\\&&&a_n^k\end{bmatrix}\frac{t^k}{k!}+\cdots$$

$$=\begin{bmatrix}e^{a_1 t}&&&\\&e^{a_2 t}&&\\&&\ddots&\\&&&e^{a_n t}\end{bmatrix},$$

即为 $x'(t)=Ax(t)$ 的基解矩阵.

更进一步,若 J 是若当标准型,即

$$J=\begin{bmatrix}J_1&&&\\&J_2&&\\&&\ddots&\\&&&J_r\end{bmatrix},$$

其中 $J_i=\begin{bmatrix}\lambda_i&1&&\\&\lambda_i&\ddots&\\&&\ddots&1\\&&&\lambda_i\end{bmatrix}$,阶数为 $n_i(i=1,2,\cdots,r)$, $\sum_{i=1}^{r}n_i=n$,则可以按照类似例

4.2.1 的计算方法,得

$$\exp(Jt)=\begin{bmatrix}\exp(J_1 t)&&&\\&\exp(J_2 t)&&\\&&\ddots&\\&&&\exp(J_r t)\end{bmatrix},$$

而

$$\exp(J_i t)=e^{\lambda_i t}\begin{bmatrix}1&t&\frac{t^2}{2!}&\cdots&\frac{t^{n_i-2}}{(n_i-2)!}&\frac{t^{n_i-1}}{(n_i-1)!}\\&1&t&\frac{t^2}{2!}&\cdots&\frac{t^{n_i-2}}{(n_i-2)!}\\&&1&\ddots&\ddots&\vdots\\&&&\ddots&t&\frac{t^2}{2!}\\&&&&1&t\\&&&&&1\end{bmatrix}.$$

有兴趣的读者可自行演算.

例 4.2.2　试求 $\begin{bmatrix} x'(t) \\ y'(t) \end{bmatrix} = \begin{bmatrix} 2 & 1 \\ 0 & 2 \end{bmatrix} \begin{bmatrix} x(t) \\ y(t) \end{bmatrix}$ 的基解矩阵.

解：因为 $A = \begin{bmatrix} 2 & 1 \\ 0 & 2 \end{bmatrix} = \begin{bmatrix} 2 & 0 \\ 0 & 2 \end{bmatrix} + \begin{bmatrix} 0 & 1 \\ 0 & 0 \end{bmatrix}$，而

$$\begin{bmatrix} 2 & 0 \\ 0 & 2 \end{bmatrix} \cdot \begin{bmatrix} 0 & 1 \\ 0 & 0 \end{bmatrix} = \begin{bmatrix} 0 & 1 \\ 0 & 0 \end{bmatrix} \cdot \begin{bmatrix} 2 & 0 \\ 0 & 2 \end{bmatrix},$$

即两矩阵是可交换的,于是

$$\exp(At) = \left(\exp \begin{bmatrix} 2 & 0 \\ 0 & 2 \end{bmatrix} t \right) \cdot \left(\exp \begin{bmatrix} 0 & 1 \\ 0 & 0 \end{bmatrix} t \right)$$

$$= \begin{bmatrix} e^{2t} & 0 \\ 0 & e^{2t} \end{bmatrix} \cdot \left(\begin{bmatrix} 1 & 0 \\ 0 & 1 \end{bmatrix} + \begin{bmatrix} 0 & 1 \\ 0 & 0 \end{bmatrix} t + \begin{bmatrix} 0 & 1 \\ 0 & 0 \end{bmatrix}^2 \frac{t^2}{2!} + \cdots \right).$$

因为

$$\begin{bmatrix} 0 & 1 \\ 0 & 0 \end{bmatrix}^k = \begin{bmatrix} 0 & 0 \\ 0 & 0 \end{bmatrix}, \quad (k \geqslant 2).$$

所以

$$\exp(At) = e^{2t} \begin{bmatrix} 1 & t \\ 0 & 1 \end{bmatrix}$$

为原方程组的基解矩阵.

4.2.2　基解矩阵的计算

对于一阶常系数齐次线性微分方程组

$$x'(t) = Ax(t), \tag{4.2.1}$$

根据定理 4.2.1,$\exp(At)$ 就是它的基解矩阵,求解问题似乎已经解决了,但是 $\exp(At)$ 是一个矩阵级数,它的每一个元素并没有具体给出,或者说 $\exp(At)$ 的每一个元素都是一个级数,矩阵共有 n^2 个收敛的级数,计算量是相当大的,因此,我们将利用线性代数的相关知识,来解决一阶常系数齐次线性微分方程组的一般求解问题.

对于一阶常系数齐次线性微分方程组

$$x'(t) = Ax(t) \tag{4.2.1}$$

中的 n 阶常系数矩阵 A,由线性代数知识可知,存在 n 阶可逆矩阵 T,使得

$$T^{-1}AT = J \quad \text{或} \quad A = TJT^{-1},$$

其中 J 是若当标准型,即

$$J = \begin{bmatrix} J_1 & & & \\ & J_2 & & \\ & & \ddots & \\ & & & J_l \end{bmatrix}$$

这里

$$J_j = \begin{bmatrix} \lambda_j & 1 & & \\ & \lambda_j & \ddots & \\ & & \ddots & 1 \\ & & & \lambda_j \end{bmatrix} \quad (j=1,2,\cdots,l)$$

为 n_i 阶矩阵,并且 $\sum\limits_{j=1}^{l} n_j = n$,而 l 为矩阵 $(A-\lambda I)$ 的初等因子的个数, $\lambda_1,\lambda_2,\cdots,\lambda_l$ 是

$$\det(A-\lambda I)=0 \tag{4.2.5}$$

的根.

由矩阵理论知,(4.2.5)式是矩阵 A 的特征方程,其根为矩阵 A 的特征根,我们也称(4.2.5)式是 n 阶常系数齐次线性微分方程组(4.2.1)的特征方程,其根为(4.2.1)式的特征根.同时,对于满足

$$(A-\lambda I)\mu=0$$

的非零向量 μ,称为关于特征根 λ 的特征向量.

通过上面的分析,可知

$$\exp(At)=\exp(TJT^{-1})t=T\exp(Jt)T^{-1},$$

从而

$$\exp(At)T=T\exp(Jt).$$

由于 $\exp(At)$ 是方程组(4.2.1)的基解矩阵,同时根据推论 4.1.1 可知 $\exp(At)T$ 也是(4.2.1)式的基解矩阵,即 $T\exp(Jt)$ 是方程组(4.2.1)的基解矩阵.这样方程组(4.2.1)的求解问题在此转化为代数问题,即求矩阵 T 和 $\exp(Jt)$ 的问题,而它们是与 A 的本质特征有关的,或者说与矩阵 A 的若当标准型有关,而若当标准型依赖于 A 的不变因子与初等因子,从而与其特征根的重数相关.

4.2.2.1　特征根为单根时基解矩阵的计算

设 A 的特征根为 $\lambda_1,\lambda_2,\cdots,\lambda_n$,这时

$$T^{-1}AT = \begin{bmatrix} \lambda_1 & & & \\ & \lambda_2 & & \\ & & \ddots & \\ & & & \lambda_n \end{bmatrix}, \quad \text{或} \quad A=T\begin{bmatrix} \lambda_1 & & & \\ & \lambda_2 & & \\ & & \ddots & \\ & & & \lambda_n \end{bmatrix}T^{-1},$$

于是

$$AT=T\begin{bmatrix} \lambda_1 & & & \\ & \lambda_2 & & \\ & & \ddots & \\ & & & \lambda_n \end{bmatrix}.$$

令 $T=(T_1,T_2,\cdots,T_n)$，根据矩阵乘法法则，得

$$AT_i=\lambda_i T_i \qquad (i=1,2,\cdots,n).$$

这表明 $T_i(i=1,2,\cdots,n)$ 是矩阵 A 的对应于特征根 λ_i 的特征向量.

同时，由例 4.2.1 可知，因为

$$J=\begin{bmatrix} \lambda_1 & & & \\ & \lambda_2 & & \\ & & \ddots & \\ & & & \lambda_n \end{bmatrix},$$

所以

$$\exp(Jt)=\begin{bmatrix} \mathrm{e}^{\lambda_1 t} & & & \\ & \mathrm{e}^{\lambda_2 t} & & \\ & & \ddots & \\ & & & \mathrm{e}^{\lambda_n t} \end{bmatrix}.$$

从而，由 $\exp(At)T=T\exp(Jt)$，得方程组（4.2.1）的基解矩阵为

$$(T_1,T_2,\cdots,T_n)\cdot\begin{bmatrix} \mathrm{e}^{\lambda_1 t} & & & \\ & \mathrm{e}^{\lambda_2 t} & & \\ & & \ddots & \\ & & & \mathrm{e}^{\lambda_n t} \end{bmatrix}=(T_1\mathrm{e}^{\lambda_1 t},T_2\mathrm{e}^{\lambda_2 t},\cdots,T_n\mathrm{e}^{\lambda_n t}). \qquad (4.2.6)$$

例 4.2.3　试求微分方程组

$$\begin{cases} \dfrac{\mathrm{d}x}{\mathrm{d}t}=3x-y+z, \\[2mm] \dfrac{\mathrm{d}y}{\mathrm{d}t}=-x+5y-z, \\[2mm] \dfrac{\mathrm{d}z}{\mathrm{d}t}=x-y+3z \end{cases}$$

的通解.

解：根据题意，方程组的系数矩阵为

$$A=\begin{bmatrix} 3 & -1 & 1 \\ -1 & 5 & -1 \\ 1 & -1 & 3 \end{bmatrix},$$

其特征方程为

$$\det(A-\lambda I)=\begin{vmatrix} 3-\lambda & -1 & 1 \\ -1 & 5-\lambda & -1 \\ 1 & -1 & 3-\lambda \end{vmatrix}=0,$$

特征根为 $\lambda_1=2,\lambda_2=3,\lambda_3=6$.

对应于 $\lambda_1=2$ 的特征向量 μ_1 满足

$$(A-\lambda_1 I)\mu_1=0,$$

解得 $\mu_1=\begin{bmatrix}1\\0\\-1\end{bmatrix}$. 于是得到方程组的一个解为

$$\begin{bmatrix}x_1\\y_1\\z_1\end{bmatrix}=\begin{bmatrix}1\\0\\-1\end{bmatrix}e^{2t}.$$

同理,可得对应于 $\lambda_2=3,\lambda_3=6$ 的特征向量分别为 $\mu_2=\begin{bmatrix}1\\1\\1\end{bmatrix}$,$\mu_3=\begin{bmatrix}1\\-2\\1\end{bmatrix}$. 对应的方

程组的解为 $\begin{bmatrix}x_2\\y_2\\z_2\end{bmatrix}=\begin{bmatrix}1\\1\\1\end{bmatrix}e^{3t}$,$\begin{bmatrix}x_3\\y_3\\z_3\end{bmatrix}=\begin{bmatrix}1\\-2\\1\end{bmatrix}e^{6t}$.

从而方程组的基解矩阵为

$$\Phi(t)=\begin{bmatrix}e^{2t}&e^{3t}&e^{6t}\\0&e^{3t}&-2e^{6t}\\-e^{2t}&e^{3t}&e^{6t}\end{bmatrix}.$$

方程组的通解为

$$\begin{bmatrix}x\\y\\z\end{bmatrix}=c_1\begin{bmatrix}1\\0\\-1\end{bmatrix}e^{2t}+c_2\begin{bmatrix}1\\1\\1\end{bmatrix}e^{3t}+c_3\begin{bmatrix}1\\-2\\1\end{bmatrix}e^{6t},$$

其中 c_1,c_2,c_3 是任意常数.

写成纯量的形式为

$$\begin{cases}x(t)=c_1e^{2t}+c_2e^{3t}+c_3e^{6t},\\y(t)=c_2e^{3t}-2c_3e^{6t},\\z(t)=-c_1e^{2t}+c_2e^{3t}+c_3e^{6t}.\end{cases}$$

其中 c_1,c_2,c_3 是任意常数.

注意,本例中所得的基解矩阵 $\Phi(t)$ 并不是 $\exp(At)$,它们之间的关系为

$$\Phi(t)\Phi^{-1}(0)=\exp(At).$$

请读者自行验证,并证明对 n 阶常系数齐次线性微分方程组(4.2.1)的任意的一个

基解矩阵 $\Phi(t)$,都有 $\Phi(t)\Phi^{-1}(0)=\exp(At)$ 成立,且 $\Phi(t)\Phi^{-1}(0)$ 也是(4.2.1)式的

一个基解矩阵.

同时,还应当指出的是,当矩阵 A 是实矩阵时,所求通解往往要求是实值通解.而我们知道,即便矩阵 A 是实矩阵,但由于其特征根有时会是复根,所以求得的基解矩阵 $\Phi(t)$ 或通解未必是实值的,所以必须经过处理来得到实值通解.

事实上,因为 A 是实矩阵,则 $\exp(At)$ 是实值的基解矩阵,根据推论 4.1.1,且由于 $\Phi(t)\Phi^{-1}(0)=\exp(At)$,所以 $\Phi(t)\Phi^{-1}(0)$ 为实值的基解矩阵.

例 4.2.4　求微分方程组

$$\begin{bmatrix} \dfrac{\mathrm{d}x}{\mathrm{d}t} \\[2mm] \dfrac{\mathrm{d}y}{\mathrm{d}t} \end{bmatrix} = \begin{bmatrix} 3 & 5 \\ -5 & 3 \end{bmatrix} \begin{bmatrix} x \\ y \end{bmatrix}$$

的实值通解.

解:根据题意,方程组的系数矩阵为

$$A = \begin{bmatrix} 3 & 5 \\ -5 & 3 \end{bmatrix},$$

其特征方程为

$$\det(A-\lambda I) = \begin{vmatrix} 3-\lambda & 5 \\ -5 & 3-\lambda \end{vmatrix} = 0,$$

特征根为 $\lambda_1 = 3+5\mathrm{i}, \lambda_2 = 3-5\mathrm{i}$.

对应于 $\lambda_1 = 3+5\mathrm{i}$ 的特征向量 μ_1 满足

$$(A-\lambda_1 I)\mu_1 = 0,$$

解得 $\mu_1 = \begin{bmatrix} 1 \\ \mathrm{i} \end{bmatrix}$.

同理,可得对应于 $\lambda_2 = 3-5\mathrm{i}$ 的特征向量 $\mu_2 = \begin{bmatrix} \mathrm{i} \\ 1 \end{bmatrix}$.

于是方程组的基解矩阵为

$$\Phi(t) = \begin{bmatrix} \mathrm{e}^{(3+5\mathrm{i})t} & \mathrm{i}\mathrm{e}^{(3-5\mathrm{i})t} \\ \mathrm{i}\mathrm{e}^{(3+5\mathrm{i})t} & \mathrm{e}^{(3-5\mathrm{i})t} \end{bmatrix}.$$

显然,$\Phi(t)$ 不是一个实值的基解矩阵. 此时

$$\exp(At) = \Phi(t)\Phi^{-1}(0)$$

$$= \begin{bmatrix} \mathrm{e}^{(3+5\mathrm{i})t} & \mathrm{i}\mathrm{e}^{(3-5\mathrm{i})t} \\ \mathrm{i}\mathrm{e}^{(3+5\mathrm{i})t} & \mathrm{e}^{(3-5\mathrm{i})t} \end{bmatrix} \begin{bmatrix} 1 & \mathrm{i} \\ \mathrm{i} & 1 \end{bmatrix}^{-1} = \frac{1}{2}\begin{bmatrix} \mathrm{e}^{(3+5\mathrm{i})t} & \mathrm{i}\mathrm{e}^{(3-5\mathrm{i})t} \\ \mathrm{i}\mathrm{e}^{(3+5\mathrm{i})t} & \mathrm{e}^{(3-5\mathrm{i})t} \end{bmatrix} \begin{bmatrix} 1 & -\mathrm{i} \\ -\mathrm{i} & 1 \end{bmatrix}$$

$$= \frac{1}{2}\begin{bmatrix} \mathrm{e}^{(3+5\mathrm{i})t}+\mathrm{e}^{(3-5\mathrm{i})t} & -\mathrm{i}(\mathrm{e}^{(3+5\mathrm{i})t}-\mathrm{e}^{(3-5\mathrm{i})t}) \\ \mathrm{i}(\mathrm{e}^{(3+5\mathrm{i})t}-\mathrm{e}^{(3-5\mathrm{i})t}) & \mathrm{e}^{(3+5\mathrm{i})t}+\mathrm{e}^{(3-5\mathrm{i})t} \end{bmatrix} = \mathrm{e}^{3t}\begin{bmatrix} \cos 5t & \sin 5t \\ -\sin 5t & \cos 5t \end{bmatrix}$$

为实值的基解矩阵.

其实值通解为

$$\begin{bmatrix} x \\ y \end{bmatrix} = c_1 \begin{bmatrix} \cos 5t \\ -\sin 5t \end{bmatrix} e^{3t} + c_2 \begin{bmatrix} \sin 5t \\ \cos 5t \end{bmatrix} e^{3t},$$

其中 c_1, c_2 是任意常数.

4.2.2.2 特征根有重根时基解矩阵的计算

当 A 的特征根有重根时,设其特征根为 $\lambda_1, \lambda_2, \cdots, \lambda_l$,它们当中可能有的彼此相等,同样由线性代数知识可知,存在 n 阶可逆矩阵 T,使得

$$T^{-1}AT = J \quad 或 \quad A = TJT^{-1},$$

其中 J 是若当标准型,即

$$J = \begin{bmatrix} J_1 \\ & J_2 \\ & & \ddots \\ & & & J_l \end{bmatrix},$$

这里

$$J_j = \begin{bmatrix} \lambda_j & 1 \\ & \lambda_j & \ddots \\ & & \ddots & 1 \\ & & & \lambda_j \end{bmatrix} \quad (j = 1, 2, \cdots, l)$$

为 n_j 阶矩阵,并且 $\sum\limits_{j=1}^{l} n_j = n$. 这时,有

$$\exp(Jt) = \begin{bmatrix} \exp(J_1 t) \\ & \exp(J_2 t) \\ & & \ddots \\ & & & \exp(J_l t) \end{bmatrix},$$

其中

$$\exp(J_j t) = e^{\lambda_j t} \begin{bmatrix} 1 & t & \dfrac{t^2}{2!} & \cdots & \dfrac{t^{n_j-2}}{(n_j-2)!} & \dfrac{t^{n_j-1}}{(n_j-1)!} \\ & 1 & t & \dfrac{t^2}{2!} & \cdots & \dfrac{t^{n_j-2}}{(n_j-2)!} \\ & & 1 & \ddots & \ddots & \vdots \\ & & & \ddots & t & \dfrac{t^2}{2!} \\ & & & & 1 & t \\ & & & & & 1 \end{bmatrix}.$$

令 $T=(T_1,T_2,\cdots,T_l)$，根据矩阵乘法法则，由 $\exp(At)T=T\exp(Jt)$ 得方程组(4.2.1)的基解矩阵为

$$(T_1,T_2,\cdots,T_l)\cdot\begin{bmatrix}\exp(J_1t)&&&\\&\exp(J_2t)&&\\&&\ddots&\\&&&\exp(J_lt)\end{bmatrix}$$

$$=[T_1\exp(J_1t),T_2\exp(J_2t),\cdots,T_l\exp(J_lt)]. \qquad (4.2.7)$$

从理论上讲，(4.2.7)式就是基解矩阵，问题是求 $T=(T_1,T_2,\cdots,T_l)$ 的计算比较麻烦. 于是在实际中，常常按照(4.2.7)式的结构形式，而采用待定系数法来求基解矩阵.

定理 4.2.2　如果 λ_j 是一阶常系数齐次线性微分方程组(4.2.1)的系数矩阵 A 的 k_j 重特征根(单根按一重计算)，则方程组(4.2.1)存在 k_j 个形如

$$\begin{bmatrix}x_1\\x_2\\\vdots\\x_n\end{bmatrix}=\begin{bmatrix}p_1(t)\\p_2(t)\\\vdots\\p_n(t)\end{bmatrix}\mathrm{e}^{\lambda_jt} \qquad (4.2.8)$$

的线性无关解，其中 $p_i(t)$ $(i=1,2,\cdots,n)$是 t 的次数不高于(k_j-1)的多项式，取遍所有的 $\lambda_j(j=1,2,\cdots,l)$，就得到方程组(4.2.1)的一个基本解组.

定理的证明可参见《常微分方程》[①].

例 4.2.5　求方程组 $\begin{cases}\dfrac{\mathrm{d}x}{\mathrm{d}t}=y+z,\\[2mm]\dfrac{\mathrm{d}y}{\mathrm{d}t}=x+y-z,\\[2mm]\dfrac{\mathrm{d}z}{\mathrm{d}t}=y+z\end{cases}$　的通解.

解：根据题意，方程组的系数矩阵为

$$A=\begin{bmatrix}0&1&1\\1&1&-1\\0&1&1\end{bmatrix},$$

其特征方程为

$$\det(A-\lambda I)=\begin{vmatrix}-\lambda&1&1\\1&1-\lambda&-1\\0&1&1-\lambda\end{vmatrix}=-\lambda(1-\lambda)^2=0,$$

_____

[①]　东北师范大学数学系微分方程教研室编，《常微分方程》，高等教育出版社，1982 年.

特征根为 $\lambda_1 = 0, \lambda_{2,3} = 1$.

$\lambda_1 = 0$ 为单根,对应的特征向量 μ_1 满足

$$(A - \lambda_1 I)\mu_1 = 0,$$

解得

$$\mu_1 = \begin{bmatrix} 2 \\ -1 \\ 1 \end{bmatrix},$$

于是得到方程组的一个解为 $\begin{bmatrix} x_1 \\ y_1 \\ z_1 \end{bmatrix} = \begin{bmatrix} 2 \\ -1 \\ 1 \end{bmatrix} e^{0t}$, 即 $\begin{bmatrix} x_1 \\ y_1 \\ z_1 \end{bmatrix} = \begin{bmatrix} 2 \\ -1 \\ 1 \end{bmatrix}$.

$\lambda_{2,3} = 1$ 为二重根,根据定理 4.2.2,方程组有形如

$$\begin{bmatrix} x \\ y \\ z \end{bmatrix} = \begin{bmatrix} r_{11} + r_{12}t \\ r_{21} + r_{22}t \\ r_{31} + r_{32}t \end{bmatrix} e^t \qquad (4.2.9)$$

的解. 将 (4.2.9) 式代入原方程组,消去 e^t 后,得

$$r_{11} + r_{12}t + r_{12} = r_{21} + r_{22}t + r_{31} + r_{32}t,$$

$$r_{21} + r_{22}t + r_{22} = r_{11} + r_{12}t + r_{21} + r_{22}t - r_{31} - r_{32}t,$$

$$r_{31} + r_{32}t + r_{32} = r_{21} + r_{22}t + r_{31} + r_{32}t.$$

比较三个等式中 t 的同次幂的系数,得 6 个未知数、6 个方程组成的方程组

$$r_{11} + r_{12} - r_{21} - r_{31} = 0, \quad r_{12} - r_{22} - r_{32} = 0,$$

$$r_{22} - r_{11} + r_{31} = 0, \quad -r_{12} + r_{32} = 0,$$

$$r_{32} - r_{21} = 0, \quad -r_{22} = 0.$$

整理,得 4 个独立的方程

$$r_{31} = r_{11},$$

$$r_{21} = r_{12},$$

$$r_{32} = r_{12},$$

$$r_{22} = 0.$$

令 $r_{11} = 1, r_{12} = 0$,则 $r_{21} = 0, r_{22} = 0, r_{31} = 1, r_{32} = 0$,得到原方程组的一个解为

$$\begin{bmatrix} x_2 \\ y_2 \\ z_2 \end{bmatrix} = \begin{bmatrix} 1 \\ 0 \\ 1 \end{bmatrix} e^t;$$

令 $r_{11} = 0, r_{12} = 1$,则 $r_{21} = 1, r_{22} = 0, r_{31} = 0, r_{32} = 1$,得到原方程组的另一个解为

$$\begin{bmatrix} x_3 \\ y_3 \\ z_3 \end{bmatrix} = \begin{bmatrix} t \\ 1 \\ t \end{bmatrix} e^t.$$

于是,得到原方程组的基解矩阵为

$$\Phi(t) = \begin{bmatrix} 2 & e^t & te^t \\ -1 & 0 & e^t \\ 1 & e^t & te^t \end{bmatrix}.$$

方程组的通解为

$$\begin{bmatrix} x \\ y \\ z \end{bmatrix} = c_1 \begin{bmatrix} 2 \\ -1 \\ 1 \end{bmatrix} + c_2 \begin{bmatrix} 1 \\ 0 \\ 1 \end{bmatrix} e^t + c_3 \begin{bmatrix} t \\ 1 \\ t \end{bmatrix} e^t,$$

其中 c_1, c_2, c_3 是任意常数.

最后,作为本节的结束,我们以例 4.2.6 来完整地介绍常系数非齐次线性微分方程组通解的求法.

例 4.2.6　求方程组 $\begin{bmatrix} \dfrac{dx}{dt} \\ \dfrac{dy}{dt} \end{bmatrix} = \begin{bmatrix} 2 & 3 \\ 3 & 2 \end{bmatrix} \begin{bmatrix} x \\ y \end{bmatrix} + \begin{bmatrix} 5t \\ 8e^t \end{bmatrix}$ 的通解.

解:首先,求齐次线性方程组

$$\begin{bmatrix} \dfrac{dx}{dt} \\ \dfrac{dy}{dt} \end{bmatrix} = \begin{bmatrix} 2 & 3 \\ 3 & 2 \end{bmatrix} \begin{bmatrix} x \\ y \end{bmatrix}$$

的通解.

根据题意,方程组的系数矩阵为

$$A = \begin{bmatrix} 2 & 3 \\ 3 & 2 \end{bmatrix},$$

其特征方程为

$$\det(A - \lambda I) = \begin{bmatrix} 2-\lambda & 3 \\ 3 & 2-\lambda \end{bmatrix} = 0,$$

特征根为 $\lambda_1 = 5, \lambda_2 = -1$.

对应于 $\lambda_1 = 5$ 的特征向量 μ_1 满足

$$(A - \lambda_1 I)\mu_1 = 0.$$

解得 $\mu_1 = \begin{bmatrix} 1 \\ 1 \end{bmatrix}$,得到齐方程组的一个解为 $\begin{bmatrix} x_1 \\ y_1 \end{bmatrix} = \begin{bmatrix} 1 \\ 1 \end{bmatrix} e^{5t}.$

同理,可得对应于 $\lambda_2=-1$ 的特征向量 $\mu_2=\begin{bmatrix}1\\-1\end{bmatrix}$,得到齐方程组的另一个解为 $\begin{bmatrix}x_2\\y_2\end{bmatrix}=\begin{bmatrix}1\\-1\end{bmatrix}\mathrm{e}^{-t}$.

于是齐方程组的基解矩阵为

$$\Phi(t)=\begin{bmatrix}\mathrm{e}^{5t}&\mathrm{e}^{-t}\\\mathrm{e}^{5t}&-\mathrm{e}^{-t}\end{bmatrix},$$

齐方程组的通解为

$$\begin{bmatrix}x\\y\end{bmatrix}=\begin{bmatrix}\mathrm{e}^{5t}&\mathrm{e}^{-t}\\\mathrm{e}^{5t}&-\mathrm{e}^{-t}\end{bmatrix}\begin{bmatrix}c_1\\c_2\end{bmatrix}\quad\text{或}\quad\begin{bmatrix}x\\y\end{bmatrix}=c_1\begin{bmatrix}\mathrm{e}^{5t}\\\mathrm{e}^{5t}\end{bmatrix}+c_2\begin{bmatrix}\mathrm{e}^{-t}\\-\mathrm{e}^{-t}\end{bmatrix},$$

其中 c_1,c_2 是任意常数.

其次,求非齐方程组的解.

利用常数变易法,设原非齐方程组有形如

$$\begin{bmatrix}x\\y\end{bmatrix}=\begin{bmatrix}\mathrm{e}^{5t}&\mathrm{e}^{-t}\\\mathrm{e}^{5t}&-\mathrm{e}^{-t}\end{bmatrix}\begin{bmatrix}c_1(t)\\c_2(t)\end{bmatrix}\quad\text{或}\quad\begin{bmatrix}x\\y\end{bmatrix}=c_1(t)\begin{bmatrix}\mathrm{e}^{5t}\\\mathrm{e}^{5t}\end{bmatrix}+c_2(t)\begin{bmatrix}\mathrm{e}^{-t}\\-\mathrm{e}^{-t}\end{bmatrix}$$

$$(4.2.10)$$

的解. 将它代入原非齐方程组,得

$$\begin{bmatrix}\mathrm{e}^{5t}&\mathrm{e}^{-t}\\\mathrm{e}^{5t}&-\mathrm{e}^{-t}\end{bmatrix}\begin{bmatrix}c_1'(t)\\c_2'(t)\end{bmatrix}=\begin{bmatrix}5t\\8\mathrm{e}^t\end{bmatrix}\quad\text{或}\quad c_1'(t)\begin{bmatrix}\mathrm{e}^{5t}\\\mathrm{e}^{5t}\end{bmatrix}+c_2'(t)\begin{bmatrix}\mathrm{e}^{-t}\\-\mathrm{e}^{-t}\end{bmatrix}=\begin{bmatrix}5t\\8\mathrm{e}^t\end{bmatrix}.$$

写成纯量形式为

$$\begin{cases}c_1'(t)\mathrm{e}^{5t}+c_2'(t)\mathrm{e}^{-t}=5t,\\c_1'(t)\mathrm{e}^{5t}-c_2'(t)\mathrm{e}^{-t}=8\mathrm{e}^t.\end{cases}$$

解得

$$\begin{cases}c_1'(t)=\dfrac{5}{2}t\mathrm{e}^{-5t}+4\mathrm{e}^{-4t},\\c_2'(t)=\dfrac{5}{2}t\mathrm{e}^t-4\mathrm{e}^{2t}.\end{cases}$$

积分之,

$$\begin{cases}c_1(t)=\left(-\dfrac{1}{2}t-\dfrac{1}{10}\right)\mathrm{e}^{-5t}-\mathrm{e}^{-4t}+c_1,\\c_2(t)=\left(-\dfrac{5}{2}t-\dfrac{5}{2}\right)\mathrm{e}^t-2\mathrm{e}^{2t}+c_2,\end{cases}$$

其中 c_1,c_2 是任意常数.

将求得的 $c_1(t),c_2(t)$ 代入(4.2.10),得

$$\begin{bmatrix} x \\ y \end{bmatrix} = c_1 \begin{bmatrix} \mathrm{e}^{5t} \\ \mathrm{e}^{5t} \end{bmatrix} + c_2 \begin{bmatrix} \mathrm{e}^{-t} \\ -\mathrm{e}^{-t} \end{bmatrix} + \begin{bmatrix} 2t - \dfrac{13}{5} - 3\mathrm{e}^t \\ -3t + \dfrac{12}{5} + \mathrm{e}^t \end{bmatrix}$$

为原方程组的通解,其中 c_1, c_2 是任意常数.

4.3　习题

1. 求解下列常系数线性方程组(要求实值解):

(1) $\begin{cases} \dfrac{\mathrm{d}x}{\mathrm{d}t} = 2x + y, \\[2mm] \dfrac{\mathrm{d}y}{\mathrm{d}t} = 3x + 4y; \end{cases}$

(2) $\begin{cases} \dfrac{\mathrm{d}x}{\mathrm{d}t} = -7x + y, \\[2mm] \dfrac{\mathrm{d}y}{\mathrm{d}t} = -2x - 5y; \end{cases}$

(3) $\begin{cases} \dfrac{\mathrm{d}x}{\mathrm{d}t} = x - y, \\[2mm] \dfrac{\mathrm{d}y}{\mathrm{d}t} = x + 3y; \end{cases}$

(4) $\begin{cases} \dfrac{\mathrm{d}x}{\mathrm{d}t} = y + z, \\[2mm] \dfrac{\mathrm{d}y}{\mathrm{d}t} = x + z, \\[2mm] \dfrac{\mathrm{d}z}{\mathrm{d}t} = x + y; \end{cases}$

(5) $\begin{cases} \dfrac{\mathrm{d}x}{\mathrm{d}t} = 3x - y + z, \\[2mm] \dfrac{\mathrm{d}y}{\mathrm{d}t} = 2x + z, \\[2mm] \dfrac{\mathrm{d}z}{\mathrm{d}t} = x - y + 2z; \end{cases}$

(6) $\begin{cases} \dfrac{\mathrm{d}x}{\mathrm{d}t} = -x - 2y + 2\mathrm{e}^{-t}, \\[2mm] \dfrac{\mathrm{d}y}{\mathrm{d}t} = 3x + 4y + \mathrm{e}^{-t}; \end{cases}$

$(7)\begin{cases} \dfrac{\mathrm{d}x}{\mathrm{d}t}=y+\cos t, \\[2mm] \dfrac{\mathrm{d}y}{\mathrm{d}t}=-x+1; \end{cases}$

$(8)\begin{bmatrix} \dfrac{\mathrm{d}x}{\mathrm{d}t} \\[2mm] \dfrac{\mathrm{d}y}{\mathrm{d}t} \\[2mm] \dfrac{\mathrm{d}z}{\mathrm{d}t} \end{bmatrix}=\begin{bmatrix} 0 & 1 & 0 \\ 0 & 0 & 1 \\ -6 & -11 & -6 \end{bmatrix}\begin{bmatrix} x \\ y \\ z \end{bmatrix}+\begin{bmatrix} 0 \\ 0 \\ \mathrm{e}^{-t} \end{bmatrix},$ 初始条件 $\begin{bmatrix} x(0) \\ y(0) \\ z(0) \end{bmatrix}=\begin{bmatrix} 0 \\ 0 \\ 0 \end{bmatrix};$

$(9)\begin{cases} \dfrac{\mathrm{d}x}{\mathrm{d}t}=x+2y+\mathrm{e}^{t} \\[2mm] \dfrac{\mathrm{d}y}{\mathrm{d}t}=4x+3y+1 \end{cases},$ 初始条件 $\begin{bmatrix} x(0) \\ y(0) \end{bmatrix}=\begin{bmatrix} -1 \\ 1 \end{bmatrix}.$

第 5 章　差分方程

5.1　差分与差分方程

5.1.1　差分的概念

定义 5.1.1　设函数 $y=f(x)$，记为 y_x，即 $y_x=f(x)$，当自变量以相同的间隔 "单位 1" 逐步变化时，即自变量取值：

$$x,\quad x+1,\ x+2,\cdots,x+n,\ x+n+1,\cdots,$$

此时，相应的函数值为：

$$y_x,\quad y_{x+1},\ y_{x+2},\quad\cdots,\ y_{x+n},\quad y_{x+n+1},\quad\cdots,$$

于是我们称函数值之差 $y_{x+1}-y_x$ 为函数 y_x 在 x 处的**差分**，也称为**一阶差分**，记为 Δy_x.

显然，一阶差分随 x 的变化而变化，即 Δy_x 为 x 的函数，因此，我们可以同样地定义函数 y_x 的二阶差分、三阶差分……. 比如定义

$$\Delta(\Delta y_x)=\Delta(y_{x+1}-y_x)=(y_{x+2}-y_{x+1})-(y_{x+1}-y_x)$$
$$=y_{x+2}-2y_{x+1}+y_x.$$

此时，称 $\Delta(\Delta y_x)$ 为函数 y_x 在 x 处的**二阶差分**，记为 $\Delta^2 y_x$.

依此类推：

$\Delta^3 y_x=\Delta(\Delta^2 y_x)$ 为函数 y_x 在 x 处的三阶差分；

$\Delta^4 y_x=\Delta(\Delta^3 y_x)$ 为函数 y_x 在 x 处的四阶差分；

………

$\Delta^n y_x=\Delta(\Delta^{n-1} y_x)$ 为函数 y_x 在 x 处的 n 阶差分.

容易验证差分具有如下性质：

性质 5.1.1　$\Delta C y_x=C\Delta y_x$，其中 C 为任意常数.

性质 5.1.2　对于函数 y_x 和 z_x，$\Delta(y_x+z_x)=\Delta y_x+\Delta z_x$.

例 5.1.1　试求函数 $y_x=2x^2+3$ 在 x 处的一阶、二阶、三阶差分.

解：$\Delta y_x=(2(x+1)^2+3)-(2x^2+3)=4x+2$；

$$\Delta^2 y_x = (4(x+1)+2)-(4x+2)=4;$$
$$\Delta^3 y_x = 4-4=0.$$

5.1.2 差分方程的概念

定义 5.1.2 含有未知函数差分或表示未知函数几个时期值的方程称为**差分方程**,其一般形式为

$$F(x,y_x,\Delta y_x,\Delta^2 y_x,\cdots,\Delta^n y_x)=0 \qquad (5.1.1a)$$

或

$$F(x,y_x,y_{x+1},y_{x+2},\cdots,y_{x+n},)=0. \qquad (5.1.1b)$$

差分方程中,未知函数的差分的最大阶数或未知函数下标的最大值与最小值的差,称为差分方程的阶. 如(5.1.1a)或(5.1.1b)可称为 n 阶差分方程.

定义 5.1.3 如果一个函数 y_x 满足差分方程(5.1.1a)或(5.1.1b),则称该函数为**差分方程的解**.

类似于常微分方程,称满足一定初始条件的解为**差分方程的特解**,如果差分方程的解中含有的相互独立的任意常数的个数等于差分方程的阶数,则称此解为**差分方程的通解**.

容易验证,函数 $y_x=x+1$ 是差分方程 $y_{x+1}-y_x=1$ 的解,而 $y_x=x+C(C$ 是任意常数)为方程的通解.

在了解了差分、差分方程的概念后,我们以常系数线性差分方程为基础来具体研究差分方程的求解问题. 事实上,差分方程的求解过程与常微分方程的求解过程非常相似,读者可以对照起来进行学习.

5.2 一阶常系数线性差分方程

形如

$$y_{x+1}-ay_x=f(x) \qquad (5.2.1)$$

的差分方程称为**一阶常系数线性差分方程**,其中 a 是不等于零的常数,$f(x)$ 为已知函数.

当 $f(x)$ 不恒等于零时,差分方程(5.2.1)称为**一阶非齐常系数线性差分方程**.

当 $f(x)\equiv 0$ 时,差分方程

$$y_{x+1}-ay_x=0 \qquad (5.2.2)$$

称为对应于非齐次线性差分方程(5.2.1)的**一阶常系数齐次线性差分方程**.

如同常微分方程,非齐次线性差分方程与对应的齐次线性差分方程的解之间具有如下的性质.

性质 5.2.1　设 y_x^* 是非齐次线性差分方程(5.2.1)的一个解, y_x 是齐次线性差分方程(5.2.2)的一个解, 则 $y_x^* + y_x$ 是非齐次线性差分方程(5.2.1)的解.

事实上, 令 $z_x = y_x^* + y_x$, 则有

$$
\begin{aligned}
z_{x+1} - a z_x &= (y_{x+1}^* + y_{x+1}) - a(y_x^* + y_x) \\
&= (y_{x+1}^* - a y_x^*) + (y_{x+1} - a y_x) \\
&= f(x) + 0 = f(x).
\end{aligned}
$$

因此, 求非齐次线性差分方程(5.2.1)的通解问题, 实际上就是求齐次线性差分方程(5.2.2)的通解以及非齐次线性差分方程(5.2.1)的一个特解问题.

5.2.1　一阶常系数齐次线性差分方程的通解

类似于常微分方程, 假设齐次线性差分方程(5.2.2)有形如

$$y_x = \lambda^x \quad (\lambda \neq 0)$$

的解, 将其代入差分方程(5.2.2), 得

$$\lambda^{x+1} - a\lambda^x = 0,$$

即

$$\lambda - a = 0. \tag{5.2.3}$$

此时, 称(5.2.3)式为齐次线性差分方程(5.2.2)的**特征方程**, 其根 $\lambda = a$ 称为**特征根**.

显然, $y_x = \lambda^x$ 是差分方程(5.2.2)的解的充分必要条件为: λ 是(5.2.2)式的特征方程的特征根.

于是, $y_x = a^x$ 是齐次线性差分方程(5.2.2)的一个解, 而齐次线性差分方程(5.2.2)的通解为

$$y_x = C a^x,$$

其中 C 是任意常数.

例 5.2.1　求差分方程 $y_{x+1} - 2y_x = 0$ 的通解.

解: 差分方程的特征方程为 $\lambda - 2 = 0$, 特征根为 $\lambda = 2$.

从而差分方程的通解为

$$y_x = C 2^x,$$

其中 C 是任意常数.

5.2.2　一阶常系数非齐次线性差分方程的通解

根据性质 5.2.1, 非齐次线性差分方程的通解为对应的齐次线性差分方程的通解与一个非齐线性差分方程特解之和. 上面的讨论已经得出了齐次线性差分方

程的通解,因此,现只需求出非齐次线性差分方程的一个特解,便可得到非齐次线性差分方程的通解.下面我们针对非齐次线性差分方程(5.2.1)右端函数 $f(x)$ 的特殊形式,通过待定系数法来给出非齐次线性差分方程的特解.表 5.1 给出的是右端函数 $f(x)$ 的几种常见特殊形式以及相应的非齐次线性差分方程的特解形式,至于更多的形式,读者可在学习中通过经验积累而得出.

表 5.1 $f(x)$ 的常见形式及相应的一阶非齐差分方程的特解形式表

$f(x)$ 的形式	方程特征根情况	k	\multicolumn{2}{c}{$y_{x+1}-ay_x=f(x)$ 的特解形式}
$p_n(x)$	$\lambda=1$ 不是特征根	0	\multirow{2}{*}{$x^kq_n(x)$}	$q_n(x)$
(n 次多项式)	$\lambda=1$ 是特征根	1		$xq_n(x)$
b^x	$\lambda=b$ 不是特征根	0	\multirow{2}{*}{Ax^kb^x}	Ab^x
($b\neq1$)	$\lambda=b$ 是特征根	1		Axb^x
$p_n(x)b^x$	$\lambda=b$ 和 $\lambda=1$ 不是特征根	0	\multirow{3}{*}{$x^kq_n(x)b^x$}	$q_n(x)b^x$
($p_n(x)$ 为 n 次多项式)	$\lambda=b$ 是特征根	1		$xq_n(x)b^x$
	$\lambda=1$ 是特征根	1		$xq_n(x)b^x$

注:$q_n(x)$ 为与 $p_n(x)$ 同次的多项式.

例 5.2.2 求差分方程 $y_{x+1}-2y_x=3$ 的通解.

解:特征方程为 $\lambda-2=0$,特征根为 $\lambda=2$.

齐次线性差分方程的通解为 $y_x=C2^x$,其中 C 是任意常数.

因为 $\lambda=2\neq1$,$f(x)=3$,所以非齐差分方程的特解为 $y_x^*=q$,将其代入原方程,得 $q-2q=3$,即 $q=-3$.

于是,原差分方程的通解为
$$y_x=C2^x-3,$$
其中 C 是任意常数.

例 5.2.3 求差分方程 $y_{x+1}-2y_x=3x^2$ 的通解.

解:同例 5.2.2,特征方程为 $\lambda-2=0$,特征根为 $\lambda=2$.

齐次线性差分方程的通解为 $y_x=C2^x$,其中 C 是任意常数.

因为 $\lambda=2\neq1$,$f(x)=3x^2$,所以非齐差分方程的特解为 $y_x^*=q_0+q_1x+q_2x^2$,将其代入原方程,并比较 x 的同次幂的系数,得
$$-q_0+q_1+q_2=0,\quad -q_1+2q_2=0,\quad -q_2=3.$$
解之,得 $q_0=-9,q_1=-6,q_2=-3$.

于是,原差分方程的通解为
$$y_x=C2^x-9-6x-3x^2,$$
其中 C 是任意常数.

例 5.2.4 求差分方程 $y_{x+1}-2y_x=2^x$ 的通解.

解:同例 5.2.2,特征方程为 $\lambda-2=0$,特征根为 $\lambda=2$.

齐次线性差分方程的通解为 $y_x=C2^x$,其中 C 是任意常数.

因为 $\lambda=2$ 是特征根,所以非齐差分方程的特解为 $y_x^*=Ax2^x$,将其代入原方程,得

$$A(x+1)2^{(x+1)}-2Ax2^x=2^x.$$

解之,得 $A=\dfrac{1}{2}$.

于是,原差分方程的通解为

$$y_x=C2^x+x2^{x-1},$$

其中 C 是任意常数.

例 5.2.5　求差分方程 $y_{x+1}-2y_x=5\cdot3^x$ 的通解.

解:同例 5.2.2,特征方程为 $\lambda-2=0$,特征根为 $\lambda=2$.

齐次线性差分方程的通解为 $y_x=C2^x$,其中 C 是任意常数.

因为 $\lambda=1$ 和 $\lambda=3$ 都不是特征根,所以非齐差分方程的特解为 $y_x^*=(Ax+B)3^x$,将其代入原方程,得

$$(A(x+1)+B)3^{(x+1)}-2(Ax+B)3^x=5x3^x.$$

比较同次幂的系数,得

$$3A+B=0,\quad A=5.$$

解之,得 $A=5,B=-15$.

于是,原差分方程的通解为

$$y_x=C2^x+(5x-15)3^x,$$

其中 C 是任意常数.

例 5.2.6　求差分方程 $y_{x+1}-2y_x=3x2^x$ 的通解.

解:同例 5.2.2,特征方程为 $\lambda-2=0$,特征根为 $\lambda=2$.

齐次线性差分方程的通解为 $y_x=C2^x$,其中 C 是任意常数.

因为 $\lambda=2$ 是特征根,所以非齐差分方程的特解为 $y_x^*=(Ax+B)x2^x$,将其代入原方程,得

$$(A(x+1)+B)(x+1)2^{(x+1)}-2(Ax+B)x2^x=3x2^x.$$

比较同次幂的系数,得

$$A+B=0,\quad 4A=3.$$

解之,得 $A=\dfrac{3}{4},B=-\dfrac{3}{4}$.

于是,原差分方程的通解为

$$y_x = C2^x + \frac{3}{4}(x-1)x2^x,$$

其中 C 是任意常数.

5.3 二阶常系数线性差分方程

形如

$$y_{x+2} + ay_{x+1} + by_x = f(x) \tag{5.3.1}$$

的差分方程称为**二阶常系数线性差分方程**,其中 a,b 是均不等于零的常数,$f(x)$ 为已知函数.

当 $f(x)$ 不恒等于零时,差分方程(5.3.1)称为**二阶非齐常系数线性差分方程**.

当 $f(x) \equiv 0$ 时,差分方程

$$y_{x+2} + ay_{x+1} + by_x = 0 \tag{5.3.2}$$

称为对应于非齐次线性差分方程(5.3.1)的**二阶常系数齐次线性差分方程**.

如同一阶差分方程,二阶非齐次线性差分方程与对应的齐次线性差分方程的解之间也具有如下的性质.

性质 5.3.1 设 y_x^* 是非齐次线性差分方程(5.3.1)的一个解,y_x 是齐次线性差分方程(5.3.2)的一个解,则 $y_x^* + y_x$ 是非齐次线性差分方程(5.3.1)的解.

有兴趣的读者可自己验证. 因此,求非齐次线性差分方程(5.3.1)的通解问题,实际上就是求齐次线性差分方程(5.3.2)的通解以及非齐次线性差分方程(5.3.1)的一个特解问题.

5.3.1 二阶常系数齐次线性差分方程的通解

类似于一阶差分方程,假设齐次线性差分方程(5.3.2)有形如

$$y_x = \lambda^x \qquad (\lambda \neq 0)$$

的解,将其代入差分方程(5.3.2),得

$$\lambda^{x+2} + a\lambda^{x+1} + b\lambda^x = 0,$$

即

$$\lambda^2 + a\lambda + b = 0. \tag{5.3.3}$$

此时,称(5.3.3)式为齐次线性差分方程(5.3.2)的**特征方程**,其根称为**特征根**.

显然,$y_x = \lambda^x$ 是差分方程(5.3.2)的解的充分必要条件为:λ 是(5.3.2)式的特征方程的特征根.

对于二次方程(5.3.3)而言,其根具有三种情况,因此,齐次线性差分方程(5.3.2)的通解会相应地分为如下三种情况.

情况 I

当 $a^2-4b>0$ 时,特征方程(5.3.3)有互不相同的两个根

$$\lambda_1=\frac{-a+\sqrt{a^2-4b}}{2}\text{和}\ \lambda_2=\frac{-a-\sqrt{a^2-4b}}{2},$$

此时,齐次线性差分方程(5.3.2)的通解为

$$y_x=C_1\lambda_1^x+C_2\lambda_2^x,$$

其中 C_1、C_2 是任意常数.

情况 II

当 $a^2-4b=0$ 时,特征方程(5.3.3)有两个相同的根

$$\lambda_1=\lambda_2=\frac{-a}{2},$$

此时,齐次线性差分方程(5.3.2)的通解为

$$y_x=C_1\lambda_1^x+C_2x\lambda_1^x,$$

其中 C_1,C_2 是任意常数.

情况 III

当 $a^2-4b<0$ 时,特征方程(5.3.3)有两个共轭复根

$$\lambda_1=\frac{-a+\mathrm{i}\sqrt{4b-a^2}}{2}\text{和}\ \lambda_2=\frac{-a-\mathrm{i}\sqrt{4b-a^2}}{2}.$$

令 $\alpha=\frac{-a}{2},\beta=\frac{\sqrt{4b-a^2}}{2}$,并取 $r=\sqrt{\alpha^2+\beta^2},\tan\theta=\frac{\beta}{\alpha}$,则

$$\lambda_1=r(\cos\theta+\mathrm{i}\sin\theta),\quad \lambda_2=r(\cos\theta-\mathrm{i}\sin\theta).$$

从而

$$\lambda_1^x=r^x(\cos\theta x+\mathrm{i}\sin\theta x),\quad \lambda_2^x=r^x(\cos\theta x-\mathrm{i}\sin\theta x).$$

此时,齐次线性差分方程(5.3.2)的通解为

$$y_x=C_1r^x\cos\theta x+C_2r^x\sin\theta x,$$

其中 C_1,C_2 是任意常数.

例 5.3.1　求差分方程 $y_{x+2}+3y_{x+1}+2y_x=0$ 的通解.

解:差分方程的特征方程为 $\lambda^2+3\lambda+2=0$,特征根为 $\lambda_1=-2,\lambda_2=-1$.

从而差分方程的通解为

$$y_x=C_1(-2)^x+C_2(-1)^x,$$

其中 C_1,C_2 是任意常数.

例 5.3.2　求差分方程 $y_{x+2}-6y_{x+1}+9y_x=0$ 的通解.

解:差分方程的特征方程为 $\lambda^2-6\lambda+9=0$,特征根为 $\lambda_1=\lambda_2=3$.

从而差分方程的通解为

$$y_x = (C_1 + C_2 x) 3^x,$$

其中 C_1, C_2 是任意常数.

例 5.3.3 求差分方程 $y_{x+2} - 4y_{x+1} + 8y_x = 0$ 的通解.

解:差分方程的特征方程为 $\lambda^2 - 4\lambda + 8 = 0$,特征根为 $\lambda_1 = 2 + 2i$, $\lambda_2 = 2 - 2i$.

于是,$r = \sqrt{2^2 + 2^2} = 2\sqrt{2}$,$\tan\theta = \dfrac{2}{2} = 1$,取 $\theta = \dfrac{\pi}{4}$,从而差分方程的通解为

$$y_x = \left(C_1 \cos \frac{\pi}{4} x + C_2 \sin \frac{\pi}{4} x \right) (2\sqrt{2})^x,$$

其中 C_1, C_2 是任意常数.

5.3.2　二阶常系数非齐次线性差分方程的通解

根据性质 5.3.1,二阶非齐次线性差分方程的通解为对应的齐次线性差分方程的通解与一个非齐次线性差分方程特解之和.上面的讨论已经得出了齐次线性差分方程的通解,因此,现只需求出非齐次线性差分方程的一个特解,便可得到二阶非齐次线性差分方程的通解.下面我们针对非齐次线性差分方程(5.3.1)右端函数 $f(x)$ 的特殊形式,通过待定系数法来给出非齐次线性差分方程的特解.表 5.2 给出的是右端函数 $f(x)$ 的几种常见形式以及相应的非齐次线性差分方程的特解形式,至于更多的形式,读者可在学习中通过经验积累而得出.

表 5.2　$f(x)$ 的常见形式及相应的二阶非齐线性差分方程的特解形式表

$f(x)$ 的形式	方程特征根情况	k	$y_{x+2} + ay_{x+1} + by_x = f(x)$ 的特解形式	
$p_n(x)$ (n 次多项式)	$\lambda = 1$ 不是特征根	0		$q_n(x)$
	$\lambda = 1$ 是单重特征根	1	$x^k q_n(x)$	$x q_n(x)$
	$\lambda = 1$ 是二重特征根	2		$x^2 q_n(x)$
b^x ($b \neq 1$)	$\lambda = b$ 不是特征根	0		Ab^x
	$\lambda = b$ 是单重特征根	1	$Ax^k b^x$	Axb^x
	$\lambda = b$ 是二重特征根	2		$Ax^2 b^x$

注:$q_n(x)$ 为与 $p_n(x)$ 同次的多项式.

例 5.3.4 求差分方程 $y_{x+2} + 3y_{x+1} + 2y_x = x$ 的通解.

解:首先求对应的齐次线性差分方程 $y_{x+2} + 3y_{x+1} + 2y_x = 0$ 的通解.

由例 5.3.1 知,特征方程为 $\lambda^2 + 3\lambda + 2 = 0$,特征根为 $\lambda_1 = -2, \lambda_2 = -1$.

从而对应的齐次线性差分方程的通解为

$$y_x = C_1 (-2)^x + C_2 (-1)^x,$$

其中 C_1,C_2 是任意常数.

其次,求非齐次线性差分方程的特解.

由于 $f(x)=x$,且 $\lambda=1$ 不是特征根,所以非齐次线性差分方程的特解为

$$y_x=Ax+B,$$

将其代入原方程,并比较 x 的同次幂系数,得

$$6A=1,\quad 5A+6B=0.$$

解之,得

$$A=\frac{1}{6},\quad B=-\frac{5}{36}.$$

于是,原差分方程的通解为

$$y_x=C_1(-2)^x+C_2(-1)^x+\frac{1}{6}x-\frac{5}{36},$$

其中 C_1,C_2 是任意常数.

例 5.3.5　求差分方程 $y_{x+2}+2y_{x+1}-3y_x=x+1$ 的通解.

解:首先求对应的齐次线性差分方程 $y_{x+2}+2y_{x+1}-3y_x=0$ 的通解.

特征方程为 $\lambda^2+\lambda-3=0$,特征根为 $\lambda_1=1,\lambda_2=-3$.

从而对应的齐次线性差分方程的通解为

$$y_x=C_1+C_2(-3)^x,$$

其中 C_1,C_2 是任意常数.

其次,求非齐次线性差分方程的特解.

由于 $f(x)=x+1$,且 $\lambda=1$ 是单重特征根,所以非齐次线性差分方程的特解为

$$y_x=(Ax+B)x,$$

将其代入原方程,并比较的同次幂系数,得

$$6A+4B=1,\quad 8A=1.$$

解之,得

$$A=\frac{1}{8};\quad B=\frac{1}{16}.$$

于是,原差分方程的通解为

$$y_x=C_1+C_2(-3)^x+\frac{1}{16}x+\frac{1}{8}x^2,$$

其中 C_1,C_2 是任意常数.

例 5.3.6　求差分方程 $y_{x+2}+2y_{x+1}-3y_x=(-3)^x$ 的通解.

解:首先求对应的齐次线性差分方程 $y_{x+2}+2y_{x+1}-3y_x=0$ 的通解.

同例 5.3.5,特征方程为 $\lambda^2+2\lambda-3=0$,特征根为 $\lambda_1=1,\lambda_2=-3$. 从而对应的

齐次线性差分方程的通解为

$$y_x = C_1 + C_2(-3)^x,$$

其中 C_1, C_2 是任意常数.

其次,求非齐次线性差分方程的特解.

由于 $f(x) = (-3)^x$,且 $\lambda = -3$ 是单重特征根,所以非齐次线性差分方程的特解为

$$y_x = Ax(-3)^x,$$

将其代入原方程,得

$$A = \frac{1}{12}.$$

于是,原差分方程的通解为

$$y_x = C_1 + C_2(-3)^x + \frac{1}{12}x(-3)^x,$$

其中 C_1, C_2 是任意常数.

例 5.3.7 求差分方程 $y_{x+2} + y_{x+1} - 2y_x = 12$ 的通解及 $y_0 = 0, y_1 = 0$ 的特解.

解:首先求对应的齐次线性差分方程 $y_{x+2} + y_{x+1} - 2y_x = 0$ 的通解.

特征方程为 $\lambda^2 + \lambda - 2 = 0$,特征根为 $\lambda_1 = -2, \lambda_2 = 1$. 从而对应的齐次线性差分方程的通解为

$$y_x = C_1(-2)^x + C_2,$$

其中 C_1, C_2 是任意常数.

其次,求非齐次线性差分方程的特解.

由于 $f(x) = 12$,且 $\lambda = 1$ 是单重特征根,所以非齐次线性差分方程的特解为

$$y_x = Ax,$$

将其代入原方程,得

$$A = 4.$$

于是,原差分方程的通解为

$$y_x = C_1(-2)^x + C_2 + 4x,$$

其中 C_1, C_2 是任意常数.

对于 $y_0 = 0, y_1 = 0$,得

$$y_0 = C_1 + C_2 = 0; \quad y_1 = C_1(-2) + C_2 + 4 = 0.$$

解得 $C_1 = \frac{4}{3}, C_2 = -\frac{4}{3}$.

所以,满足条件的解为

$$y_x = \frac{4}{3}(-2)^x - \frac{4}{3} + 4x.$$

5.4　习题

求下列差分方程的通解及特解：

(1) $y_{x+1} - 5y_x = 3$, $\left(y_0 = \dfrac{7}{3}\right)$;

(2) $y_{x+1} + y_x = 2^x$, $(y_0 = 2)$;

(3) $y_{x+1} + 4y_x = 2x^2 + x - 1$, $(y_0 = 1)$;

(4) $y_{x+2} + 3y_{x+1} - \dfrac{7}{4}y_x = 9$, $(y_0 = 6, y_1 = 3)$;

(5) $y_{x+2} - 4y_{x+1} + 16y_x = 0$, $(y_0 = 0, y_1 = 1)$;

(6) $y_{x+2} - 2y_{x+1} + 2y_x = 0$, $(y_0 = 2, y_1 = 2)$.

第 6 章 偏微分方程简介

偏微分方程理论的起源可以追溯到 18 世纪对弦振动现象的讨论,它吸引了众多数学家的注意,其中有 Euler,d'Alembert,Taylor,Daniel,Bernoulli,Laplace 和 Lagrange 等.

19 世纪初,在对热传导问题的研究中,Fourier 确立了三角级数作为函数的一种表达方式的地位,极大地改变了人们对函数的认识,从此人们开始接受用级数作为表示函数的一种合法手段.

偏微分方程理论是在 19 世纪发展起来的,随着物理科学所研究的现象在广度和深度上的扩展,偏微分方程在物理学中起到了很重要的作用.同时从数学自身的角度看,偏微分方程的求解也促使了数学在函数论、变分法、级数展开、常微分方程、代数和微分几何等方面的发展.

在 19 世纪,数学家们找到了许多定解问题的解的表达式,这些表达式除了利用有限形式外,还利用了级数和积分,这大大促进了人们对函数及数学本身的理解.人们还发现,并非每个定解问题的解都可以用这些方式表达出来,即使表达出来了,也未必能够看清其意义.

19 世纪末至 20 世纪上半叶发展起来的积分方程、泛函分析以及各种广义解的理论为人们提供了研究偏微分方程的新手段和新思想,人们不再迷恋于求解的表达式,而是将注意力放在确定解的存在性和讨论解的性质等方面.

目前偏微分方程所涉及的领域越来越广,这不仅包括了物理学、化学、天文学等自然学科,同时在经济学、金融学等领域中偏微分方程理论也有着广泛的应用.

微分方程是联系着自变量、未知函数以及未知函数的某些导数(或微分)的关系式.如果微分方程中未知函数与多个(至少两个)自变量有关,则称微分方程为偏微分方程.一般形式的偏微分方程为

$$F(x_1,x_2,\cdots,x_n,u,Du,D^2u,\cdots,D^mu)=0,$$

其中 F 是其变元的已知函数,

$$Du=\left(\frac{\partial u}{\partial x_1},\frac{\partial u}{\partial x_2},\cdots,\frac{\partial u}{\partial x_n}\right),$$

$$D^ku=\frac{\partial^k u}{\partial x_1^{k_1}\partial x_2^{k_2}\cdots\partial x_n^{k_n}},$$

$k_1, k_2, \cdots, k_n$ 均为非负整数,且 $k_1 + k_2 + \cdots + k_n = k$　$(k = 1, 2, \cdots, m)$.

偏微分方程中未知函数的偏导数的最高阶数称为**偏微分方程的阶数**.如果一个偏微分方程关于未知函数及其所有偏导数都是线性的,称它为**线性偏微分方程**;如果方程只是关于最高阶偏导数是线性的,称它为**拟线性偏微分方程**;其他的称为非线性偏微分方程.

偏微分方程的解分为古典解和广义解.但在一般情况下,我们所提到的解都是古典解.

与常微分方程类似,偏微分方程可能有许多解,但是求得一个偏微分方程的所有解一般是不可能的.事实上,对于偏微分方程而言,人们真正关心的往往是满足一定条件的解,即定解问题.定解问题的研究是偏微分方程理论的中心问题.

偏微分方程的定解问题一般可以分为初值问题(柯西问题)、边值问题和混合问题.

本章作为偏微分方程初步,将主要介绍一阶、二阶偏微分方程的基本问题,使读者对偏微分方程的基础知识有所了解.

6.1　一阶偏微分方程初步

6.1.1　基本概念

形如

$$F\left(x_1, x_2, \cdots, x_n, u, \frac{\partial u}{\partial x_1}, \frac{\partial u}{\partial x_2}, \cdots, \frac{\partial u}{\partial x_n} \right) = 0 \tag{6.1.1}$$

的方程,称为**一阶偏微分方程**,其中 $x_1, x_2, \cdots, x_n$ 为自变量,u 为 $x_1, x_2, \cdots, x_n$ 的未知函数,F 是一个已知的多元函数.

如果 F 关于变元 $u, \dfrac{\partial u}{\partial x_1}, \dfrac{\partial u}{\partial x_2}, \cdots, \dfrac{\partial u}{\partial x_n}$ 是线性的,其系数为自变量 $x_1, x_2, \cdots, x_n$ 的已知函数,则方程(6.1.1)称为线性的,其特殊形式

$$\sum_{i=1}^{n} X_i(x_1, x_2, \cdots, x_n) \frac{\partial u}{\partial x_i} = 0 \tag{6.1.2}$$

称为**一阶齐次线性偏微分方程**,其中 $X_i(x_1, x_2, \cdots, x_n)$ $(i = 1, 2, \cdots, n)$ 在空间的某个区域 D 内连续,对各个自变量 $x_1, x_2, \cdots, x_n$ 的偏导数有界,且 $X_i(x_1, x_2, \cdots, x_n)$ 在 D 内不同时为零.

如果 F 关于偏导数 $\dfrac{\partial u}{\partial x_1}, \dfrac{\partial u}{\partial x_2}, \cdots, \dfrac{\partial u}{\partial x_n}$ 是线性的,而系数不仅依赖于自变量 x_1, $x_2, \cdots, x_n$,同时还可能与未知函数 u 有关,即方程具有形式

$$\sum_{i=1}^{n} X_i(x_1,x_2,\cdots,x_n,u)\frac{\partial u}{\partial x_i}=R(x_1,x_2,\cdots,x_n,u), \tag{6.1.3}$$

则称(6.1.3)式为**一阶拟线性非齐偏微分方程**,其中 $X_i(x_1,x_2,\cdots,x_n,u)$ $(i=1,2,\cdots,n)$ 和 $R(x_1,x_2,\cdots,x_n,u)$ 在 $(x_1,x_2,\cdots,x_n,u)$ 空间的某个区域 D_1 内连续且不同时为零,对各个自变量 $x_1,x_2,\cdots,x_n$ 的偏导数有界.

定义 6.1.1　如果函数 $u=\varphi(x_1,x_2,\cdots,x_n)$ 在 $(x_1,x_2,\cdots,x_n)$ 空间的某个区域内连续,且存在一阶偏导数,当将其代入方程(6.1.1)后,使得方程(6.1.1)对于自变量成为恒等式,即在 D 内有

$$F\Big(x_1,x_2,\cdots,x_n,\varphi(x_1,x_2,\cdots,x_n),\frac{\partial\varphi(x_1,x_2,\cdots,x_n)}{\partial x_1},\frac{\partial\varphi(x_1,x_2,\cdots,x_n)}{\partial x_2},\cdots,$$
$$\frac{\partial\varphi(x_1,x_2,\cdots,x_n)}{\partial x_n}\Big)\equiv 0,$$

则称 $u=\varphi(x_1,x_2,\cdots,x_n)$ 为方程(6.1.1)的解.

而其通解就是指在某区域内的一切解的表达式.和常微分方程类似,方程(6.1.1)的满足条件

$$u\big|_{x_i=x_i^0}=\varphi(x_1,\cdots,x_{i-1},x_{i+1},\cdots,x_n)$$

的解,称为**初值问题的解**,或称为**柯西问题的解**,其中 i 为 $1,2,\cdots,n$ 中的某一数, $\varphi(x_1,\cdots,x_{i-1},x_{i+1},\cdots x_n)$ 为某一给定的函数.

6.1.2　一阶常微分方程组的首次积分

在常微分方程中,我们已经比较详细地研究了一阶线性常微分方程组的解的结构及其解法,在这里,我们将给出关于一般的一阶常微分方程组

$$\begin{cases}\dfrac{\mathrm{d}y_1}{\mathrm{d}x}=f_1(x,y_1,y_2,\cdots,y_n),\\[2mm]\dfrac{\mathrm{d}y_2}{\mathrm{d}x}=f_2(x,y_1,y_2,\cdots,y_n),\\[1mm]\cdots\cdots\cdots\\[1mm]\dfrac{\mathrm{d}y_n}{\mathrm{d}x}=f_n(x,y_1,y_2,\cdots,y_n)\end{cases} \tag{6.1.4}$$

的解法.这里假定 $f_i(x,y_1,y_2,\cdots,y_n)$ $(i=1,2,\cdots,n)$ 在闭域 Ω 上连续可微.

定义 6.1.2　如果以一阶常微分方程组(6.1.4)的任何一个解 $y_1(x),y_2(x),\cdots,y_n(x)$ 代入连续可微函数 $\Phi(x,y_1,y_2,\cdots,y_n)$,使得 $\Phi(x,y_1(x),y_2(x),\cdots,y_n(x))$ 恒等于某一常数(此常数与所取的解有关),则函数 $\Phi(x,y_1,y_2,\cdots,y_n)$ 称为方程组(6.1.4)的一个**首次积分**.

例 6.1.1　求一阶常微分方程组

$$\begin{cases} \dfrac{\mathrm{d}x}{\mathrm{d}t}=y, \\[2mm] \dfrac{\mathrm{d}y}{\mathrm{d}t}=-x \end{cases}$$

的首次积分.

解：将第一式两端同乘以 x，第二式两端同乘以 y，然后两式相加，得

$$x\frac{\mathrm{d}x}{\mathrm{d}t}+y\frac{\mathrm{d}y}{\mathrm{d}t}=0,$$

即

$$\frac{\mathrm{d}}{\mathrm{d}t}(x^2+y^2)=0,$$

积分后得到关系式

$$x^2+y^2=C_1,$$

C_1 是任意常数.

同样，如果将第一式两端同乘以 y，第二式两端同乘以 x，然后两式相减，得

$$y\frac{\mathrm{d}x}{\mathrm{d}t}-x\frac{\mathrm{d}y}{\mathrm{d}t}=x^2+y^2,$$

即

$$\frac{y\dfrac{\mathrm{d}x}{\mathrm{d}t}-x\dfrac{\mathrm{d}y}{\mathrm{d}t}}{x^2+y^2}=1 \quad \text{或} \quad \frac{\mathrm{d}}{\mathrm{d}t}\left(\arctan\frac{x}{y}\right)=1,$$

可得关系式

$$\arctan\frac{x}{y}-t=C_2,$$

C_2 是任意常数.

容易验证，$\Phi_1(t,x,y)=x^2+y^2$ 与 $\Phi_2(t,x,y)=\arctan\dfrac{x}{y}-t$ 都是方程组的首次积分.

定义 6.1.3　设 $\Phi_i(x,y_1,y_2,\cdots,y_n)$ $(i=1,2,\cdots,k;k\leqslant n)$ 是定义在区域 Ω 上的一阶常微分方程组(6.1.4)的 k 个首次积分，如果矩阵

$$\begin{bmatrix} \dfrac{\partial\Phi_1}{\partial y_1} & \dfrac{\partial\Phi_1}{\partial y_2} & \cdots & \dfrac{\partial\Phi_1}{\partial y_n} \\[3mm] \dfrac{\partial\Phi_2}{\partial y_1} & \dfrac{\partial\Phi_2}{\partial y_2} & \cdots & \dfrac{\partial\Phi_2}{\partial y_n} \\[2mm] \vdots & \vdots & & \vdots \\[2mm] \dfrac{\partial\Phi_k}{\partial y_1} & \dfrac{\partial\Phi_k}{\partial y_2} & \cdots & \dfrac{\partial\Phi_k}{\partial y_n} \end{bmatrix}$$

中某个 k 阶子阵的行列式在区域 Ω 上恒不为零,则称 $\Phi_i(x,y_1,y_2,\cdots,y_n)$ $(i=1,2,\cdots,k)$ 是一阶常微分方程组(6.1.4)的 k 个独立的首次积分.

定理 6.1.1　如果 $\Phi_i(x,y_1,y_2,\cdots,y_n)$ $(i=1,2,\cdots,n)$ 是一阶常微分方程组(6.1.4)的 n 个彼此独立的首次积分,则

$$\begin{cases} \Phi_1(x,y_1,y_2,\cdots,y_n)=C_1 \\ \Phi_2(x,y_1,y_2,\cdots,y_n)=C_2 \\ \cdots\cdots\cdots \\ \Phi_n(x,y_1,y_2,\cdots,y_n)=C_n \end{cases} \tag{6.1.5}$$

就是一阶常微分方程组(6.1.4)的通解,其中 $C_1,C_2,\cdots,C_n$ 是任意常数.

例 6.1.2　求一阶常微分方程组

$$\begin{cases} \dfrac{\mathrm{d}x}{\mathrm{d}t}=y, \\ \dfrac{\mathrm{d}y}{\mathrm{d}t}=-x \end{cases}$$

的通解.

解:由例 6.1.1 可知

$$\Phi_1(t,x,y)=x^2+y^2,$$
$$\Phi_2(t,x,y)=\arctan\frac{x}{y}-t$$

是原方程组的两个首次积分,且可以验证它们是彼此独立的,因此,原方程组的通解为

$$\begin{cases} x^2+y^2=C_1, \\ \arctan\dfrac{x}{y}-t=C_2, \end{cases}$$

其中 C_1,C_2 是任意常数.

6.1.3　一阶齐次线性偏微分方程的解法

在本节中,我们讨论一阶齐次线性偏微分方程

$$\sum_{i=1}^{n} X_i(x_1,x_2,\cdots,x_n)\frac{\partial u}{\partial x_i}=0 \tag{6.1.2}$$

的通解和柯西问题的解法.其中 $X_i(x_1,x_2,\cdots,x_n)$ $(i=1,2,\cdots,n)$ 在 $(x_1,x_2,\cdots,x_n)$ 空间的某个区域 D 内连续,对各个自变量 $x_1,x_2,\cdots x_n$ 的偏导数有界,且 $X_i(x_1,x_2,\cdots,x_n)$ 在 D 内不同时为零.

为求得(6.1.2)式的解,我们首先引进如下几个概念.

定义 6.1.4　对于一阶齐次线性偏微分方程

$$\sum_{i=1}^{n} X_i(x_1, x_2, \cdots, x_n)\frac{\partial u}{\partial x_i} = 0 \tag{6.1.2}$$

来说,常微分方程组

$$\frac{\mathrm{d}x_1}{X_1(x_1, x_2, \cdots, x_n)} = \frac{\mathrm{d}x_2}{X_2(x_1, x_2, \cdots, x_n)} = \cdots = \frac{\mathrm{d}x_n}{X_n(x_1, x_2, \cdots, x_n)} \tag{6.1.6}$$

称为一阶齐次线性偏微分方程(6.1.2)的**特征方程组**,并将特征方程组(6.1.6)的一个解称为(6.1.2)的**特征曲线**,或简称为**特征**.

定理 6.1.2 连续可微函数 $u = \Phi(x_1, x_2, \cdots, x_n)$ 是一阶齐次线性偏微分方程(6.1.2)的解的充分必要条件为:$\Phi(x_1, x_2, \cdots, x_n)$ 是特征方程组(6.1.6)的一个首次积分.

定理 6.1.3 如果 $\Phi_i(x, x_1, x_2, \cdots, x_n)$ $(i = 1, 2, \cdots, n-1)$ 是特征方程组(6.1.6)的 $n-1$ 个彼此独立的首次积分,则它们的任意连续可微函数 $u = \Psi(\Phi_1, \Phi_2, \cdots, \Phi_{n-1})$ 是一阶齐次线性偏微分方程(6.1.2)的通解.

例 6.1.3 求方程

$$x\frac{\partial u}{\partial x} - 2y\frac{\partial u}{\partial y} - z\frac{\partial u}{\partial z} = 0$$

的通解.

解:特征方程组为

$$\frac{\mathrm{d}x}{x} = \frac{\mathrm{d}y}{-2y} = \frac{\mathrm{d}z}{-z}.$$

由

$$\frac{\mathrm{d}x}{x} = \frac{\mathrm{d}y}{-2y}$$

可求得一个首次积分

$$\Phi_1 = x\sqrt{y};$$

由

$$\frac{\mathrm{d}x}{x} = \frac{\mathrm{d}z}{-z}$$

可求得另一个首次积分

$$\Phi_2 = xz.$$

且可以验证 Φ_1, Φ_2 在 $xyz \neq 0$ 时是相互独立的,所以,原方程的通解为

$$u = \Psi(x\sqrt{y}, xz),$$

其中 Ψ 是任意的二元连续可微函数.

例 6.1.4 求方程

$$(z-y)\frac{\partial u}{\partial x}+(x-z)\frac{\partial u}{\partial y}+(y-x)\frac{\partial u}{\partial z}=0$$

的通解.

解:特征方程组为

$$\frac{\mathrm{d}x}{z-y}=\frac{\mathrm{d}y}{x-z}=\frac{\mathrm{d}z}{y-x}.$$

由合比定理,得

$$\frac{\mathrm{d}x}{z-y}=\frac{\mathrm{d}y}{x-z}=\frac{\mathrm{d}z}{y-x}=\frac{\mathrm{d}(x+y+z)}{0},$$

即

$$\mathrm{d}(x+y+z)=0.$$

于是,得到一个首次积分为

$$\Phi_1=x+y+z.$$

另外,由特征方程组,有

$$\frac{2x\mathrm{d}x}{2x(z-y)}=\frac{2y\mathrm{d}y}{2y(x-z)}=\frac{2z\mathrm{d}z}{2z(y-x)}=\frac{\mathrm{d}(x^2+y^2+z^2)}{0},$$

即

$$\mathrm{d}(x^2+y^2+z^2)=0.$$

于是,得到另一个首次积分为

$$\Phi_2=x^2+y^2+z^2,$$

且可以验证 Φ_1,Φ_2 是彼此独立的,所以原方程的通解为

$$u=\Psi(x+y+z,x^2+y^2+z^2),$$

其中 Ψ 是任意的二元连续可微函数.

例 6.1.5 求柯西问题

$$\begin{cases} -y\dfrac{\partial u}{\partial x}+x\dfrac{\partial u}{\partial y}=0, \\ u|_{x=0}=y^2 \end{cases}$$

的解.

解:特征方程为

$$\frac{\mathrm{d}x}{-y}=\frac{\mathrm{d}y}{x},$$

首次积分为 $\Phi=x^2+y^2$,从而通解为

$$u=\Psi(x^2+y^2),$$

其中 Ψ 是任意的连续可微函数.

由初始条件,可得

$$\Psi(y^2)=y^2,$$

因而,有

$$\Psi(x^2+y^2)=x^2+y^2,$$

所以,柯西问题的解为

$$u=x^2+y^2.$$

6.1.4　一阶拟线性非齐偏微分方程的解法

在本节中,我们将讨论一阶拟线性非齐偏微分方程

$$\sum_{i=1}^{n} X_i(x_1,x_2,\cdots,x_n,u)\frac{\partial u}{\partial x_i}=R(x_1,x_2,\cdots,x_n,u) \tag{6.1.3}$$

的通解和柯西问题的解法. 其中 $X_i(x_1,x_2,\cdots,x_n,u)$ $(i=1,2,\cdots,n)$ 和 $R(x_1,x_2,\cdots,x_n,u)$ 在 $(x_1,x_2,\cdots,x_n,u)$ 空间的某个区域 D_1 内连续且不同时为零,对各个自变量 $x_1,x_2,\cdots,x_n$ 的偏导数有界.

与一阶齐次线性偏微分方程类似,为求得(6.1.3)式的解,我们需要引进特征方程组的概念.

定义 6.1.5　对于一阶拟线性非齐偏微分方程

$$\sum_{i=1}^{n} X_i(x_1,x_2,\cdots,x_n,u)\frac{\partial u}{\partial x_i}=R(x_1,x_2,\cdots,x_n,u), \tag{6.1.3}$$

称常微分方程组

$$\frac{\mathrm{d}x_1}{X_1(x_1,x_2,\cdots,x_n,u)}=\frac{\mathrm{d}x_2}{X_2(x_1,x_2,\cdots,x_n,u)}=\cdots=\frac{\mathrm{d}x_n}{X_n(x_1,x_2,\cdots,x_n,u)}$$
$$=\frac{\mathrm{d}u}{R(x_1,x_2,\cdots,x_n,u)} \tag{6.1.7}$$

为一阶拟线性非齐偏微分方程(6.1.3)的**特征方程组**.

定理 6.1.4　如果 $\Phi_i(x,x_1,x_2,\cdots,x_n,u)$ $(i=1,2,\cdots,n)$ 是特征方程组(6.1.7)的 n 个彼此独立的首次积分,则 $\Psi(\Phi_1,\Phi_2,\cdots,\Phi_n)=0$ 是一阶拟线性非齐偏微分方程(6.1.3)的通解,其中 Ψ 是任意的 n 元连续可微函数.

例 6.1.6　求方程

$$\left(1+\sqrt{u-x-y}\right)\frac{\partial u}{\partial x}+\frac{\partial u}{\partial y}=2$$

的通解.

解:特征方程组为

$$\frac{\mathrm{d}x}{1+\sqrt{u-x-y}}=\frac{\mathrm{d}y}{1}=\frac{\mathrm{d}u}{2},$$

由

$$\frac{\mathrm{d}y}{1} = \frac{\mathrm{d}u}{2}$$

得到一个首次积分为

$$\Phi_1 = u - 2y;$$

另外,由特征方程组,利用合比定理,有

$$\frac{\mathrm{d}y}{1} = \frac{\mathrm{d}(u-x-y)}{-\sqrt{u-x-y}},$$

得到另一个首次积分为

$$\Phi_2 = 2\sqrt{u-x-y} + y.$$

且可以验证 Φ_1, Φ_2 是彼此独立的,所以原方程的通解为

$$\Psi(u-2y, 2\sqrt{u-x-y}+y) = 0,$$

其中 Ψ 是任意的二元连续可微函数.

例 6.1.7 求柯西问题

$$\begin{cases} \dfrac{\partial u}{\partial x} + \dfrac{\partial u}{\partial y} = 1, \\ u|_{x=0} = 1-y \end{cases}$$

的解.

解:特征方程组为

$$\frac{\mathrm{d}x}{1} = \frac{\mathrm{d}y}{1} = \frac{\mathrm{d}u}{1},$$

两个彼此独立的首次积分分别为

$$\Phi_1 = x - y \quad \text{与} \quad \Phi_2 = x - u.$$

令 $C_1 = x-y, C_2 = x-u$,并利用 $x=0, u=1-y$,消去 x, y, u,得

$$-C_2 = 1 + C_1,$$

于是

$$-(x-u) = 1 + (x-y),$$

即

$$2x - y - u + 1 = 0$$

为柯西问题的解.

例 6.1.8 求柯西问题

$$\begin{cases} x^2 \dfrac{\partial u}{\partial x} + u \dfrac{\partial u}{\partial y} = 1, \\ x+y = 1, u = 0 \end{cases}$$

的解.

　　解:特征方程组为

$$\frac{\mathrm{d}x}{x^2}=\frac{\mathrm{d}y}{u}=\frac{\mathrm{d}u}{1},$$

两个彼此独立的首次积分分别为

$$\varPhi_1=u+\frac{1}{x}\text{ 与 }\varPhi_2=2y-u^2.$$

令 $C_1=u+\dfrac{1}{x}$, $C_2=2y-u^2$,并利用 $x+y=1$, $u=0$,消去 x,y,u,得

$$\frac{1}{C_1}+\frac{C_2}{2}\quad\text{或}\quad C_1(2-C_2)=2,$$

于是

$$\left(u+\frac{1}{x}\right)(2-2y+u^2)=2$$

为柯西问题的解.

6.2　二阶偏微分方程初步

　　本节我们将介绍在偏微分方程中具有代表性的二阶偏微分方程,研究二阶线性偏微分方程的分类、定解问题,并对其解法进行简单介绍.

6.2.1　二阶线性偏微分方程的分类与标准型

6.2.1.1　两个自变量的二阶方程的分类与标准型

　　对于两个自变量的二阶线性偏微分方程,其一般形式为

$$a_{11}u_{xx}+2a_{12}u_{xy}+a_{22}u_{yy}+b_1u_x+b_2u_y+cu=f,\tag{6.2.1}$$

这里 $a_{11},a_{12},a_{22},b_1,b_2,c,f$ 都是自变量 x,y 在某一区域 Ω 上的连续可微的实函数.我们希望通过自变量的变换与未知函数的变化使方程(6.2.1)简化,并在此基础上对方程进行分类.

　　下面我们对方程(6.2.1)在区域 Ω 的某点 (x_0,y_0) 的附近进行简化.为此作自变量的变换

$$\xi=\xi(x,y),\quad\eta=\eta(x,y).\tag{6.2.2}$$

假设变换(6.2.1)式是二次连续可微函数,并且函数行列式(Jacobi 行列式)

$$\frac{D(\xi,\eta)}{D(x,y)}=\begin{vmatrix}\xi_x & \xi_y\\\eta_x & \eta_y\end{vmatrix}$$

在点 (x_0,y_0) 不等于零,根据隐函数存在定理,在点 (x_0,y_0) 附近变换(6.2.1)式是可逆的.于是利用变换(6.2.1)式,可以将方程(6.2.1)化成为关于 ξ,η 的偏微分方

程

$$\bar{a}_{11}u_{\xi\xi}+2\bar{a}_{12}u_{\xi\eta}+\bar{a}_{22}u_{\eta\eta}+\bar{b}_1u_\xi+\bar{b}_2u_\eta+\bar{c}u=\bar{f}. \tag{6.2.3}$$

由于

$$u_x=u_\xi\xi_x+u_\eta\eta_x,$$
$$u_y=u_\xi\xi_y+u_\eta\eta_y,$$
$$u_{xx}=u_{\xi\xi}\xi_x^2+2u_{\xi\eta}\xi_x\eta_x+u_{\eta\eta}\eta_x^2+u_\xi\xi_{xx}+u_\eta\eta_{xx},$$
$$u_{xy}=u_{\xi\xi}\xi_x\xi_y+u_{\xi\eta}(\xi_x\eta_y+\xi_y\eta_x)+u_{\eta\eta}\eta_x\eta_y+u_\xi\xi_{xy}+u_\eta\eta_{xy},$$
$$u_{yy}=u_{\xi\xi}\xi_y^2+2u_{\xi\eta}\xi_y\eta_y+u_{\eta\eta}\eta_y^2+u_\xi\xi_{yy}+u_\eta\eta_{yy}.$$

从而方程(6.2.3)中的 $\bar{a}_{11},\bar{a}_{12},\bar{a}_{22}$ 为

$$\bar{a}_{11}=a_{11}\xi_x^2+2a_{12}\xi_x\xi_y+a_{22}\xi_y^2,$$
$$\bar{a}_{12}=a_{11}\xi_x\eta_x+a_{12}(\xi_x\eta_y+\xi_y\eta_x)+a_{22}\xi_y\eta_y, \tag{6.2.4}$$
$$\bar{a}_{22}=a_{11}\eta_x^2+2a_{12}\eta_x\eta_y+a_{22}\eta_y^2.$$

现在只需设法选取变换(6.2.1)式,使方程(6.2.3)的二阶偏导数项化成最简单的形式即可.注意到(6.2.4)式中的第一式和第三式的形式是完全相同的.于是若能得到方程

$$a_{11}\varphi_x^2+2a_{12}\varphi_x\varphi_y+a_{22}\varphi_y^2=0 \tag{6.2.5}$$

的两个函数无关(即 Jacobi 行列式不为零)的解 $\varphi=\varphi_1(x,y)$ 和 $\varphi=\varphi_2(x,y)$,我们就取

$$\xi=\varphi_1(x,y), \quad \eta=\varphi_2(x,y).$$

此时,方程(6.2.3)中的系数 $\bar{a}_{11},\bar{a}_{22}$ 就变为零,方程(6.2.3)就可以得到简化.

下面我们考察这种选取的可能性.

事实上,方程(6.2.5)可改写成

$$a_{11}\left(-\frac{\varphi_x}{\varphi_y}\right)^2-2a_{12}\left(-\frac{\varphi_x}{\varphi_y}\right)+a_{22}=0, \tag{6.2.6}$$

并把

$$\varphi(x,y)=常数$$

作为定义函数 $y=y(x)$ 的隐方程,则由隐函数的微商公式,有

$$\frac{\mathrm{d}y}{\mathrm{d}x}=-\frac{\varphi_x}{\varphi_y}.$$

于是,(6.2.6)式成为

$$a_{11}\left(\frac{\mathrm{d}y}{\mathrm{d}x}\right)^2-2a_{12}\left(\frac{\mathrm{d}y}{\mathrm{d}x}\right)+a_{22}=0. \tag{6.2.7}$$

我们称方程(6.2.7)为(6.2.1)的特征方程.因此,要简化方程(6.2.1),应先求特征方程(6.2.7)的解.现将特征方程(6.2.7)分解成两个方程

$$\frac{\mathrm{d}y}{\mathrm{d}x}=\frac{a_{12}+\sqrt{a_{12}^2-a_{11}a_{22}}}{a_{11}},\qquad\qquad (6.2.7\mathrm{a})$$

$$\frac{\mathrm{d}y}{\mathrm{d}x}=\frac{a_{12}-\sqrt{a_{12}^2-a_{11}a_{22}}}{a_{11}}.\qquad\qquad (6.2.7\mathrm{b})$$

这时有三种情况:

情况 I. 在点 (x_0,y_0) 附近,当 $\Delta=a_{12}^2-a_{11}a_{12}>0$ 时,方程(6.2.7a)与(6.2.7b)可分别求得各自的实值解 $\varphi_1(x,y)=c_1$ 和 $\varphi_2(x,y)=c_2$,于是作变换

$$\xi=\varphi_1(x,y),\quad \eta=\varphi_2(x,y),$$

(6.2.3)式成为

$$u_{\xi\eta}=Au_\xi+Bu_\eta+Cu+D\qquad\qquad (6.2.8)$$

的形式,其中 A,B,C,D 为 ξ,η 的函数.

如果在(6.2.8)式中再作自变量 ξ,η 的变换

$$\xi=\frac{1}{2}(s+t),\quad \eta=\frac{1}{2}(s-t)$$

则方程(6.2.8)可化为

$$u_{ss}-u_{tt}=A_1u_s+B_1u_t+C_1u+D_1\qquad\qquad (6.2.9)$$

的形式.

情况 I. 在点 (x_0,y_0) 附近,当 $\Delta=a_{12}^2-a_{11}a_{22}\equiv0$ 时,方程(6.2.7a)与(6.2.7b)是一致的,可求得一个实值解 $\varphi_1(x,y)=c_1$,这时可任选一函数 $\varphi=\varphi_2(x,y)$,只要使两个函数 $\varphi_1(x,y)$ 和 $\varphi_2(x,y)$ 无关即可,于是作变换

$$\xi=\varphi_1(x,y),\quad \eta=\varphi_2(x,y),$$

(6.2.3)式可化成为

$$u_{\eta\eta}=Au_\xi+Bu_\eta+Cu+D\qquad\qquad (6.2.10)$$

的形式,其中 A,B,C,D 为 ξ,η 的函数.

情况 III. 在点 (x_0,y_0) 附近,当 $\Delta=a_{12}^2-a_{11}a_{22}<0$ 时,特征方程(6.2.7)的解只能是复函数.现假设求得方程(6.2.7a)的一个解为

$$\varphi(x,y)=\varphi_1(x,y)+\mathrm{i}\varphi_2(x,y)=c,$$

这里 $\varphi_1(x,y),\varphi_2(x,y)$ 是实值函数.于是作变换

$$\xi=\varphi_1(x,y),\quad \eta=\varphi_2(x,y),$$

(6.2.3)式可化成为

$$u_{\xi\xi}+u_{\eta\eta}=Au_\xi+Bu_\eta+Cu+D\qquad\qquad (6.2.11)$$

的形式,其中 A,B,C,D 为 ξ,η 的函数.

根据上述几种情况的分析,我们可以相应地定义方程(6.2.1)在某点 (x_0,y_0) 处的类型:

(1)若 $\Delta=a_{12}^2-a_{11}a_{22}>0$,则称方程(6.2.1)在点 (x_0,y_0) 为**双曲型**的;

(2)若 $\Delta=a_{12}^2-a_{11}a_{22}=0$,则称方程(6.2.1)在点 (x_0,y_0) 为**抛物型**的;

(3)若 $\Delta=a_{12}^2-a_{11}a_{22}<0$,则称方程(6.2.1)在点 (x_0,y_0) 为**椭圆型**的.

更进一步,如果方程(6.2.1)在区域 Ω 内的每一点均为双曲型的,则称方程 (6.2.1)在区域 Ω 内是双曲型的;同样,如果方程(6.2.1)在区域 Ω 内的每一点均 为抛物型的,则称方程(6.2.1)在区域 Ω 内是抛物型的;如果方程(6.2.1)在区域 Ω 内的每一点均为椭圆型的,则称方程(6.2.1)在区域 Ω 内是椭圆型的.

方程(6.2.8)(或(6.2.9))、(6.2.10)、(6.2.11)分别称为双曲型、抛物型、椭圆 型的标准形式.

例 6.2.1　试判断 Tricomi 方程

$$y\frac{\partial^2 u}{\partial x^2}+\frac{\partial^2 u}{\partial y^2}=0$$

的类型.

解:因为 $\Delta=-y$,所以

当 $y>0$ 时,$\Delta<0$,方程为椭圆型的;

当 $y<0$ 时,$\Delta>0$,方程为双曲型的;

当 $y=0$ 时,$\Delta=0$,方程为抛物型的.

从例 6.2.1 中我们可以看出,上述对方程的分类并没有包括所有的情况,请读 者注意. 类似于例 6.2.1 的情况的方程,也称为混合型的.

6.2.1.2　多个自变量的二阶方程的分类

考察一般的多个自变量的二阶线性偏微分方程,其形式为

$$\sum_{i,j=1}^n a_{ij}\frac{\partial^2 u}{\partial x\partial y}+\sum_{i=1}^n b_i\frac{\partial u}{\partial x_i}+cu=f,\tag{6.2.12}$$

其中 a_{ij},b_i,c,f 是 n 维空间 $(x_1,x_2,\cdots,x_n)$ 中某区域 Ω 内的连续函数,并且 $a_{ij}=a_{ji}$.

对于多个自变量的二阶线性偏微分方程可定义方程(6.2.12)在某点 $P(x_1^0,$ $x_2^0,\cdots,x_n^0)$ 的二次型

$$A(\lambda)=\sum_{i,j=1}^n a_{ij}(P)\lambda_i\lambda_j.\tag{6.2.13}$$

若二次型(6.2.13)式为正定或负定的,则称方程(6.2.12)在点 $P(x_1^0,x_2^0,\cdots,$ $x_n^0)$ 为椭圆型的;若二次型(6.2.13)式为退化的,则称为抛物型的;若二次型 (6.2.13)式既不为退化的,也不为正定或负定的,则称为双曲型的.

需要补充的是,若二次型(6.2.13)式在点 $P(x_1^0,x_2^0,\cdots,x_n^0)$ 不为正定或负定 的,亦不为退化的,又不为双曲型的,则称它为超双曲型的.

与两个自变量的情形相类似,我们可以作出方程在某一区域 Ω 内为椭圆型、

抛物型、双曲型、超双曲型和混合型的定义.

6.2.2　热传导方程、波动方程、位势方程的定解问题

前面我们已经讨论了方程的分类与标准型的问题,其中最为主要的就是对热传导方程、波动方程、位势方程的讨论与研究.这里给出的是三维方程的形式:

(1)热传导方程:$\dfrac{\partial u}{\partial t}=a^2\left(\dfrac{\partial^2 u}{\partial x^2}+\dfrac{\partial^2 u}{\partial y^2}+\dfrac{\partial^2 u}{\partial z^2}\right)+f(x,y,z,t)$,抛物型方程的代表;

(2)波动方程:$\dfrac{\partial^2 u}{\partial t^2}=a^2\left(\dfrac{\partial^2 u}{\partial x^2}+\dfrac{\partial^2 u}{\partial y^2}+\dfrac{\partial^2 u}{\partial z^2}\right)+f(x,y,z,t)$,双曲型方程的代表;

(3)位势方程:$\dfrac{\partial^2 u}{\partial x^2}+\dfrac{\partial^2 u}{\partial y^2}+\dfrac{\partial^2 u}{\partial z^2}=0$(或$=f(x,y,z)$),椭圆型方程的代表,

其中 a 是常数,$f(x,y,z,t)$是已知函数.

下面我们分别以较少的自变量个数给出这三类方程的定解问题.

6.2.2.1　热传导方程的定解问题

对于三维热传导方程

$$\frac{\partial u}{\partial t}=a^2\left(\frac{\partial^2 u}{\partial x^2}+\frac{\partial^2 u}{\partial y^2}+\frac{\partial^2 u}{\partial z^2}\right)+f(x,y,z,t) \qquad (6.2.14)$$

的定解问题就是在已给的初始条件与边界条件下求方程的解.

设(x,y,z)的定义区域为G,记 G 的边界为∂G.

初始条件:

$$u|_{t=t_0}=\varphi(x,y,z),\quad (x,y,z)\in G,$$

其中 $\varphi(x,y,z)$为已知函数.

边界条件有三种:

第一边值条件:$u|_{\partial G}=\psi(x,y,z,t),\qquad (x,y,z)\in\partial G,t\geqslant t_0$,

其中 $\psi(x,y,z,t)$为已知函数.

第二边值条件:$\dfrac{\partial u}{\partial n}\bigg|_{\partial G}=\psi(x,y,z,t),\qquad (x,y,z)\in\partial G,t\geqslant t_0$,

其中 $\psi(x,y,z,t)$为已知函数.

第三边值条件:$\left(\dfrac{\partial u}{\partial n}+\sigma u\right)\bigg|_{\partial G}=\psi(x,y,z,t),\qquad (x,y,z)\in\partial G,t\geqslant t_0$,

其中 $\psi(x,y,z,t)$为已知函数.

于是,三维热传导方程(6.2.14)的定解问题有:

(1)柯西问题(也称初值问题)

$$\begin{cases}\dfrac{\partial u}{\partial t}=a^2\left(\dfrac{\partial^2 u}{\partial x^2}+\dfrac{\partial^2 u}{\partial y^2}+\dfrac{\partial^2 u}{\partial z^2}\right)+f(x,y,z,t) & ((x,y,z)\in R^3,t>0),\\[2mm] u|_{t=0}=\varphi(x,y,z) & ((x,y,z)\in R^3).\end{cases}$$

(2)混合问题(即既有初始条件,也有边界条件的情况.有时也称混合问题为边值问题)

其中典型的边值问题有:

第一边值问题:

$$
\begin{cases}
\dfrac{\partial u}{\partial t}=a^2\left(\dfrac{\partial^2 u}{\partial x^2}+\dfrac{\partial^2 u}{\partial y^2}+\dfrac{\partial^2 u}{\partial z^2}\right)+f(x,y,z,t)\quad ((x,y,z)\in G,t>0),\\[2mm]
u|_{\partial G}=\psi(x,y,z)\quad (t>0),\\[2mm]
u|_{t=0}=\varphi(x,y,z)\quad ((x,y,z)\in G).
\end{cases}
$$

第二边值问题:

$$
\begin{cases}
\dfrac{\partial u}{\partial t}=a^2\left(\dfrac{\partial^2 u}{\partial x^2}+\dfrac{\partial^2 u}{\partial y^2}+\dfrac{\partial^2 u}{\partial z^2}\right)+f(x,y,z,t)\quad ((x,y,z)\in G,t>0),\\[2mm]
\dfrac{\partial u}{\partial n}\Big|_{\partial G}=\psi(x,y,z)\quad (t>0),\\[2mm]
u|_{t=0}=\varphi(x,y,z)\quad ((x,y,z)\in G).
\end{cases}
$$

特别地,对于一维热传导方程的定解问题有:

(1)柯西问题

$$
\begin{cases}
\dfrac{\partial u}{\partial t}=a^2\dfrac{\partial^2 u}{\partial x^2}+f(x,t)\quad (x\in R,t>0),\\[2mm]
u|_{t=0}=\varphi(x)\quad (x\in R).
\end{cases}
$$

(2)混合问题(边值问题)

其中典型的边值问题有:

第一边值问题:

$$
\begin{cases}
\dfrac{\partial u}{\partial t}=a^2\dfrac{\partial^2 u}{\partial x^2}+f(x,t)\quad (x\in[0,l],t>0),\\[2mm]
u|_{x=0}=\mu(t),\quad u|_{x=l}=v(t)\quad (t\geqslant 0),\\[2mm]
u|_{t=0}=\varphi(x)\quad (x\in[0,l]).
\end{cases}
$$

第二边值问题:

$$
\begin{cases}
\dfrac{\partial u}{\partial t}=a^2\dfrac{\partial^2 u}{\partial x^2}+f(x,t)\quad (x\in[0,l],t>0),\\[2mm]
u_x|_{x=0}=\mu(t),\quad u_x|_{x=l}=v(t)\quad (t\geqslant 0),\\[2mm]
u|_{t=0}=\varphi(x)\quad (x\in[0,l]).
\end{cases}
$$

6.2.2.2　波动方程的定解问题

考虑二维波动方程

$$
\frac{\partial^2 u}{\partial t^2}=a^2\left(\frac{\partial^2 u}{\partial x^2}+\frac{\partial^2 u}{\partial y^2}\right)+f(x,y,t),\tag{6.2.15}
$$

设(x,y)的定义区域为 D,记 D 的边界为 ∂D.

初始条件：
$$u|_{t=0}=\varphi(x,y),\quad u_t|_{t=0}=\phi(x,y)\quad (x,y)\in D,$$
其中 $\varphi(x,y),\phi(x,y)$ 为已知函数.

边界条件有三种：

第一边值条件：$u|_{\partial D}=\psi(x,y,t),\qquad (x,y)\in\partial D,t\geqslant 0,$
其中 $\psi(x,y,t)$ 为已知函数.

第二边值条件：$\dfrac{\partial u}{\partial n}\Big|_{\partial D}=\psi(x,y,t),\qquad (x,y)\in\partial D,t\geqslant 0,$
其中 $\psi(x,y,t)$ 为已知函数.

第三边值条件：$\left(\dfrac{\partial u}{\partial n}+\sigma u\right)\Big|_{\partial D}=\psi(x,y,t),\qquad (x,y)\in\partial D,t\geqslant 0,$
其中 $\psi(x,y,t)$ 为已知函数.

于是,二维波动方程(6.2.15)的定解问题有：

(1)柯西问题
$$\begin{cases}\dfrac{\partial^2 u}{\partial t^2}=a^2\left(\dfrac{\partial^2 u}{\partial x^2}+\dfrac{\partial^2 u}{\partial y^2}\right)+f(x,y,t)\quad ((x,y)\in R^2,t>0),\\ u|_{t=0}=\varphi(x,y),\quad u_t|_{t=0}=\phi(x,y)\quad ((x,y)\in R^2).\end{cases}$$

(2)混合问题(边值问题)

其中典型的边值问题有：

第一边值问题：
$$\begin{cases}\dfrac{\partial^2 u}{\partial t^2}=a^2\left(\dfrac{\partial^2 u}{\partial x^2}+\dfrac{\partial^2 u}{\partial y^2}\right)+f(x,y,t)\quad ((x,y)\in D,t>0),\\ u|_{\partial D}=\psi(x,y,t)\quad (t>0),\\ u|_{t=0}=\varphi(x,y),\quad u_t|_{t=0}=\phi(x,y)\quad ((x,y)\in D).\end{cases}$$

第二边值问题：
$$\begin{cases}\dfrac{\partial^2 u}{\partial t^2}=a^2\left(\dfrac{\partial^2 u}{\partial x^2}+\dfrac{\partial^2 u}{\partial y^2}\right)+f(x,y,t)\quad ((x,y)\in D,t>0),\\ \dfrac{\partial u}{\partial n}\Big|_{\partial D}=\psi(x,y,t)\quad (t>0),\\ u|_{t=0}=\varphi(x,y),\quad u_t|_{t=0}=\phi(x,y)\quad ((x,y)\in D).\end{cases}$$

特别地,对于一维波动方程(也称为弦振动方程)的定解问题有：

(1)柯西问题
$$\begin{cases}\dfrac{\partial^2 u}{\partial t^2}=a^2\dfrac{\partial^2 u}{\partial x^2}+f(x,t)\quad (x\in R,t>0),\\ u|_{t=0}=\varphi(x),\quad u_t|_{t=0}=\phi(x)\quad (x\in R).\end{cases}$$

（2）混合问题（边值问题）

其中典型的边值问题有：

第一边值问题：

$$\begin{cases} \dfrac{\partial^2 u}{\partial t^2}=a^2\dfrac{\partial^2 u}{\partial x^2}+f(x,t) & (x\in[0,l],t>0), \\[2mm] u\big|_{x=0}=\mu(t),\quad u\big|_{x=l}=v(t) & (t\geqslant0), \\[2mm] u\big|_{t=0}=\varphi(x),\quad u_t\big|_{t=0}=\phi(x) & (x\in[0,l]). \end{cases}$$

第二边值问题：

$$\begin{cases} \dfrac{\partial^2 u}{\partial t^2}=a^2\dfrac{\partial^2 u}{\partial x^2}+f(x,t) & (x\in[0,l],t>0), \\[2mm] u_x\big|_{x=0}=\mu(t),\quad u_x\big|_{x=l}=v(t) & (t\geqslant0), \\[2mm] u\big|_{t=0}=\varphi(x),\quad u_t\big|_{t=0}=\phi(x) & (x\in[0,l]). \end{cases}$$

6.2.2.3　位势方程的定解问题

在位势方程中（以三维方程为例），方程

$$\frac{\partial^2 u}{\partial x^2}+\frac{\partial^2 u}{\partial y^2}+\frac{\partial^2 u}{\partial z^2}=0$$

称为**调和方程**（Laplace 方程）；方程

$$\frac{\partial^2 u}{\partial x^2}+\frac{\partial^2 u}{\partial y^2}+\frac{\partial^2 u}{\partial z^2}=f(x,y,z)$$

称为 **Poisson 方程**.

对于位势方程而言，其定解问题只有边界条件而没有初始条件，但我们仍称定解问题为边值问题，典型的位势方程的定解问题有：

第一边值问题（也称 Dirichlet 问题）：

$$\begin{cases} \dfrac{\partial^2 u}{\partial x^2}+\dfrac{\partial^2 u}{\partial y^2}+\dfrac{\partial^2 u}{\partial z^2}=f(x,y,z) & ((x,y,z)\in G), \\[2mm] u\big|_{\partial G}=\varphi(x,y,z). \end{cases}$$

第二边值问题（也称 Neumann 问题）：

$$\begin{cases} \dfrac{\partial^2 u}{\partial x^2}+\dfrac{\partial^2 u}{\partial y^2}+\dfrac{\partial^2 u}{\partial z^2}=f(x,y,z) & ((x,y,z)\in G), \\[2mm] \dfrac{\partial u}{\partial n}\Big|_{\partial G}=\varphi(x,y,z). \end{cases}$$

第三边值问题（也称 Robin 问题）：

$$\begin{cases} \dfrac{\partial^2 u}{\partial x^2}+\dfrac{\partial^2 u}{\partial y^2}+\dfrac{\partial^2 u}{\partial z^2}=f(x,y,z) & ((x,y,z)\in G), \\[2mm] \left(\dfrac{\partial u}{\partial n}+\sigma u\right)\Big|_{\partial G}=\varphi(x,y,z) & (\sigma>0), \end{cases}$$

最后,作为本章的结束,需要说明的是,在二阶偏微分方程的介绍中,我们仅仅指出了方程的定解问题,而没有研究解的存在性、唯一性和稳定性,即适定性问题,也没有给出求定解的具体方法,有兴趣的读者可以参阅《数学物理方程》[①],利用书中介绍的齐次化原理以及分离变量等方法进行求解,这里不再赘述.

6.3　习题

1. 求下列一阶偏微分方程的解:

(1) $\dfrac{\partial u}{\partial x} + \dfrac{\partial u}{\partial y} + \dfrac{\partial u}{\partial z} = 0$;

(2) $x_1 \dfrac{\partial u}{\partial x_1} + x_2 \dfrac{\partial u}{\partial x_2} + \cdots + x_n \dfrac{\partial u}{\partial x_n} = 0$;

(3) $(y - bz)\dfrac{\partial z}{\partial x} + (x - az)\dfrac{\partial z}{\partial y} = bx - ay$.

2. 求下列一阶偏微分方程柯西问题的解:

(1) $(y - bz)\dfrac{\partial z}{\partial x} + (x - az)\dfrac{\partial z}{\partial y} = bx - ay, x = 0, z = y$;

(2) $y\dfrac{\partial z}{\partial x} - x\dfrac{\partial z}{\partial y} = x^2 - y^2, x + y = 0, z = 0$.

3. 判断方程类型,并将其化为标准型:

(1) $\dfrac{\partial^2 u}{\partial t^2} = a^2 \dfrac{\partial^2 u}{\partial x^2}$;

(2) $x^2 \dfrac{\partial^2 u}{\partial x^2} + 2xy\dfrac{\partial^2 u}{\partial x \partial y} - 3y^2 \dfrac{\partial^2 u}{\partial y^2} - 2x\dfrac{\partial u}{\partial x} + 4y\dfrac{\partial u}{\partial y} + 16x^4 u = 0$;

(3) $(\tan x)^2 \dfrac{\partial^2 u}{\partial x^2} + 2(\tan x)y\dfrac{\partial^2 u}{\partial x \partial y} + y^2 \dfrac{\partial^2 u}{\partial y^2} + (\tan x)^3 \dfrac{\partial u}{\partial x} = 0$;

(4) $y^2 \dfrac{\partial^2 u}{\partial x^2} + 2xy\dfrac{\partial^2 u}{\partial x \partial y} + 2y^2 \dfrac{\partial^2 u}{\partial y^2} + y\dfrac{\partial u}{\partial y} = 0$.

[①]　复旦大学数学系主编,《数学物理方程》,高等教育出版社,1979 年第 1 版.

第二部分　最优化方法

第 1 章　线性规划与单纯形法

　　线性规划是运筹学的一个重要分支,也是运筹学最基本的一个部分.它是研究在现有条件下,使目标达到最优的一种数学方法.

　　线性规划的数学理论是成熟的.求解线性规划的方法——单纯形法易于在计算机上实现.单纯形法的出现使线性规划得到了更广泛的应用,已成为现代科学管理的重要手段之一.

1.1　线性规划问题及其数学模型

1.1.1　问题的提出

　　例 1.1.1(有限资源利用问题)　设某加工厂主要生产 A,B 两种产品,各种资源的可供量和每种产品所耗资源的数量及利润如下表所示.试问工厂如何安排生产,使得利润最大?

	A	B	资源限制
电(度/件)	5	3	200
设备(台时/件)	1	1	50
劳动力(小时/件)	3	5	220
单位利润(百元/件)	4	3	

　　解:设两种产品各生产 x_1 件和 x_2 件,则该问题的数学模型为:
　　求 x_1,x_2,满足

$$\begin{cases} 5x_1+3x_2 \leqslant 200, \\ x_1+x_2 \leqslant 50, \\ 3x_1+5x_2 \leqslant 220, \\ x_1 \geqslant 0, x_2 \geqslant 0, \end{cases}$$

使得

$$f(x_1,x_2)=4x_1+3x_2$$

取得最大值.

一般地,用 m 种资源(其限制为 $b_i, i=1,\cdots,m$)生产 n 种产品,已知生产第 j 种单位产品消耗第 i 种资源的数量是 a_{ij},利润为 c_j,则问题归结为:求一组变量 x_1,$\cdots, x_n$,满足条件:

$$\begin{cases} \sum_{j=1}^{n} a_{ij}x_j \leqslant b_i, & i=1,\cdots,m, \\ x_j \geqslant 0, & j=1,\cdots,n, \end{cases}$$

使得

$$f(x_1,\cdots,x_n) = \sum_{j=1}^{n} c_j x_j$$

达到最大.

例 1.1.2(营养问题)　有 n 种食物,每种含有 m 种营养成分.第 j 种食物每个单位含第 i 种营养成分的数量为 a_{ij}.已知每人对第 i 种营养成分的最低需求量为 b_i,第 j 种食物的单价是 c_j,试问一个消费者应如何选购 n 种食物,使得既满足人体需要又花费最少?

解:设购买第 j 种食物的数量为 $x_j, j=1,\cdots,n$,则各种食物应满足条件:

$$\begin{cases} \sum_{j=1}^{n} a_{ij}x_j \geqslant b_i, & i=1,\cdots,m, \\ x_j \geqslant 0, & j=1,\cdots,n, \end{cases}$$

且使

$$f(x_1,\cdots,x_n) = \sum_{j=1}^{n} c_j x_j$$

达到最小.

从以上两个例子可以看出,它们都是一类优化问题,它们的共同特征是:

(1)每个问题都用一组决策变量 $x_1,\cdots,x_n$ 表示某一方案,且这些变量的取值是非负的;

(2)存在一定的约束条件,这些约束条件可以用一组线性等式或不等式来表示;

(3)都有一个要达到的目标,它可用决策变量的线性函数来表示,这个函数称为目标函数.按问题的不同,要求目标函数达到最大或最小.

满足以上三个特征的问题称为**线性规划问题**,其一般形式可以写成

$$\begin{cases} \max(\min) f(x_1,\cdots,x_n) = \sum_{j=1}^{n} c_j x_j, \\ \sum_{j=1}^{n} a_{ij}x_j \leqslant (=, \geqslant) b_i, & i=1,\cdots,m, \\ x_j \geqslant 0, & j=1,\cdots,n. \end{cases} \tag{1.1.1}$$

引入向量、矩阵记号:

$$x=(x_1,\cdots,x_n)^{\mathrm{T}},\quad b=(b_1,\cdots,b_m)^{\mathrm{T}},\quad c=(c_1,\cdots,c_n)$$及

$$A=\begin{pmatrix} a_{11} & \cdots & a_{1n} \\ \vdots & & \vdots \\ a_{m1} & \cdots & a_{mn} \end{pmatrix},$$

则(1.1.1)式可以写成

$$\begin{cases} \max(\min) f=cx, \\ Ax\leqslant(=,\geqslant)b, \\ x\geqslant0. \end{cases} \quad (1.1.2)$$

1.1.2　线性规划问题的标准形式

为了方便讨论,规定线性规划问题的标准形式为:

$$\begin{cases} \min f=cx, \\ Ax=b, \\ x\geqslant0. \end{cases} \quad (1.1.3)$$

实际上,任何一个线性规划问题都可通过下列步骤化为标准形式.

(1)对于目标函数极大化问题($\max f=cx$),可将目标函数改为 $g=-f$,于是得到

$$\min g=-cx.$$

(2)对于"$\leqslant$"的不等式约束,可在不等式的左边加入非负的**松弛变量**,将其化为等式;

对于"$\geqslant$"的不等式约束,可在不等式的左边减去一个非负的**剩余变量**,将其化为等式.

(3)对于负变量 $x_j<0$,可令 $\overline{x_j}=-x_j$,则 $\overline{x_j}>0$.

对于自由变量 x_j,可令其为两个非负变量之差.设 $x_l\geqslant0,x_{l+1}\geqslant0$,令

$$x_j=x_l-x_{l+1}.$$

例 1.1.3　将下述线性规划问题化为标准形式:

$$\begin{cases} \max f=x_1-2x_2+3x_3, \\ x_1+x_2+x_3\leqslant7, \\ x_1-x_2+x_3\geqslant2, \\ -3x_1+x_2+2x_3=5, \\ x_1\geqslant0,x_2\geqslant0,x_3\text{ 自由.} \end{cases}$$

解:令 $g=-f$,$x_3=x_3-x_4$,其中 $x_3\geqslant0,x_4\geqslant0$,引入松弛变量 $x_5\geqslant0$,剩余变量

$x_6 \geqslant 0$,可将原问题化为

$$\begin{cases} \min g = -x_1 + 2x_2 - 3x_3 + 3x_4, \\ x_1 + x_2 + x_3 - x_4 + x_5 = 7, \\ x_1 - x_2 + x_3 - x_4 - x_6 = 2, \\ -3x_1 + x_2 + 2x_3 - 2x_4 = 5, \\ x_i \geqslant 0, \quad i = 1, \cdots, 6. \end{cases}$$

1.1.3 线性规划问题解的概念

定义 1.1.1 在问题(1.1.3)中满足约束条件

$$\begin{cases} Ax = b, \\ x \geqslant 0 \end{cases}$$

的解称为问题(1.1.3)的**可行解**;所有可行解的集合称为**可行域**,记为

$$S = \{x \in R^n | Ax = b, \quad x \geqslant 0\}.$$

定义 1.1.2 设问题(1.1.3)的可行域为 S,若存在 $x^* \in S$,使得对任意的 $x \in S$,都有 $cx^* \leqslant cx$,则称 x^* 为问题(1.1.3)的**最优解**.

定义 1.1.3 在问题(1.1.3)中,约束方程组的系数矩阵 A 的任意一个 $m \times m$ 阶非奇异子方阵 B,称为问题(1.1.3)的一个**基矩阵**或**基**.

记 $A = (p_1, \cdots, p_n)$,即 p_j 为 A 的第 j 列,$j = 1, \cdots, n$. 不失一般性,设 A 的前 m 列线性无关,即

$$B = \begin{bmatrix} a_{11} & \cdots & a_{1m} \\ \vdots & & \vdots \\ a_{m1} & \cdots & a_{mm} \end{bmatrix} = (p_1, \cdots, p_m)$$

为基,称 $p_1, \cdots, p_m$ 为**基向量**;与基向量 p_j 相对应的变量 $x_j, j = 1, \cdots, m$,称为**基变量**;A 中除去基向量后所剩的列向量 $p_{m+1}, \cdots, p_n$,称为**非基向量**;与之相应的变量 $x_{m+1}, \cdots, x_n$ 称为**非基变量**. 记

$$N = \begin{bmatrix} a_{1m+1} & \cdots & a_{1n} \\ \vdots & & \vdots \\ a_{mm+1} & \cdots & a_{mn} \end{bmatrix} = (p_{m+1}, \cdots, p_n),$$

则

$$A = (B \ N).$$

由基变量和非基变量组成的向量分别记为:

$$x_B = (x_1, \cdots, x_m)^{\mathrm{T}}, \quad x_N = (x_{m+1}, \cdots, x_n)^{\mathrm{T}},$$

则 x 可写成分块的形式:

$$x = \begin{pmatrix} x_B \\ x_N \end{pmatrix},$$

于是将 $Ax=b$ 写成：

$$(B \ N) \begin{pmatrix} x_B \\ x_N \end{pmatrix} = b,$$

$$Bx_B = b - Nx_N,$$

则

$$x_B = B^{-1}b - B^{-1}Nx_N.$$

在上式中，令 $x_N = 0$，则可以得到

$$x_B = B^{-1}b,$$

即

$$x = \begin{pmatrix} B^{-1}b \\ 0 \end{pmatrix}. \tag{1.1.4}$$

定义 1.1.4　称由 (1.1.4) 式得到的解 x 为相应于基 B 的**基解**.

定义 1.1.5　对于 (1.1.4) 式中的基解 x，若满足

$$x_B = B^{-1}b \geqslant 0,$$

则称该基解 x 为**基可行解**. 此时，对应的基为**可行基**.

有一个基，就可求出一个基解. 由于基的个数是有限的，最多只有 C_n^m 个，故基解最多只有 C_n^m 个，而基可行解的个数不会超过基解的个数.

定义 1.1.6　在问题 (1.1.3) 的一个基可行解中，如果 m 个基变量均取正值，则称该解是**非退化的**. 如果有的基变量取零值，则称该解为**退化的**. 如果问题 (1.1.3) 中所有的基可行解都是非退化的，则称该问题是**非退化的**，否则称该问题是**退化的**.

1.2　线性规划问题的几何意义

1.2.1　两个变量线性规划问题的图解法

当一个线性规划问题只有两个变量时，可以利用图解法求解. 下面以例 1.1.1 为例来说明具体的求解步骤.

步骤 1　在直角坐标系中画出线性规划问题的可行域，如图 1.1.

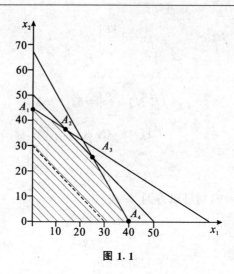

图 1.1

步骤 2 做目标函数的等值线. 由 $f = 4x_1 + 3x_2$, 得

$$x_2 = -\frac{4}{3}x_1 + \frac{1}{3}f.$$

对于不同的 f 值, 上述方程给出了斜率同为 $-\frac{4}{3}$ 的一族平行直线, 这无数条平行直线构成了等值线族.

步骤 3 确定最优解. 等值线族覆盖于可行域上, 当 f 由小变大时, 等值线就沿其法线方向向右上方移动, 当移动到 $A_3(25,25)$ 点时, $f(25,25) = 175$ 达到最大. 故 $x^* = (25,25)^T$ 为问题的最优解, 最优目标值为 $f^* = 175$.

上例中问题的最优解是唯一的. 但对一般线性规划问题, 还可以出现下面几种情况:

(1)有无穷多最优解.

例 1.2.1 用图解法求解线性规划问题:

$$\begin{cases} \min f = x_1 + x_2, \\ x_1 + x_2 \leqslant 7, \\ x_1 \leqslant 5, \\ x_2 \leqslant 4, \\ x_1 \geqslant 0, x_2 \geqslant 0. \end{cases}$$

解: 线性规划问题的可行域如图 1.2 所示, 则目标函数的最大值等值线与直线 $x_1 + x_2 = 7$ 重合, 故线段 A_2A_3 上的点都是该问题的最优解, 即该问题有无穷多最优解.

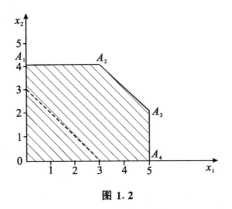

图 1.2

（2）当可行域是无限区域时，最优解可能不存在.

例 1.2.2　用图解法求解线性规划问题：

$$\begin{cases} \max f - 2x_1 + x_2, \\ -x_1 + 2x_2 \leqslant 2, \\ 2x_1 + x_2 \geqslant 1, \\ x_1 \geqslant 0, x_2 \geqslant 0. \end{cases}$$

解：线性规划问题的可行域如图 1.3 所示.目标函数值在可行域中可以增加到无穷大，故本题虽有可行解，但无最优解.

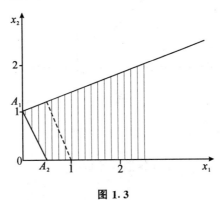

图 1.3

（3）当可行域是空集时，自然不会有最优解.

例 1.2.3　用图解法求解线性规划问题：

$$
\begin{cases}
\max f = x_1 + x_2, \\
x_1 + x_2 \leqslant 7, \\
x_1 \leqslant 5, \\
x_2 \leqslant 4, \\
x_1 \geqslant 7, \\
x_1 \geqslant 0, x_2 \geqslant 0.
\end{cases}
$$

解：如图 1.4 所示，本题的可行域是空集，故此题无可行解，更谈不上有最优解.

运用图解法求解上述几个例题的过程表明：当线性规划问题的可行域非空时，它一定是一个有界或无界的凸多边形. 若问题有最优解，则它一定位于可行域的顶点处. 若在两个顶点处同时达到最优解，则它们的连线上的任一点都将是最优解，即有无穷多最优解.

对于一般的含有 n 个变量的线性规划问题，上述结论是否也成立呢？为此，我们还需做进一步的理论分析.

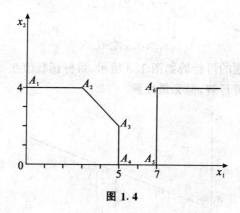

图 1.4

1.2.2　基本概念

定义 1.2.1（凸集）　设 S 是 n 维欧氏空间 R^n 中的一个点集，如果对 S 中任意两点 $x^{(1)}, x^{(2)}$，都有
$$
x = \alpha x^{(1)} + (1 - \alpha) x^{(2)} \in S, \quad 0 \leqslant \alpha \leqslant 1,
$$
则称 S 是 R^n 中的一个**凸集**.

通常所见到的球体、长方体都是三维欧氏空间中的凸集，而空心球体就不是凸集. 规定 $\varnothing$ 和 R^n 均是凸集. 任意两个凸集的交集还是凸集.

定义 1.2.2（凸组合）　设 $x^{(1)}, x^{(2)}, \cdots, x^{(k)}$ 是 n 维欧氏空间中的 k 个点，若存在 $\alpha_1, \alpha_2, \cdots, \alpha_k$，满足 $0 \leqslant \alpha_i \leqslant 1$，$i = 1, \cdots, k$，$\sum\limits_{i=1}^{k} \alpha_i = 1$，使

$$x = \sum_{i=1}^{k} \alpha_i x^{(i)},$$

则称 x 为 $x^{(1)}, \cdots, x^{(k)}$ 的**凸组合**.

定义 1.2.3（顶点）　设 S 是 R^n 中的一个凸集，$x^{(0)} \in S$，若 S 中不存在两个互异的点 $x^{(1)}$ 和 $x^{(2)}$，使得

$$x^{(0)} = \alpha x^{(1)} + (1-\alpha) x^{(2)}, \quad 0 < \alpha < 1,$$

则称 $x^{(0)}$ 为 S 的一个**顶点**.

1.2.3　基本定理

定理 1.2.1　若线性规化问题存在可行域，则可行域一定是凸集.

证明： 设线性规划问题的可行域为

$$S = \{x \mid Ax = b, x \geqslant 0\},$$

任取 $x^{(1)}, x^{(2)} \in S$，及 $\alpha \in [0, 1]$.

令 $x = \alpha x^{(1)} + (1-\alpha) x^{(2)}$，

由于 $Ax^{(i)} = b, x^{(i)} \geqslant 0, \quad i = 1, 2,$ 故

$$Ax = \alpha Ax^{(1)} + (1-\alpha) Ax^{(2)} = b \quad \text{且} \quad x \geqslant 0,$$

所以 $x \in S$，于是 S 为凸集.

定理 1.2.2　线性规划问题的可行解 $x = (x_1, \cdots, x_n)^{\mathrm{T}}$ 为基可行解的充要条件是 x 的正的分量所对应的系数列向量是线性无关的.

证明： 必要性. 由基可行解的定义显见.

充分性. 若 x 的正的分量所对应的系数列向量 $p_1, \cdots, p_k$ 线性无关，则 $k \leqslant m$. 当 $k = m$ 时，它们恰好构成一个基，从而 $x = (x_1, \cdots, x_n)^{\mathrm{T}}$ 为相应的基可行解. 当 $k < m$ 时，则一定可以从系数矩阵其余列向量中找出 $(m-k)$ 个与 $p_1, \cdots, p_k$ 构成一个基，其对应的解恰好为 x，即 x 为基可行解.

定理 1.2.3　线性规划问题的可行解 $x = (x_1, \cdots, x_n)^{\mathrm{T}}$ 为基可行解的充要条件是 x 为可行域的顶点.

证明： 不妨设 x 的正分量为 $x_1, \cdots, x_k$.

必要性. 用反证法. 假设 x 不是可行域 S 的顶点，则存在 $x^{(1)}, x^{(2)} \in S, x^{(1)} \neq x^{(2)}$ 及 $\alpha \in (0, 1)$，使得 $x = \alpha x^{(1)} + (1-\alpha) x^{(2)}$. 可得 $x^{(1)}, x^{(2)}$ 的正的分量也是前 k 个，而其余分量为 0，于是有

$$Ax^{(1)} = \sum_{i=1}^{k} p_i x_i^{(1)} = b,$$

$$Ax^{(2)} = \sum_{i=1}^{k} p_i x_i^{(2)} = b,$$

将上面两个式子相减,得

$$\sum_{i=1}^{k} p_i(x_i^{(1)} - x_i^{(2)}) = 0.$$

由于 $x^{(1)} \neq x^{(2)}$,$(x_i^{(1)} - x_i^{(2)})$ $(i=1,\cdots,k)$ 不全为 0,故 $p_1,\cdots,p_k$ 线性相关. 由定理 1.2.2 可知 x 不是基可行解,这与已知 x 是基可行解矛盾. 因此 x 必是可行域 S 的顶点.

充分性. 仍用反证法. 假设 x 不是基可行解. 由定理 1.2.2,$p_1,\cdots,p_k$ 线性相关,即存在不全为零的数 $\lambda_1,\cdots,\lambda_k$,使

$$\lambda_1 p_1 + \cdots + \lambda_k p_k = 0.$$

因 $x \in S$,$\sum\limits_{i=1}^{k} p_i x_i = b$,故对任意 $\mu \neq 0$,有

$$\sum_{i=1}^{k} p_i(x_i \pm \mu \lambda_i) = b.$$

取

$$x^{(1)} = (x_1 + \mu \lambda_1, \cdots, x_k + \mu \lambda_k, 0, \cdots, 0)^{\mathrm{T}},$$
$$x^{(2)} = (x_1 - \mu \lambda_1, \cdots, x_k - \mu \lambda_k, 0, \cdots, 0)^{\mathrm{T}},$$

当 $|\mu|$ 充分小时,可使 $x^{(1)} \geqslant 0$,$x^{(2)} \geqslant 0$,所以 $x^{(1)} \in S$,$x^{(2)} \in S$,且 $x^{(1)} \neq x^{(2)}$ 而 $x = \dfrac{1}{2} x^{(1)} + \dfrac{1}{2} x^{(2)}$,即 x 不是可行域 S 的顶点,这与已知 x 是可行域的顶点矛盾. 因此 x 是基可行解.

定理 1.2.4 若 S 是有界凸集,则对 S 中任何一点 x,可表示为 S 的顶点的凸组合.

定理 1.2.5 若线性规划问题的可行域 S 有界,则其最优解必在可行域的顶点上达到.

证明:设线性规划问题在点 $x^{(0)}$ 处达到最优,并设 $x^{(1)},\cdots,x^{(k)}$ 是其可行域 S 的顶点.

由定理 1.2.4,存在 $\alpha_i \geqslant 0$,$i=1,\cdots,k$,$\sum\limits_{i=1}^{k} \alpha_i = 1$,使

$$x^{(0)} = \sum_{i=1}^{k} \alpha_i x^{(i)},$$

于是

$$\min f = c x^{(0)} = \sum_{i=1}^{k} \alpha_i c x^{(i)}.$$

不妨设 $c x^{(1)} = \min\limits_{1 \leqslant i \leqslant k} \{c x^{(i)}\}$,则

$$\min f \geqslant \sum_{i=1}^{k} \alpha_i c x^{(1)} = c x^{(1)},$$

又

$$\min f \leqslant c x^{(1)},$$

所以

$$\min f = c x^{(1)}.$$

即目标函数 f 在顶点 $x^{(1)}$ 处达到最小.

定理 1.2.6　若线性规划问题在可行域的多个顶点处达到最优,则线性规划问题在这些顶点的任意凸组合上也达到最优.

现将线性规划问题的最优解的情况归纳如下:

(1)可行域 S 为空集时,线性规划问题没有可行解,因此就不存在最优解.

(2)可行域 S 非空时,则 S 是凸集.

当 S 是有界凸集时,线性规划问题一定存在最优解,且一定在顶点上取得.

当最优解唯一时,它一定是可行域的某一个顶点.当有无穷多最优解时,它们一定至少有两个是可行域的顶点.

当 S 是无界凸集时,线性规划问题有可能有最优解,也有可能无最优解.有最优解时也是在顶点处取得,且有可能有唯一最优解,也有可能有无穷多最优解.

由于可行域 S 的顶点的个数是有限的,故可以采用枚举法逐个比较,最终可以找到最优解.但当 m, n 较大时,这种做法就不可取了.

1.3　单纯形法

单纯形法是求解线性规划问题最为有效的一个方法,它的基本思想是从一个基可行解(即可行域的一个顶点)出发,经过基变换转换到另一个基可行解,并使目标函数值得以改善,由此不断改进,最后得到最优解.

1.3.1　引例

由于线性规划问题的标准型的约束条件是线性方程组,所以我们完全有可能用代数方法来解一个具体的线性规划问题.考虑如下线性规划问题:

$$\begin{cases} \min f = 2x_1 + 5x_2 + 8x_3, \\ x_1 + x_3 = 5, \\ x_2 + 2x_3 = 7, \\ x_1 \geqslant 0, x_2 \geqslant 0, x_3 \geqslant 0. \end{cases}$$

约束方程的系数矩阵为

$$A = (p_1 \; p_2 \; p_3) = \begin{pmatrix} 1 & 0 & 1 \\ 0 & 1 & 2 \end{pmatrix}.$$

容易看出 p_1, p_2 构成一个基

$$B = \begin{pmatrix} 1 & 0 \\ 0 & 1 \end{pmatrix},$$

因此 x_1, x_2 是相应的基变量,而 x_3 是非基变量. 基变量用非基变量表示为:

$$\begin{cases} x_1 = 5 - x_3, \\ x_2 = 7 - 2x_3. \end{cases}$$

将上式代入目标函数中,得

$$f = 45 - 4x_3,$$

令非基变量 $x_3 = 0$,可得一个基可行解:

$$x^{(0)} = (5, \; 7, \; 0)^{\mathrm{T}},$$

此时 $f^{(0)} = f(x^{(0)}) = 45.$

现在我们来看目标函数值还有没有可能得到改善. 从 $f = 45 - 4x_3$ 中可以看出,x_3 的系数为负数,如果 x_3 的取值由零变为正数,就可以使目标函数值下降. 因此有必要进行所谓的基变换.

显然,确定 x_3 是换入变量,同时还应在原来的基变量 x_1 和 x_2 中确定一个换出变量. 因为

$$\begin{cases} x_1 = 5 - x_3 \geqslant 0, \\ x_2 = 7 - 2x_3 \geqslant 0, \end{cases}$$

可得

$$0 \leqslant x_3 \leqslant \frac{7}{2}.$$

这就是说 x_3 的值的增加是有限制的. 当 x_3 由零增加到 $\frac{7}{2}$ 时,x_2 先变为零,而 x_1 仍然保持正值. 因此,x_3 取代 x_2 成为基变量,即新的基变量为 x_1, x_3,非基变量为 x_2. 将新的基变量用非基变量表示为

$$\begin{cases} x_1 = \dfrac{3}{2} + \dfrac{1}{2}x_2, \\ x_3 = \dfrac{7}{2} - \dfrac{1}{2}x_2. \end{cases}$$

将上式代入目标函数中,得

$$f = 31 + 2x_2,$$

令非基变量 $x_2 = 0$,可得一个基可行解:

$$x^{(1)} = \left(\frac{3}{2}, \; 0, \; \frac{7}{2} \right)^{\mathrm{T}},$$

此时，$f^{(1)} = f(x^{(1)}) = 31$.

现在我们看到，在目标函数 $f = 31 + 2x_2$ 中，非基变量的系数为正数，如果 x_2 的取值由零变为正数，就会使目标函数值上升. 所以当 $x^{(1)} = \left(\dfrac{3}{2},\ 0,\ \dfrac{7}{2}\right)^{\mathrm{T}}$ 时，目标函数值 $f = 31$ 是最小的.

1.3.2　初始基可行解的确定

考虑线性规化问题的标准形(1.1.3)，其中要求 $b \geqslant 0$.

在系数矩阵 $A = (p_1, p_2, \cdots, p_n)$ 中，一般能直接观察到一个可行基是 m 阶单位矩阵

$$B = \begin{pmatrix} 1 & 0 & \cdots & 0 \\ 0 & 1 & \cdots & 0 \\ \vdots & \vdots & & \vdots \\ 0 & 0 & \cdots & 1 \end{pmatrix} = E.$$

(若 A 中不存在单位矩阵作为 m 阶子矩阵，则可采用其他方法，参见下节.) 不失一般性，可设 B 位于 A 的前 m 列，这时，基变量为 $x_B = (x_1, x_2, \cdots, x_m)^{\mathrm{T}}$，非基变量为 $x_N = (x_{m+1}, \cdots, x_n)^{\mathrm{T}}$，约束方程为

$$(B \ N) \begin{bmatrix} x_B \\ x_N \end{bmatrix} = b.$$

由于 $B = E$，可得

$$x_B = b - N x_N.$$

把上式代入目标函数中，得

$$f = c_B x_B + c_N x_N = c_B(b - N x_N) + c_N x_N$$
$$= c_B b + (c_N - c_B N) x_N,$$

这里，$c_B = (c_1, \cdots, c_m)$，$c_N = (c_{m+1}, \cdots, c_n)$，$c = (c_B, c_N)$.

于是线性规划问题(1.1.3)可以等价地表示为

$$\begin{cases} \min f = c_B b + (c_N - c_B N) x_N, \\ x_B = b - N x_N, \\ x_B \geqslant 0, x_N \geqslant 0. \end{cases} \tag{1.3.1}$$

上式称为线性规划问题(1.1.3)关于单位矩阵基 B 的典式.

令非基变量 $x_N = 0$，得到 $x_B = b$，即可以得到一个初始基可行解

$$x^{(0)} = (b_1, \cdots, b_m, 0, \cdots, 0)^{\mathrm{T}}.$$

当 B 不是 m 阶单位矩阵而是 A 中任意 m 个线性无关的列构成的非奇异矩阵时，仍不妨设 $B = (p_1, p_2, \cdots, p_m)$，则由约束方程可得

$$Bx_B+Nx_N=b, \quad x_B=B^{-1}b-B^{-1}Nx_N,$$

将上式带入目标函数中,得

$$f=c_Bx_B+c_Nx_N=c_B(B^{-1}b-B^{-1}Nx_N)+c_Nx_N$$
$$=c_BBb^{-1}+(c_N-c_BB^{-1}N)x_N,$$

于是线性规划问题(1.1.3)等价地表示为

$$\begin{cases} \min f=c_BB^{-1}b+(c_N-c_BB^{-1}N)x_N, \\ x_B=B^{-1}b-B^{-1}Nx_N, \\ x_B\geqslant0,x_N\geqslant0. \end{cases} \quad (1.3.2)$$

上式称为线性规划问题(1.1.3)关于基 B 的典式.典式中,目标函数中非基变量的系数称为**检验数**,记为 $\lambda_i,i=m+1,\cdots,n$,即 $(\lambda_{m+1},\cdots,\lambda_n)=c_N-c_BB^{-1}N$.

令非基变量 $x_N=0$,可得 $x_B=B^{-1}b$.于是得到一个初始基可行解

$$x^{(0)}=\begin{pmatrix} B^{-1}b \\ 0 \end{pmatrix}.$$

1.3.3　最优检验与解的判定定理

当我们得到一个基可行解后,就要根据典式进行最优检验.为此,有以下判定定理.

定理 1.3.1　设 $x^{(0)}=(b_1^{(0)},\cdots,b_m^{(0)},0,\cdots,0)^T$ 为对应于基 B 的基可行解.

(1)若在典式中,对所有非基变量的检验数都有 $\lambda_i\geqslant0$, $i=m+1,\cdots,n$,则 $x^{(0)}$ 为最优解,B 为最优基;若其中至少有一个非基变量的检验数 $\lambda_k=0$, $m+1\leqslant k\leqslant n$,则还有其他的无穷多个最优解.

(2)若在典式中,有某个非基变量 $x_s(m+1\leqslant s\leqslant n)$ 的检验数 $\lambda_s<0$,且 x_s 的所有系数 $a_{is}\leqslant0$, $i=1,\cdots,m$,则线性规划问题无最优解(或称有无界解).

证明:(1)设 x 是线性规划问题的任一可行解,则有 $x\geqslant0$,因所有的非基变量的检验数 $\lambda_i\geqslant0$, $i=m+1,\cdots,n$,所以

$$(c_N-c_BB^{-1}N)x_N\geqslant0,$$

故

$$f(x)=cx=c_BB^{-1}b+(c_N-c_BB^{-1}N)x_N\geqslant c_BB^{-1}b=f(x^{(0)}),$$

于是 $x^{(0)}$ 是最优解.

若非基变量 $x_k(m+1\leqslant k\leqslant n)$ 的检验数为 $\lambda_k=0$,将 x_k 换入基变量中,使 $x_k\geqslant0$,同时确定将 x_l 从基变量中换出,成为非基变量,即设 $x_l=0$,由此构造出一个新的基可行解

$$x^{(1)}=(b_1^{(0)},\cdots,b_{l-1}^{(0)},0,b_{l+1}^{(0)},\cdots,b_m^{(0)},0,\cdots,b_k^{(0)},\cdots,0)^T,$$

则仍然有

$$f(x^{(1)})=c_B B^{-1}b=f(x^{(0)}),$$

可知 $x^{(1)}$ 也是最优解. 于是

$$x=\lambda x^{(0)}+(1-\lambda)x^{(1)}, \quad 0\leqslant\lambda\leqslant1$$

也是最优解. 由于 λ 的任意性, 故线性规划问题有无穷多最优解.

(2)设非基变量 $x_s(m+1\leqslant s\leqslant n)$ 的检验数为 $\lambda_s<0$.

对任意 $\lambda>0$, 令

$$\begin{cases} x_i^{(1)}=b_i^{(0)}-\lambda a_{is}, & i=1,\cdots,m; \\ x_i^{(1)}=0, & i=m+1,\cdots,s-1,s+1,\cdots,n; \\ x_s^{(1)}=\lambda, & \end{cases}$$

则 $x^{(1)}=(x_1^{(1)},\cdots,x_n^{(1)})^{\mathrm{T}}$ 是可行解, 其相应的目标函数值为

$$f(x^{(1)})=c_B B^{-1}b+\lambda_s\lambda=f(x^{(0)})+\lambda_s\lambda.$$

因为 $\lambda_s<0,\lambda>0$, 故当 $\lambda\to\infty$ 时, $f(x^{(1)})\to-\infty$, 目标函数无下界, 线性规划问题无最优解.

1.3.4　换基迭代

若当前的基可行解不满足最优性条件时, 就要寻找一个新的基可行解. 而寻找新的基可行解, 首先要进行基变换, 就是从非基变量中选择一个变量作为基变量, 从原来的基变量中确定一个变量作为非基变量, 同时对基向量作相应变换.

1. 确定进基变量

为了使目标函数值下降得快, 在非基变量的小于零的检验数中, 选择最小的检验数的下标所对应的变量, 即若

$$\lambda_s=\min_{m+1\leqslant i\leqslant n}\{\lambda_i|\lambda_i<0\},$$

则确定非基变量 x_s 作为进基变量.

2. 确定出基变量

设原可行基为 $B=(p_1,\cdots,p_m)$, 基可行解 $x^{(0)}=(x_1^{(0)},\cdots,x_m^{(0)},0,\cdots,0)^{\mathrm{T}}$ 满足

$$\sum_{j=1}^{m} x_j^{(0)}p_j=b,$$

A 的后 $n-m$ 列可由前 m 列线性表出, 即对 $j=m+1,\cdots,n$ 存在一组不全为 0 的数 β_{ij}, $i=1,\cdots,m$, 使得

$$p_j=\sum_{i=1}^{m}\beta_{ij}p_i,$$

即

$$p_j - \sum_{i=1}^m \beta_{ij} p_i = 0.$$

故对任意 $\theta > 0$ 有

$$\sum_{i=1}^m x_i^{(0)} p_i + \theta\left(p_j - \sum_{i=1}^m \beta_{ij} p_i\right) = b,$$

即

$$\sum_{i=1}^m (x_i^{(0)} - \theta\beta_{ij}) p_i + \theta p_j = b,$$

这意味着

$$x^{(1)} = (x_1^{(0)} - \theta\beta_{1j}, \cdots, x_m^{(0)} - \theta\beta_{mj}, 0, \cdots, \theta, 0, \cdots, 0)^{\mathrm{T}} \qquad (1.3.3)$$

满足 $Ax^{(1)} = b$，要使 $x^{(1)}$ 成为可行解，则必须

$$x_i^{(0)} - \theta\beta_{ij} \geqslant 0, \quad i = 1, \cdots, m.$$

进一步要使 $x^{(1)}$ 成为基可行解，则必须使 $x_i^{(0)} - \theta\beta_{ij}(i=1,\cdots,m)$ 中至少有一个为 0. 因此，θ 应取为

$$\theta = \min_{1 \leqslant i \leqslant m}\left\{\frac{x_i^{(0)}}{\beta_{ij}} \,\bigg|\, \beta_{ij} > 0\right\} = \frac{x_l^{(0)}}{\beta_{lj}}. \qquad (1.3.4)$$

这意味着应确定 x_l 作为出基变量.

可以证明 A 中的列向量 $p_1, \cdots, p_{l-1}, p_{l+1}, \cdots, p_m, p_s$ 一定线性无关. 它们可以构成一个基，从而由 (1.3.3) 式所确定的 $x^{(1)}$ 一定是基可行解.

3. 迭代

实际上，上述基变换的过程，可用矩阵的初等变换来实现，即可用列主元 Gauss 消去法求出 $x^{(1)}$. 其实就是把进基变量 x_s 所在的列向量变为单位向量（它的非零分量位于出基变量所在的行）.

1.3.5　单纯形表

实际上换基迭代的过程可以在一种表格上进行，这种进行单纯形法迭代的表格称为单纯形表.

根据线性规划问题 (1.1.3) 中的各项系数，选定一个可行基 B 后，可以得到如表 1.1 所示的系数表

表 1.1

	x_B	x_N	
x_B	B	N	b
$-f$	c_B	c_N	0

表 1.1 中,第二行对应于约束条件 $Bx_B+Nx_N=b$,第三行对应于目标函数
$$-f+c_Bx_B+c_Nx_N=0,$$
在第二行中左乘 B^{-1},再把第三行中的 c_B 消为零,则可得到表 1.2.

表 1.2

	x_B	x_N	
x_B	E	$B^{-1}N$	$B^{-1}b$
$-f$	0	$c_N-c_BB^{-1}N$	$-c_BB^{-1}b$

表 1.2 就是一张单纯形表.由单纯形表可知,当前的基可行解为
$$\begin{pmatrix} B^{-1}b \\ 0 \end{pmatrix},$$
而表中最后一行的 $c_N-c_BB^{-1}N$ 就是对应非基变量 x_N 的检验数,可以用它来检验 x 是否为最优解.若 x 不是最优解,从 $c_N-c_BB^{-1}N$ 的分量中选择最小的那个分量所对应的变量 x_s 为进基变量,再从 $B^{-1}b$ 和 $B^{-1}N$ 中按式
$$\theta=\min_{1\leqslant i\leqslant m}\left\{\frac{b_i'}{a_{is}'}\ \bigg|\ a_{is}'>0\right\}=\frac{b_l'}{a_{ls}'}$$
确定 x_l 为出基变量.这里,记
$$B^{-1}b=\begin{pmatrix} b_1' \\ \vdots \\ b_m' \end{pmatrix},\quad B^{-1}N=\begin{pmatrix} a_{1m+1}' & \cdots & a_{1n}' \\ \vdots & & \vdots \\ a_{mm+1}' & \cdots & a_{mn}' \end{pmatrix}.$$

这时称 a_{ls}' 为主元素,并在单纯形表中用 [ ] 将它标示出来.在单纯形表中以 a_{ls}' 为主元素进行 Gauss 消去法:将主元变成 1,将主元列变成单位向量.同时,表中其他元素也都随之变换.并将原表中 x_B 列的 x_l 换为 x_s,则得到一张新的单纯形表.

重复上述过程,直到得到最优解为止.

例 1.3.1 用单纯形法求解例 1.1.1 中的线性规划问题
$$\begin{cases} \max f=4x_1+3x_2, \\ 5x_1+3x_2\leqslant200, \\ x_1+x_2\leqslant50, \\ 3x_1+5x_2\leqslant220, \\ x_1\geqslant0,x_2\geqslant0. \end{cases}$$

解:将原问题化为标准形式

$$\begin{cases} \min\ g=-4x_1-3x_2, \\ 5x_1+3x_2+x_3=200, \\ x_1+x_2+x_4=50, \\ 3x_1+5x_2+x_5=220, \\ x_i\geqslant 0, \quad i=1,\cdots,5. \end{cases}$$

初始单纯形表为:

	x_1	x_2	x_3	x_4	x_5	
x_3	[5]	3	1	0	0	200
x_4	1	1	0	1	0	50
x_5	3	5	0	0	1	220
$-g$	-4	-3	0	0	0	0

因 $\min\{-4,-3\}=-4$,故选择 x_1 为进基变量,又因 $\min\left\{\dfrac{200}{5},\dfrac{50}{1},\dfrac{220}{3}\right\}=\dfrac{200}{5}$,故选择 x_3 为出基变量,进行换基迭代,得到第二张单纯形表:

	x_1	x_2	x_3	x_4	x_5	
x_1	1	$\dfrac{3}{5}$	$\dfrac{1}{5}$	0	0	40
x_4	0	$\left[\dfrac{2}{5}\right]$	$-\dfrac{1}{5}$	1	0	10
x_5	0	$\dfrac{16}{5}$	$-\dfrac{3}{5}$	0	1	100
$-g$	0	$-\dfrac{3}{5}$	$\dfrac{4}{5}$	0	0	160

再次根据进出基原则,确定 x_2 为进基变量,x_4 为出基变量,进行换基迭代后,得到第三张单纯形表:

	x_1	x_2	x_3	x_4	x_5	
x_1	1	0	$\dfrac{1}{2}$	$-\dfrac{3}{2}$	0	25
x_2	0	1	$-\dfrac{1}{2}$	$\dfrac{5}{2}$	0	25
x_5	0	0	1	-8	1	20
$-g$	0	0	$\dfrac{1}{2}$	$\dfrac{3}{2}$	0	175

从这张表中,可以看到所有检验数均非负,这表明该线性规划问题标准形式的最优解为

$$x^* = (25, 25, 0, 0, 20)^\mathrm{T},$$

最优目标函数值为 $g^* = -175$. 故原问题的最优解为

$$x^* = (25, 25)^\mathrm{T},$$

最优目标函数值为

$$f^* = -g^* = 175.$$

1.4　单纯形法的进一步讨论

1.4.1　人工变量

运用单纯形法求解线性规划问题时,需要确定一个初始基可行解,在许多情况下,确定初始基可行解是比较困难的.

为了能方便地得到一个线性规划问题的初始基可行解,可以采用引入人工变量的方法.

考虑线性规划问题(1.1.3),分别给每个约束方程加入一个人工变量 $x_{n+i} \geqslant 0$, $i = 1, \cdots, m$,则新的约束方程为

$$\begin{cases} \sum\limits_{j=1}^{n} a_{ij}x_j + x_{n+i} = b_i, & i = 1, \cdots, m; \\ x_j \geqslant 0, & j = 1, \cdots, n; \\ x_{n+i} \geqslant 0, & i = 1, \cdots, m. \end{cases}$$

显然 $m \times m$ 阶单位矩阵可以作为该问题的一个初始可行基,即可以将 x_{n+1}, $\cdots, x_{n+m}$ 作为基变量;而 $x_1, \cdots, x_n$ 作为非基变量. 令非基变量为 0,则可以得到一个初始基可行解

$$x^{(0)} = (0, \cdots, 0, b_1, \cdots, b_m)^\mathrm{T}.$$

因为人工变量是加入到原约束方程中的虚拟变量,所以必须将它们从基变量中逐个地替换出来. 实践证明有两条途径可以做到这一点.

1. 大 M 法

在约束条件中加入人工变量后,要求人工变量不影响目标函数的取值. 为了修正目标函数,假定人工变量在目标函数中的系数为充分大的正数 M,这样,目标函数要实现最小化,就必须将人工变量从基变量中换出去,否则目标函数就不可能实现最小化.

考虑线性规划问题

$$
\begin{cases}
\min f = \sum_{j=1}^{n} c_j x_j + \sum_{i=1}^{m} M x_{n+i}, \\
\sum_{j=1}^{n} a_{ij} x_j + x_{n+i} = b_i, \quad i = 1, \cdots, m, \\
\qquad\qquad x_j \geqslant 0, \quad j = 1, \cdots, n, \\
\qquad\qquad x_{n+i} \geqslant 0, \quad i = 1, \cdots, m.
\end{cases}
\tag{1.4.1}
$$

定理 1.4.1 （1）设 $(x_1^*, \cdots, x_n^*, x_{n+1}^*, \cdots, x_{n+m}^*)^{\mathrm{T}}$ 是问题(1.4.1)的最优解.
若 $(x_{n+1}^*, \cdots, x_{n+m}^*)^{\mathrm{T}} = 0$, 则 $x^* = (x_1^*, \cdots, x_n^*)$ 是原问题(1.1.3)的最优解;
若 $(x_{n+1}^*, \cdots, x_{n+m}^*)^{\mathrm{T}} \neq 0$, 则问题(1.1.3)无可行解.

（2）设 $x^* = (x_1^*, \cdots, x_n^*)$ 是问题(1.1.3)的最优解,则 $(x_1^*, \cdots, x_n^*, 0, \cdots, 0)^{\mathrm{T}}$ 是问题(1.4.1)的最优解.

推论 若问题(1.4.1)无最优解,则问题(1.1.3)也无最优解.

例 1.4.1 用大 M 法求解下列线性规划问题

$$
\begin{cases}
\min f = x_1 + x_2 - 3x_3, \\
x_1 - 2x_2 + x_3 \leqslant 11, \\
2x_1 + x_2 - 4x_3 \geqslant 3, \\
x_1 - 2x_3 = 1, \\
x_1 \geqslant 0, x_2 \geqslant 0, x_3 \geqslant 0.
\end{cases}
$$

解：首先引入松弛变量 x_4 和剩余变量 x_5, 将原问题化为标准形式:

$$
\begin{cases}
\min f = x_1 + x_2 - 3x_3, \\
x_1 - 2x_2 + x_3 + x_4 = 11, \\
2x_1 + x_2 - 4x_3 - x_5 = 3, \\
x_1 - 2x_3 = 1, \\
x_i \geqslant 0, \quad i = 1, \cdots, 5.
\end{cases}
$$

再引入非负的人工变量 x_6, x_7, 并使它们在目标函数中的系数为 M, 将问题转化为如下形式:

$$
\begin{cases}
\min f = x_1 + x_2 - 3x_3 + M x_6 + M x_7, \\
x_1 - 2x_2 + x_3 + x_4 = 11, \\
2x_1 + x_2 - 4x_3 - x_5 + x_6 = 3, \\
x_1 - 2x_3 + x_7 = 1, \\
x_i \geqslant 0, \quad i = 1, \cdots, 7.
\end{cases}
$$

显然,上述问题的初始基变量为 x_4, x_6, x_7, 将目标函数中的基变量用非基变量

表示则有

$$f=(1-3M)x_1+(1-M)x_2+(-3+6M)x_3+Mx_5+4M.$$

用单纯形法进行求解,在达代过程中,注意检验数中的 M 是充分大的正数,具体迭代过程见下表.

	x_1	x_2	x_3	x_4	x_5	x_6	x_7	
x_4	1	-2	1	1	0	0	0	11
x_6	2	1	-4	0	-1	1	0	3
x_7	[1]	0	-2	0	0	0	1	1
$-f$	$1-3M$	$1-M$	$-3+6M$	0	M	0	0	$-4M$
x_4	0	-2	3	1	0	0	-1	10
x_6	0	[1]	0	0	-1	1	-2	1
x_1	1	0	-2	0	0	0	1	1
$-f$	0	$1-M$	-1	0	M	0	$-1+3M$	$-M-1$
x_4	0	0	[3]	1	-2	2	-5	12
x_2	0	1	0	0	-1	1	-2	1
x_1	1	0	-2	0	0	0	1	1
$-f$	0	0	-1	0	1	$-1+M$	$1+M$	-2
x_3	0	0	1	$\frac{1}{3}$	$-\frac{2}{3}$	$\frac{2}{3}$	$-\frac{5}{3}$	4
x_2	0	1	0	0	-1	1	-2	1
x_1	1	0	0	$\frac{2}{3}$	$-\frac{4}{3}$	$\frac{4}{3}$	$-\frac{7}{3}$	9
$-f$	0	0	0	$\frac{1}{3}$	$\frac{1}{3}$	$M-\frac{1}{3}$	$M-\frac{2}{3}$	2

由上表可知,所有检验数均 $\geqslant 0$,所以目标函数达到最小值,又因人工变量 $x_6=0,x_7=0$,故原问题的最优解为 $x^*=(9,1,4)^{\mathrm{T}}$,目标函数最优值为 $f^*=-2$.

由上例可以看出,运用大 M 法时,若是通过手工求解,其计算过程虽有些繁琐但并无太大困难.

可是,若运用大 M 法在计算机上进行运算,必须对 M 给出具体的赋值,如何选择一个合适的充分大的正数作为 M 的取值是一个难点.

2. 两阶段法

两阶段法将线性规划问题的求解过程分为两个阶段.第一阶段要求出原问题的一个基可行解;第二阶段是从得到的基可行解出发,运用单纯形法求得问题的最优解.下面介绍该方法的具体求解过程.

第一阶段:引入人工变量构造辅助线性规划问题

$$\begin{cases} \min \omega = x_{n+1} + x_{n+2} \cdots + x_{n+m}, \\ \sum_{j=1}^{n} a_{ij}x_j + x_{n+i} = b_i, \quad i=1,\cdots,m, \\ x_j \geqslant 0, \quad j=1,\cdots,n,n+1,\cdots,n+m. \end{cases} \qquad (1.4.2)$$

显然(1.4.2)式有基可行解$(0,\cdots,0,b_1,\cdots,b_m)^{\mathrm{T}}$. 由于$\omega$有下界 0,故(1.4.2) 式必有最优解. 设其为$(x_1^*,\cdots,x_n^*,x_{n+1}^*,\cdots,x_{n+m}^*)^T$,这时有两种情形:

(1)若$\omega^* = 0$,即$x_{n+1}^* = \cdots = x_{n+m}^* = 0$,则$x^{(0)} = (x_1^*,\cdots,x_n^*)^T$是原问题的一个基可行解.

(2)若$\omega^* > 0$,说明基变量中仍有非零的人工变量,则原问题无可行解.

第二阶段:第一阶段若$\omega^* = 0$,则将第一阶段的最优单纯形表中的目标函数行换为原问题的目标函数行,并除去人工变量,就可得到原问题的初始单纯形表,再用单纯形法求解.

例 1.4.2 用两阶段法求解例 1.4.1 中的线性规划问题.

解:第一阶段:对原问题的标准形式引入人工变量构造辅助问题

$$\begin{cases} \min \omega = x_6 + x_7, \\ x_1 - 2x_2 + x_3 + x_4 = 11, \\ 2x_1 + x_2 - 4x_3 - x_5 + x_6 = 3, \\ x_1 - 2x_3 + x_7 = 1, \\ x_i \geqslant 0, \quad i=1,\cdots,7. \end{cases}$$

上述问题的初始基变量为x_4, x_6, x_7,将目标函数ω中的基变量用非基变量表示,则有

$$\omega = 4 - 3x_1 - x_2 + 6x_3 + x_5.$$

用单纯形法求解,具体的过程如下表所示:

	x_1	x_2	x_3	x_4	x_5	x_6	x_7	
x_4	1	-2	1	1	0	0	0	11
x_6	2	1	-4	0	-1	1	0	3
x_7	[1]	0	-2	0	0	0	1	1
$-\omega$	-3	-1	6	0	1	0	0	-4
x_4	0	-2	3	1	0	0	-1	10
x_6	0	[1]	0	0	-1	1	-2	1
x_1	1	0	-2	0	0	0	1	1
$-\omega$	0	-1	0	0	1	0	3	-1
x_4	0	0	3	1	-2	2	-5	12
x_2	0	1	0	0	-1	1	-2	1
x_1	1	0	-2	0	0	0	1	1
$-\omega$	0	0	0	0	0	1	1	0

第一阶段求得的最优解为 $x_1=1,x_2=1,x_3=0,x_4=12,x_5=0,x_6=0,x_7=0$. 因为 $\omega=0,x_6=0,x_7=0$,所以 $(1,1,0,12,0)^\mathrm{T}$ 是原问题的基可行解.

第二阶段:以 $(1,1,0,12,0)^\mathrm{T}$ 为初始基可行解并将原问题的目标函数 f 中的基变量用非基变量表示

$$f=2-x_3+x_5.$$

用单纯形法求解,具体过程如下表所示

	x_1	x_2	x_3	x_4	x_5	
x_4	0	0	[3]	1	-2	12
x_2	0	1	0	0	-1	1
x_1	1	0	-2	0	0	1
$-f$	0	0	-1	0	1	-2
x_3	0	0	1	$\frac{1}{3}$	$-\frac{2}{3}$	4
x_2	0	1	0	0	-1	1
x_1	1	0	0	$\frac{2}{3}$	$-\frac{4}{3}$	9
$-f$	0	0	0	$\frac{1}{3}$	$\frac{1}{3}$	2

由上表可知,原问题的最优解为 $x_1^*=9,x_2^*=1,x_3^*=4$,目标函数最优值为 $f^*=-2$.

1.4.2　退化与循环

在单纯形法的计算过程中,需要确定出基变量时,若有几个基变量同时使 θ 达到最小,即使取下标最小的那个变量作为出基变量,在下一轮迭代中也将会有一个或几个基变量等于零,这时称线性规划问题出现退化.当出现退化时,进行多轮迭代后,可行基可能又返回到初始可行基,即计算过程发生循环,以致永远得不到最优解.

为了避免出现循环,常用的方法有摄动法、辞典序法和 Bland 法.

Bland 法的规则如下:

(1)选取指标 s,使

$$s=\min\{j\,|\,\lambda_j<0\},$$

由此确定 x_s 为进基变量,即选取 $\lambda_j<0$ 中下标最小的非基变量作为进基变量.

(2)选取指标 l,使

$$l=\min\left\{i\,\left|\,\frac{b_i'}{a_{is}'}=\min_{a_{ks}'>0}\frac{b_k'}{a_{ks}'}\right.\right\},$$

由此确定 x_l 为出基变量,即在同时使 θ 达到最小的变量中选取下标最小的基变量作为出基变量.

Bland 方法规则简单,可以证明运用 Bland 规则一定能避免退化时出现循环.

1.5 习题

1.用图解法求解下列线性规划问题,并指出问题是具有唯一最优解、无穷多最优解、无界解还是无可行解?

(1)
$$\begin{cases} \max f=x_1+3x_2,\\ 5x_1+10x_2\leqslant 50,\\ x_1+x_2\geqslant 1,\\ x_2\leqslant 4,\\ x_1,x_2\geqslant 0. \end{cases}$$

(2)
$$\begin{cases} \min f=x_1+1.5x_2,\\ x_1+3x_2\leqslant 3,\\ x_1+x_2\geqslant 2,\\ x_1,x_2\geqslant 0. \end{cases}$$

(3)
$$\begin{cases} \max f=2x_1+2x_2,\\ x_1-x_2\geqslant -1,\\ -0.5x_1+x_2\leqslant 2,\\ x_1,x_2\geqslant 0. \end{cases}$$

(4)
$$\begin{cases} \max f=x_1+x_2,\\ x_1-x_2\geqslant 0,\\ 3x_1-x_2\leqslant -3,\\ x_1,x_2\geqslant 0. \end{cases}$$

2.将下列线性规划问题化成标准形式:

(1)
$$\begin{cases} \min f=-3x_1+4x_2-2x_3+5x_4,\\ 4x_1-x_2+2x_3-x_4=-2,\\ x_1+x_2+3x_3-x_4\leqslant 14,\\ -2x_1+3x_2-x_3+2x_4\geqslant 2,\\ x_1,x_2,x_3\geqslant 0,x_4\ 自由. \end{cases}$$

(2)
$$\begin{cases} \max f=-3x_1-x_2+5x_3+2x_4,\\ x_1+7x_2+4x_3-2x_4\geqslant -9,\\ 2x_1-x_2+4x_3+3x_4\leqslant 10,\\ 6x_1+2x_2+x_3+x_4\geqslant 5,\\ x_1\leqslant 0,x_2,x_3\geqslant 0,x_4\ 自由. \end{cases}$$

3.用单纯形法求解下列线性规划问题:

(1)
$$\begin{cases} \min f=4x_1+5x_2-6x_3,\\ x_1+x_2+x_3\leqslant 5,\\ -6x_1+10x_2+5x_3\leqslant 20,\\ 5x_1-3x_2+x_3\leqslant 15,\\ x_1,x_2,x_3\geqslant 0. \end{cases}$$

(2)
$$\begin{cases} \max f=x_1+x_2+x_3,\\ -x_1-2x_3\leqslant 5,\\ 2x_1-3x_2+x_3\leqslant 3,\\ 2x_1-5x_2+6x_3\leqslant 5,\\ x_1,x_2,x_3\geqslant 0. \end{cases}$$

4.用大 M 法求解下列线性规划问题:

$$(1)\begin{cases}\min f = x_1 + 4x_2 + 7x_3, \\ x_1 + 3x_2 + 2x_3 \geqslant 5, \\ 3x_1 + 2x_2 \geqslant 7, \\ x_1, x_2, x_3 \geqslant 0.\end{cases}$$

$$(2)\begin{cases}\max f = 3x_1 - x_2 + 3x_3, \\ x_1 + x_2 + x_3 \leqslant 8, \\ -3x_1 + x_3 \leqslant 2, \\ 4x_2 - x_3 \leqslant 1, \\ x_1, x_2, x_3 \geqslant 0.\end{cases}$$

5.用两阶段法求解下列线性规划问题:

$$(1)\begin{cases}\min f = 6x_1 + x_2 + 2x_3, \\ 8x_1 + 6x_2 + 2x_3 \leqslant 10, \\ 10x_1 + 7x_2 + 2x_3 \geqslant 9, \\ 10x_1 + 2x_3 = 4, \\ x_1, x_2, x_3 \geqslant 0.\end{cases}$$

$$(2)\begin{cases}\max f = 5x_1 + 10x_2 + 7x_3, \\ 3x_1 + 2x_2 + x_3 \leqslant 7, \\ -3x_1 + 4x_2 + 10x_3 \leqslant 12, \\ 5x_1 + 3x_2 + x_3 \geqslant 6, \\ x_1, x_2, x_3 \geqslant 0.\end{cases}$$

6.已知目标函数为 $f = -x_1 + 2x_2 + 3x_3 + x_4 + 4x_5$,其标准形式的极小化问题的单纯形表如下所示:

基	x_1	x_2	x_3	x_4	x_5	解
x_3	-1	1	1	0	0	4
x_4	-2	2	0	1	0	1
x_5	α	-3	0	0	1	δ
$-f$	λ	9	0	0	0	ω

求:(1)λ 的计算表达式;

(2)何时现行基为可行基?

(3)何时现行基是最优基?

(4)该线性规划问题一定有最优解吗? 若有,何时有唯一最优解? 何时有无穷多最优解?

(5)ω 的计算表达式.

第 2 章　对偶理论与灵敏度分析

　　线性规划问题具有对偶性,是指对于任何一个极大化问题有一个与其相关的极小化问题与之对应.如果把其中一个称为原问题,则另一个就是对偶问题.研究原问题与其对偶问题之间的关系及它们解的性质,构成线性规划的对偶理论.

　　本章还将讨论灵敏度分析问题,就是研究当某些数据少许改变时,最优解是否变化?如何变化?

2.1　对偶问题的提出

　　回顾 1.1 节中给出的营养问题(如表 2.1):

表 2.1

营养成分 ＼ 食物	x_1	x_2	$\cdots$	x_n	各种营养成分的最低要求
y_1	a_{11}	a_{12}	$\cdots$	a_{1n}	b_1
y_2	a_{12}	a_{22}	$\cdots$	a_{2n}	b_2
$\vdots$	$\vdots$	$\vdots$		$\vdots$	$\vdots$
y_m	a_{m1}	a_{m2}	$\cdots$	a_{mn}	b_m
单价	c_1	c_2	$\cdots$	c_n	

我们把它表示成如下的线性规划问题

$$\begin{cases} \min f = cx, \\ Ax \geqslant b, \\ x \geqslant 0. \end{cases} \tag{2.1.1}$$

现在,我们从另一个角度继续来考虑这个问题.

　　设有一个厂商,计划生产 m 种不同的药丸(每种药丸只含一种营养成分)来代替上述 n 种不同的食物,试问对每种药丸如何定价,才能获利最大?

　　设第 i 种药丸的价格是 y_i,并记 $y = (y_1, \cdots, y_m)$,为了达到畅销的目的,药丸的价格应不超过与之相当的食物价格,即应有 $yA \leqslant c$,于是有下面的问题:

$$\begin{cases} \max\ g = yb, \\ yA \leqslant c, \\ y \geqslant 0. \end{cases} \qquad (2.1.2)$$

对照线性规划问题中的约束矩阵、决策变量和右端向量的表示,比较问题 (2.1.1)和(2.1.2),从而看出两者的关联之处(见表 2.2).

表 2.2

	问题(2.1.1)	问题(2.1.2)
优化目标	极小化	极大化
约束右端向量	b	c
决策变量系数	c	b
约束矩阵	A	A^{T}
约束不等式	$\geqslant$	$\leqslant$
决策变量	$x \geqslant 0$	$y \geqslant 0$

通常把具有上述关联的两个线性规划问题称为一对对偶问题.

2.2　对偶理论

2.2.1　对偶问题的表示

1.若问题为 $\begin{cases} \min\ f = cx, \\ Ax \geqslant b, \\ x \geqslant 0; \end{cases}$ 则对偶问题为 $\begin{cases} \max\ g = yb, \\ yA \leqslant c, \\ y \geqslant 0. \end{cases}$

2.若问题为 $\begin{cases} \max\ f = cx, \\ Ax \leqslant b, \\ x \geqslant 0; \end{cases}$ 则对偶问题为 $\begin{cases} \min\ g = yb, \\ yA \geqslant c, \\ y \geqslant 0. \end{cases}$

3.若问题为 $\begin{cases} \min\ f = cx, \\ Ax = b, \\ x \geqslant 0; \end{cases}$ 则对偶问题为 $\begin{cases} \max\ g = yb, \\ yA \leqslant c, \\ y\ 自由. \end{cases}$

4.若问题为 $\begin{cases} \max\ f = cx, \\ Ax = b, \\ x \geqslant 0; \end{cases}$ 则对偶问题为 $\begin{cases} \min\ g = yb, \\ yA \geqslant c, \\ y\ 自由. \end{cases}$

又设 $A = \begin{pmatrix} A_{11} & A_{12} \\ A_{21} & A_{22} \end{pmatrix}, b = \begin{pmatrix} b_1 \\ b_2 \end{pmatrix}, c = (c_1, c_2), x = \begin{pmatrix} x_1 \\ x_2 \end{pmatrix}, y = (y_1, y_2),$ 其中 A_{ij} 为 $m_i \times n_j$ 阶矩阵, $(y_i)^T$ 及 b_i 为 m_i 维向量, $(c_j)^T$ 及 x_j 为 n_j 维向量, $i, j = 1, 2$ 且 $m_1 + m_2 = m, n_1 + n_2 = n,$ 则有：

5. 若问题为 $\begin{cases} \min f = c_1 x_1 + c_2 x_2, \\ A_{11} x_1 + A_{12} x_2 \geqslant b_1, \\ A_{21} x_1 + A_{22} x_2 = b_2, \\ x_1 \geqslant 0, x_2 \text{ 自由;} \end{cases}$ 则对偶问题为 $\begin{cases} \max g = y_1 b_1 + y_2 b_2, \\ y_1 A_{11} + y_2 A_{21} \leqslant c_1, \\ y_1 A_{12} + y_2 A_{22} = c_2, \\ y_1 \geqslant 0, y_2 \text{ 自由.} \end{cases}$

6. 若问题为 $\begin{cases} \max f = c_1 x_1 + c_2 x_2, \\ A_{11} x_1 + A_{12} x_2 \leqslant b_1, \\ A_{21} x_1 + A_{22} x_2 = b_2, \\ x_1 \geqslant 0, x_2 \text{ 自由;} \end{cases}$ 则对偶问题为 $\begin{cases} \min g = y_1 b_1 + y_2 b_2, \\ y_1 A_{11} + y_2 A_{21} \geqslant c_1, \\ y_1 A_{12} + y_2 A_{22} = c_2, \\ y_1 \geqslant 0, y_2 \text{ 自由.} \end{cases}$

下面仅对 3 作一推导, 4、5、6 完全类似可得.

因为 $Ax = b$ 等价于 $\begin{pmatrix} A \\ -A \end{pmatrix} \geqslant \begin{pmatrix} b \\ -b \end{pmatrix}$, 故 3 的原问题等价于

$$\begin{cases} \max f = cx, \\ \begin{pmatrix} A \\ -A \end{pmatrix} \geqslant \begin{pmatrix} b \\ -b \end{pmatrix}, \\ x \geqslant 0. \end{cases}$$

由 1 知它的对偶问题为

$$\begin{cases} \max g = (y_1, y_2) \begin{pmatrix} b \\ -b \end{pmatrix}, \\ (y_1, y_2) \begin{pmatrix} A \\ -A \end{pmatrix} \leqslant c, \\ (y_1, y_2) \geqslant 0, \end{cases}$$

其中 y_1, y_2 均为 m 维向量. 令 $y = y_1 - y_2$, 则 y 已无符号限制, 且对偶问题变为

$$\begin{cases} \max g = yb, \\ yA \leqslant c, \\ y \text{ 自由.} \end{cases}$$

从以上六对对偶问题中, 我们可以用表 2.3 归纳出一般对偶规则：

表 2.3

原问题(对偶问题)		对偶问题(原问题)	
目标函数 min		目标函数 max	
约束条件	m 个 $\geqslant$ $\leqslant$ $=$	变量	m 个 $\geqslant 0$ $\leqslant 0$ 自由
变量	n 个 $\geqslant 0$ $\leqslant 0$ 自由	约束条件	n 个 $\leqslant$ $\geqslant$ $=$
约束条件中右端常数项		目标函数中变量系数	
目标函数中变量系数		约束条件中右端常数项	

例 2.2.1 写出下述问题的对偶问题:

$$\begin{cases} \min f = 2x_1 + 3x_2 - 5x_3 + x_4, \\ x_1 + x_2 - 3x_3 + x_4 \geqslant 5, \\ 2x_1 + 2x_3 - x_4 \leqslant 4, \\ x_2 + x_3 + x_4 = 6, \\ x_1 \leqslant 0, x_2 \geqslant 0, x_3 \geqslant 0, x_4 \text{ 自由}. \end{cases}$$

解:根据表 2.3 我们可直接写出其对偶问题:

$$\begin{cases} \max g = 5y_1 + 4y_2 + 6y_3, \\ y_1 + y_2 \geqslant 2, \\ y_1 + y_3 \leqslant 3, \\ -3y_1 + 2y_2 + y_3 \leqslant -5, \\ y_1 - y_2 + y_3 = 1, \\ y_1 \geqslant 0, y_2 \leqslant 0, y_3 \text{ 自由}. \end{cases}$$

例 2.2.2 写出下述问题的对偶问题:

$$\begin{cases} \max f = 2x_1 + x_2 + 4x_3, \\ 2x_1 + 3x_2 + x_3 \leqslant 1, \\ 3x_1 - x_2 + x_3 \geqslant 4, \\ -5x_1 + 6x_2 + x_3 = 3, \\ x_1 \leqslant 0, x_2 \geqslant 0, x_3 \text{ 自由}. \end{cases}$$

解:根据表 2.3 我们可直接写出其对偶问题:

$$
\begin{cases}
\min \ g = y_1 + 4y_2 + 3y_3, \\
2y_1 + 3y_2 - 5y_3 \leqslant 2, \\
3y_1 - y_2 + 6y_3 \geqslant 1, \\
y_1 + y_2 + y_3 = 4, \\
y_1 \geqslant 0, y_2 \leqslant 0, y_3 \ \text{自由}.
\end{cases}
$$

2.2.2　对偶问题的基本性质

定理 2.2.1（对称性）　对偶问题的对偶是原问题.

证明：设原问题为：

$$
\begin{cases}
\min \ f = cx, \\
Ax \geqslant b, \\
x \geqslant 0,
\end{cases}
$$

则其对偶问题为

$$
\begin{cases}
\max \ g = yb, \\
yA \leqslant c, \\
y \geqslant 0.
\end{cases}
$$

它可改写为

$$
\begin{cases}
\min \ (-g) = -yb, \\
-yA \geqslant -c, \\
y \geqslant 0,
\end{cases}
$$

即

$$
\begin{cases}
\min \ (-g) = -b^{\mathrm{T}} y^{\mathrm{T}}, \\
-A^{\mathrm{T}} y^{\mathrm{T}} \geqslant -c^{\mathrm{T}}, \\
y^{\mathrm{T}} \geqslant 0,
\end{cases}
$$

再次应用对偶规则，得上式的对偶问题为

$$
\begin{cases}
\max \ (-f) = x^{\mathrm{T}} (-c)^{\mathrm{T}}, \\
-x^{\mathrm{T}} A^{\mathrm{T}} \leqslant -b^{\mathrm{T}}, \\
x^{\mathrm{T}} \geqslant 0,
\end{cases}
$$

即

$$
\begin{cases}
\min \ f = cx, \\
Ax \geqslant b, \\
x \geqslant 0.
\end{cases}
$$

定理 2.2.2（弱对偶性）　设 $\bar{x}$ 为问题（2.1.1）的可行解，$\bar{y}$ 为其对偶问题（2.1.2）的可行解，则

$$c\,\overline{x} \geqslant \overline{y}\,b.$$

证明:因为 $\overline{x}$ 是问题(2.1.1)的可行解,所以有

$$A\,\overline{x} \geqslant b, \quad \overline{x} \geqslant 0.$$

又因为 $\overline{y}$ 是问题(2.1.2)的可行解,所以有

$$\overline{y}\,A \leqslant c, \quad \overline{y} \geqslant 0,$$

故

$$c\,\overline{x} \geqslant \overline{y}\,A\,\overline{x} \geqslant \overline{y}\,b.$$

定理 2.2.3(无界性) 若原问题与其对偶问题中有一个有无界解,则另一个必无可行解.

证明:设问题(2.1.1)有无界解.下面用反证法:假设问题(2.1.2)有可行解 $\overline{y}$,对问题(2.1.1)的任一可行解 x,由定理 2.2.2 可得

$$cx \geqslant \overline{y}\,b,$$

这表明问题(2.1.1)的目标值有下界 $\overline{y}b$,这和假设条件矛盾.

注意:上述定理的逆不成立.事实上,若原问题(对偶问题)无可行解,则其对偶问题(原问题)可能有无界解,也可能无可行解.

定理 2.2.4(最优性) 设 $\overline{x},\overline{y}$ 是问题(2.1.1)和其对偶问题(2.1.2)的可行解,且 $c\,\overline{x} = \overline{y}b$,则 $\overline{x}$ 和 $\overline{y}$ 分别是问题(2.1.1)和问题(2.1.2)的最优解.

证明:对于原问题(2.1.1)的任一可行解 x,由定理 2.2.2,有

$$cx \geqslant \overline{y}\,b,$$

又因为

$$c\,\overline{x} = \overline{y}\,b,$$

所以

$$cx \geqslant c\,\overline{x}.$$

故 $\overline{x}$ 是原问题(2.1.1)的最优解.

同理可证 $\overline{y}$ 是对偶问题(2.1.2)的最优解.

定理 2.2.5(强对偶性) 若原问题有最优解,则其对偶问题也有最优解,且两者的最优目标值相等.

证明:设原问题为(2.1.1),x^{*} 为其最优解,它对应的基矩阵为 B,非基矩阵为 N.在原问题中引入剩余变量 x' 后,有

$$Ax - x' = b, \quad (A,\ -E)\begin{pmatrix} x \\ x' \end{pmatrix} = b.$$

由于 B 为最优基矩阵,所以在其单纯形表中变量对应的最后检验数有

$$(c, 0) - c_B B^{-1}(A,\ -E) \geqslant 0, \quad (c - c_B B^{-1} A,\ c_B B^{-1}) \geqslant 0,$$

即

$$c - c_B B^{-1} A \geqslant 0,$$
$$c_B B^{-1} \geqslant 0.$$

令

$$y^* = c_B B^{-1},$$

则有

$$y^* A \leqslant c, \quad y^* \geqslant 0.$$

因此 y^* 为对偶问题(2.1.2)的可行解,并且

$$f^* = c x^* = (c_B \quad c_N) \binom{B^{-1}}{0} = c_B B^{-1} b = y^* b = g^*.$$

故 y^* 为对偶问题的最优解,且两者的最优目标函数值相等.

从上述定理可知,一对对偶问题的解之间的关系有如下三种情形:

(1)两者都有最优解,且最优目标函数值相等;

(2)两者之一有无界可行解,另一个无可行解;

(3)两者都无可行解.

定理 2.2.6(互补松紧性)　设 $\bar{x}, \bar{y}$ 分别是问题(2.1.1)和问题(2.1.2)的可行解,则它们分别是问题(2.1.1)和问题(2.1.2)的最优解的充要条件是

$$(c - \bar{y} A) \bar{x} = 0,$$
$$\bar{y}(A \bar{x} - b) = 0.$$

证明:必要性.已知 $\bar{x}, \bar{y}$ 分别是问题(2.1.1)和问题(2.1.2)的最优解,则必有

$$A \bar{x} \geqslant b, \quad \bar{x} \geqslant 0$$

和

$$y A \leqslant c, \quad \bar{y} \geqslant 0.$$

故

$$\bar{y} A \bar{x} \geqslant \bar{y} b, \quad \bar{y} A \bar{x} \leqslant c \bar{x}.$$

又因

$$c \bar{x} = \bar{y} b,$$

所以

$$c \bar{x} = \bar{y} A \bar{x} = \bar{y} b,$$

于是

$$(c - \bar{y} A) \bar{x} = 0,$$
$$\bar{y}(A \bar{x} - b) = 0.$$

充分性.由式 $(c - \bar{y} A) \bar{x} = 0$,得

$$c \bar{x} = \bar{y} A \bar{x}.$$

又由式 $\bar{y}(A \bar{x} - b) = 0$,得

$$\overline{y}\,b = \overline{y}\,A\,\overline{x},$$

故

$$c\,\overline{x} = \overline{y}\,b.$$

又已知 $\overline{x}, \overline{y}$ 分别为问题(2.1.1)和问题(2.1.2)的可行解,由定理 2.2.4 可得 $\overline{x}$ 和 $\overline{y}$ 分别是问题(2.1.1)和(2.1.2)问题的最优解.

下面进一步分析互补松紧性定理.由于 $(c - \overline{y}\,A)\overline{x} = 0$ 和 $\overline{y}(A\,\overline{x} - b) = 0$ 分别等价于

$$\Big(\sum_{i=1}^{m} a_{ij}\overline{y}_i - c_j\Big)\overline{x}_j = 0, \quad j = 1, \cdots, n;$$

$$\overline{y}_i\Big(b_i - \sum_{j=1}^{n} a_{ij}\overline{x}_j\Big) = 0, \quad i = 1, \cdots, m.$$

又因为 $\overline{x} \geqslant 0, \overline{y}\,A \leqslant c$ 以及 $\overline{y} \geqslant 0, A\,\overline{x} \geqslant b$,于是有下面的结论:

(i)若 $\overline{x}_j > 0$,则必有 $\sum_{i=1}^{m} a_{ij}\overline{y}_i = c_j, \quad j = 1, \cdots, n;$

(ii)若 $\sum_{i=1}^{m} a_{ij}\overline{y}_i < c_j$,则必有 $\overline{x}_j = 0, \quad j = 1, \cdots, n;$

(iii)若 $\overline{y}_i > 0$,则必有 $\sum_{j=1}^{n} a_{ij}\overline{x}_j = b_i, \quad i = 1, \cdots, m;$

(iv)若 $\sum_{j=1}^{n} a_{ij}\overline{x}_j > b_i$,则必有 $\overline{y}_i = 0, \quad i = 1, \cdots, m.$

对于一个不等式约束,若在可行点 $\overline{x}$ 处为严格不等式,则称该不等式约束在可行点 $\overline{x}$ 处为**松约束**;若在可行点 $\overline{x}$ 处为等式约束,则称该不等式约束在可行点 $\overline{x}$ 处为**紧约束**.

因此,上述关系(i)~(iv)又可简述为:对于问题(2.1.1)和问题(2.1.2)的最优解 $\overline{x}$ 和 $\overline{y}$ 而言,松约束的对偶约束为紧约束;紧约束的对偶约束为松约束,这种关系就称为**互补松紧关系**.

例 2.2.3　已知线性规划问题

$$\begin{cases} \min f = 20x_1 + 90x_2, \\ x_1 - 12x_2 \leqslant 5, \\ x_1 + 4x_2 \geqslant 5, \\ 3x_1 + 10x_2 \geqslant 13, \\ x_j \geqslant 0, j = 1, 2 \end{cases}$$

的对偶问题的最优解为 $y^* = (0, 20, 0)$,最优目标值为 100,求原问题的最优解.

解:对偶问题为

$$
\begin{cases}
\max g = -5y_1 + 5y_2 + 13y_3, \\
-y_1 + y_2 + 3y_3 \leqslant 20, \\
12y_1 + 4y_2 + 10y_3 \leqslant 90, \\
y_1 \geqslant 0, y_2 \geqslant 0, y_3 \geqslant 0.
\end{cases}
$$

因为 $-y_1^* + y_2^* + 3y_3^* = 20, 12y_1^* + 4y_2^* + 10y_3^* = 80 < 90$,故 $x_2^* = 0$. 又因为 $y_2^* > 0$,有 $x_1^* + 4x_2^* = 5$,解得 $x_1^* = 5$. 于是 $x^* = (5, 0)^T$ 为原问题的最优解.

例 2.2.4 已知线性规划问题

$$
\begin{cases}
\max f = 8x_1 + 6x_2, \\
5x_1 + 3x_2 \leqslant 30, \\
2x_1 + 3x_2 \leqslant 24, \\
x_1 + 3x_2 \leqslant 18, \\
x_i \geqslant 0, \quad i = 1, 2, 3
\end{cases}
$$

的最优解为 $x^* = (3, 5)^T$,最优目标值为 54,求其对偶问题的最优解.

解:对偶问题为

$$
\begin{cases}
\min g = 30y_1 + 24y_2 + 18y_3, \\
5y_1 + 2y_2 + y_3 \geqslant 8, \\
3y_1 + 3y_2 + 3y_3 \geqslant 6, \\
y_i \geqslant 0, \quad i = 1, 2, 3.
\end{cases}
$$

由于 $2x_1^* + 3x_2^* = 21 < 24$,故 $y_2^* = 0$;又因为 $x_1^* > 0, x_2^* > 0$. 故有

$$
\begin{cases}
5y_1^* + y_3^* = 8, \\
3y_1^* + 3y_3^* = 6,
\end{cases}
$$

解得 $y_1^* = \dfrac{3}{2}, y_3^* = \dfrac{1}{2}$,于是 $y^* = \left(\dfrac{3}{2}, 0, \dfrac{1}{2} \right)$ 为其对偶问题的最优解.

定理 2.2.7 用单纯形法求解原问题,则原问题的单纯形表中检验数行人工变量对应的检验数为对偶问题的一个基解;原问题的最优单纯形表中检验数行人工变量对应的检验数为对偶问题的最优解.

证明:当原问题为(2.1.1)时,引入剩余变量 x',将问题变为

$$
\begin{cases}
\min f = cx + 0x', \\
Ax - x' = b, \\
x \geqslant 0, x' \geqslant 0.
\end{cases}
$$

初始单纯形表为

	x_B	x_N	x'	
x_B	B	N	$-E$	b
	c_B	c_N	0	0

最优单纯形表为

		x_B	x_N	x'	
基变量 x_B	E	$B^{-1}N$	$-B^{-1}$	$B^{-1}b$
检验数	0	$c_N-c_BB^{-1}N$	c_BB^{-1}	$-\min f$

则 $y^*=c_BB^{-1}$ 是对偶问题的最优解.

当原问题为

$$\begin{cases} \max\ f=cx, \\ Ax\leqslant b, \\ x\geqslant 0 \end{cases}$$

时,引入松弛变量 x',将问题变为

$$\begin{cases} \max\ f=cx+0x' \\ Ax+x'=b \\ x\geqslant 0, x'\geqslant 0. \end{cases}$$

初始单纯形表为

		x_B	x_N	x'	
x_B	B	N	E	b
	$-c_B$	$-c_N$	0	0

最优单纯形表为

		x_B	x_N	x'	
基变量 x_B	E	$B^{-1}N$	B^{-1}	$B^{-1}b$
检验数	0	$-c_N+c_BB^{-1}N$	c_BB^{-1}	$\max f$

上述定理表明,在利用单纯形法对原问题求最优解的同时,也可把其对偶问题的最优解求出.

例 2.2.5 求线性规划问题

$$\begin{cases} \max f = 2x_1 + x_2 + 5x_3 + 6x_4, \\ 2x_1 + x_3 + x_4 \leqslant 8, \\ 2x_1 + 2x_2 + x_3 + 2x_4 \leqslant 12, \\ x_i \geqslant 0, \quad i = 1, 2, 3, 4 \end{cases}$$

及其对偶问题的最优解和最优目标函数值.

解:用单纯形法求解原问题的标准形

$$\begin{cases} \min(-f) = -2x_1 - x_2 - 5x_3 - 6x_4, \\ 2x_1 + x_3 + x_4 + x_5 = 8, \\ 2x_1 + 2x_2 + x_3 + 2x_4 + x_6 = 12, \\ x_i \geqslant 0, \quad i = 1, \cdots, 6. \end{cases}$$

初始单纯形表为

	x_1	x_2	x_3	x_4	x_5	x_6	
x_5	2	0	1	1	1	0	8
x_6	2	2	1	2	0	1	12
f	-2	-1	-5	-6	0	0	0

最优单纯形表为

	x_1	x_2	x_3	x_4	x_5	x_6	
x_3	2	-2	1	0	2	-1	4
x_4	0	2	0	1	-1	1	4
f	8	1	0	0	4	1	44

所以原问题的最优解为 $x^* = (0, 0, 4, 4)^{\mathrm{T}}$,其对偶问题的最优解为 $y^* = (4, 1)$,最优目标函数值同为 44.

2.3 对偶问题的经济解释——影子价格

考虑资源最优利用的线性规划模型为

$$\begin{cases} \max f = cx, \\ Ax \leqslant b, \\ x \geqslant 0, \end{cases}$$

其对偶问题为

$$\begin{cases} \min g = yb, \\ yA \geqslant c, \\ y \geqslant 0. \end{cases}$$

我们已经知道

$$y^* = c_B B^{-1} = (y_1^*, \cdots, y_m^*)$$

为对偶问题的最优解,最优目标函数值为

$$f^* = g^* = \min g = y^* b = b_1 y_1^* + \cdots + b_m y_m^*,$$

因此可得

$$y_i^* = \frac{\partial f}{\partial b_i}, \quad i = 1, \cdots, m.$$

由上式可以看出,第 i 种资源增加一个单位时,最大利润 f 将增加 y_i^*. 我们称 y_i^* 为第 i 种资源的**影子价格**. 它不是市场价格,而是第 i 种资源在生产中对利润最大化所做贡献的估计,是一种边际作用. 可见,资源最优利用问题中,资源的影子价格就是其对偶问题的最优解. 它们就是最优单纯形表中松弛变量对应的检验数.

例 2.3.1　一家厂商生产甲、乙两种产品,具体情况如下表所示:

产品	工效(小时/箱)	仓储量(米³/箱)	最大需求量(箱)	收益(元/箱)
甲	2	1	10	160
乙	1	1.5		100

已知该厂商每周工作 40 小时,且拥有仓储量为 50 米³ 的仓库. 研究该厂商的收益最大化问题.

解:设该厂商每周生产甲产品 x_1 箱,乙产品 x_2 箱,则收益最大化问题为:

$$\begin{cases} \max f = 160x_1 + 100x_2, \\ 2x_1 + x_2 \leqslant 40, \\ x_1 + 1.5x_2 \leqslant 50, \\ x_1 \leqslant 10, \\ x_1 \geqslant 0, x_2 \geqslant 0. \end{cases}$$

其标准形为

$$\begin{cases} \min (-f) = -160x_1 - 100x_2, \\ 2x_1 + x_2 + x_3 = 40, \\ x_1 + 1.5x_2 + x_4 = 50, \\ x_1 + x_5 = 10, \\ x_i \geqslant 0, \quad i = 1, \cdots, 5. \end{cases}$$

其初始单纯形表为

	x_1	x_2	x_3	x_4	x_5	
x_3	2	1	1	0	0	40
x_4	1	1.5	0	1	0	50
x_5	1	0	0	0	1	10
f	−160	−100	0	0	0	0

最优单纯形表为

	x_1	x_2	x_3	x_4	x_5	
x_2	0	1	$-\frac{1}{2}$	1	0	30
x_5	0	0	$-\frac{3}{4}$	$\frac{1}{2}$	1	5
x_1	1	0	$\frac{3}{4}$	$-\frac{1}{2}$	0	5
f	0	0	70	20	0	3800

故厂商每周生产甲产品 5 箱、乙产品 30 箱,这时收益最大为 3800 元.且从上表可以看出:工时的影子价格是 70 元/小时,仓储量的影子价格是 20 元/小时,甲产品最大需求量的影子价格是 0.这表明就目前的生产状况而言,该厂商若打算开拓甲产品的销量市场是毫无意义的.

2.4　对偶单纯形法

对偶单纯形法是利用对偶原理求解原问题的一种方法,而不是求解对偶问题的单纯形法.

我们在用单纯形法求解时,先找到一个初始基可行解,然后用检验数判别其是否为最优解;若不是,则通过换基迭代找一个新的基可行解;再进行判别、迭代……最后,使所有的检验数都非负.也就是说其对偶问题的解为可行解时,就同时得到原问题和对偶问题的最优解.

而对偶单纯形法的思路是:在整个迭代过程中,始终保持其对偶问题解的可行性,即全部检验数始终非负,而原问题是从一个基解出发(此时单纯形表中右端列有负分量),经过逐步的换基迭代,直到得到原问题的基可行解时(此时单纯形表中右端列向量全部非负),原问题和对偶问题同时得到最优解.

对偶单纯形法的计算步骤如下:

(1)列出初始单纯形表,设检验数全部非负,检验右端列的数字,若全是非负数,则已得到最优解,停止计算.否则,转入下一步.

(2)确定出基变量.若
$$\min_{i}\{(B^{-1}b)_i \mid (B^{-1}b)_i < 0\} = (B^{-1}b)_l,$$
则确定对应的基变量 x_l 为出基变量.

(3)确定进基变量.在单纯形表中检查 x_l 所在的行的各系数 a_{lj},$j=1,2,\cdots,$ n.若所有 $a_{lj} \geqslant 0$,则无可行解,停止计算;若存在某个 $a_{lj} < 0$,则计算

$$\theta = \max_{j} \left\{ \frac{\lambda_j}{a_{lj}} \,\middle|\, a_{lj} < 0 \right\} = \frac{\lambda_k}{a_{lk}},$$

从而确定对应的变量 x_k 为进基变量,这样才能保证得到的对偶问题的解确实为可行解.

（4）以 a_{lk} 为主元素,按单纯形法在表中进行换基运算,得到新的单纯形表.

重复以上各步,直到 $B^{-1}b \geqslant 0$ 为止,就可得到所求的最优解.

例 2.4.1　用对偶单纯形法求解线性规划问题:

$$\begin{cases} \min f = 2x_1 + 3x_2 + 4x_3, \\ x_1 + 2x_2 + x_3 \geqslant 3, \\ 2x_1 - x_2 + 3x_3 \geqslant 4, \\ x_i \geqslant 0, \quad i = 1,2,3. \end{cases}$$

解:先将问题化为标准形:

$$\begin{cases} \min f = 2x_1 + 3x_2 + 4x_3, \\ -x_1 - 2x_2 - x_3 + x_4 = -3, \\ -2x_1 + x_2 - 3x_3 + x_5 = -4, \\ x_i \geqslant 0, \quad i = 1, \cdots, 5. \end{cases}$$

初始单纯形表为:

	x_1	x_2	x_3	x_4	x_5	
x_4	-1	-2	-1	1	0	-3
x_5	$[-2]$	1	-3	0	1	-4
$-f$	2	3	4	0	0	0

根据进出基变量的确定原则确定 x_5 为出基变量,x_1 为进基变量,进行换基运算,得到

	x_1	x_2	x_3	x_4	x_5	
x_4	0	$\left[-\dfrac{5}{2}\right]$	$\dfrac{1}{2}$	1	$-\dfrac{1}{2}$	-1
x_1	1	$-\dfrac{1}{2}$	$\dfrac{3}{2}$	0	$-\dfrac{1}{2}$	2
$-f$	0	4	1	0	1	-4

再一次确定出 x_4 为出基变量,x_2 为进基变量,进行换基运算,得到

	x_1	x_2	x_3	x_4	x_5	
x_2	0	1	$-\frac{1}{5}$	$-\frac{2}{5}$	$\frac{1}{5}$	$\frac{2}{5}$
x_1	1	0	$\frac{7}{5}$	$-\frac{1}{5}$	$-\frac{2}{5}$	$\frac{11}{5}$
$-f$	0	0	$\frac{9}{5}$	$\frac{8}{5}$	$\frac{1}{5}$	$-\frac{28}{5}$

故最优解为 $x^* = \left(\frac{11}{5}, \frac{2}{5}, 0\right)^{\mathrm{T}}$，目标函数最优值为 $\frac{28}{5}$.

例 2.4.2　用对偶单纯形法求解线性规划问题：
$$\begin{cases} \min f = 28x_1 + 20x_2 + 32x_3 + 24x_4, \\ 4x_1 + 4x_2 + 8x_3 + 2x_4 \geqslant 4, \\ 4x_1 + 2x_2 + 4x_4 \geqslant 6, \\ x_i \geqslant 0, \quad i = 1, \cdots, 4. \end{cases}$$

解：先将问题化为标准形
$$\begin{cases} \min f = 28x_1 + 20x_2 + 32x_3 + 24x_4, \\ -4x_1 - 4x_2 - 8x_3 - 2x_4 + x_5 = -4, \\ -4x_1 - 2x_2 - 4x_4 + x_6 = -6, \\ x_i \geqslant 0, \quad i = 1, \cdots, 6. \end{cases}$$

下面建立单纯形表进行运算.

	x_1	x_2	x_3	x_4	x_5	x_6	
x_5	-4	-4	-8	-2	1	0	-4
x_6	-4	-2	0	$[-4]$	0	1	-6
$-f$	28	20	32	24	0	0	0
x_5	$[-2]$	-3	-8	0	1	$-\frac{1}{2}$	-1
x_4	1	$\frac{1}{2}$	0	1	0	$-\frac{1}{4}$	$\frac{2}{3}$
$-f$	4	8	32	0	0	12	-36
x_1	1	$\frac{3}{2}$	4	0	$-\frac{1}{2}$	$\frac{1}{4}$	$\frac{1}{2}$
x_4	0	-1	-4	1	$\frac{1}{2}$	$-\frac{1}{2}$	1
$-f$	0	2	16	0	2	5	-38

故原问题的最优解为 $x^* = \left(\dfrac{1}{2}, 0, 0, 1\right)^{\mathrm{T}}$，目标函数的最小值为 $f^* = 38$，其对偶问题的最优解为 $y^* = (2, 5)$，目标函数的最优值同样也为 38．

2.5　灵敏度分析

在前面讨论的线性规划模型中，是以 a_{ij}, b_i, c_j 为已知常数作为基础的．但是在实际情况中，这些系数是对客观实际的估计或预测值，其真值很难准确地得到，而且往往还受到其他因素的影响，如市场条件一变，c_j 值就会变化；a_{ij} 往往因工艺条件的改变而改变；b_i 会随着资源投入的变化而变化．甚至还可能又有新的产品会投产，这样在原模型中又需要增加一个变量；如果新增加一道工序，就会在原模型中增加一个新的约束条件．因此，我们提出这样两个问题：当这些因素变化时，原来得到的最优解是否会改变；或这些系数在什么范围内变化时，原来得到的最优解保持不变．这就是灵敏度分析要解决的问题．

下面就各种情况分别进行讨论．

2.5.1　资源数量 b_i 变化的分析

设第 r 个约束方程的右端系数由原来的 b_r 变为 $b_r' = b_r + \Delta b_r$，并保持其他系数不变，即有
$$b' = b + \Delta b,$$
这里 $\Delta b = (0, \cdots, \Delta b_r, 0, \cdots, 0)^{\mathrm{T}}$．

设原最优解为
$$x_B = B^{-1} b = \begin{pmatrix} x_{B1} \\ \vdots \\ x_{Bm} \end{pmatrix},$$
若原最优基 B 仍为最优的，则最优解相应地变为
$$x_B' = B^{-1} b' = B^{-1} b + B^{-1} \Delta b = x_B + \Delta b_r D_r \geqslant 0,$$
其中，
$$D_r = \begin{pmatrix} d_{1r} \\ \vdots \\ d_{mr} \end{pmatrix}$$
是 B^{-1} 的第 r 列，也就是
$$x_{Bi} + \Delta b_r d_{ir} \geqslant 0, \quad i = 1, \cdots, m.$$
因此，Δb_r 的允许变化范围是：

$$\max_i \left\{ -\frac{x_{Bi}}{d_{ir}} \middle| d_{ir} > 0 \right\} \leqslant \Delta b_r \leqslant \min_i \left\{ -\frac{x_{Bi}}{d_{ir}} \middle| d_{ir} < 0 \right\},$$

如果 Δb_r 的变化超过上述范围,则得到的解为不可行解.

但由于 b_r 的变化不影响检验数,故仍保持所有检验数非负,即满足对偶可行性,这时可用对偶单纯形法继续迭代,以求出新的最优解.

例 2.5.1 考虑 2.3 节中的例 2.3.1.若保持最优解,求工时约束右端值的变化范围;若将每周的生产时间增加 10 小时,试求收益最大的生产方案.

解:由例 2.3.1 的最优单纯形表可得

$$B^{-1} = \begin{pmatrix} -\dfrac{1}{2} & 1 & 0 \\ -\dfrac{3}{4} & \dfrac{1}{2} & 1 \\ \dfrac{3}{4} & -\dfrac{1}{2} & 0 \end{pmatrix}, \quad x_B = \begin{pmatrix} 30 \\ 5 \\ 5 \end{pmatrix},$$

则 Δb_1 的允许变化范围是:

$$-\frac{20}{3} \leqslant \Delta b_1 \leqslant \min\left\{ 60, \frac{20}{3} \right\},$$

即

$$-\frac{20}{3} \leqslant \Delta b_1 \leqslant \frac{20}{3}.$$

若 b_1 增加 10 小时,即 $\Delta b_1 = 10$ 超出了允许变化范围,因此原最优基变为不可行基.变化后的基变量取值为

$$x_B' = x_B + B^{-1}\Delta b = \begin{pmatrix} 30 \\ 5 \\ 5 \end{pmatrix} + 10 \begin{pmatrix} -\dfrac{1}{2} \\ -\dfrac{3}{4} \\ \dfrac{3}{4} \end{pmatrix} = \begin{pmatrix} 25 \\ -\dfrac{5}{2} \\ \dfrac{25}{2} \end{pmatrix},$$

应用对偶单纯形法,消去其不可行性

	x_1	x_2	x_3	x_4	x_5	
x_2	0	1	$-\dfrac{1}{2}$	1	0	25
x_5	0	0	$\boxed{-\dfrac{3}{4}}$	$\dfrac{1}{2}$	1	$-\dfrac{5}{2}$
x_1	1	0	$\dfrac{3}{4}$	$-\dfrac{1}{2}$	0	$\dfrac{25}{2}$

		0	0	70	20	0	续表 4500
x_2	0	1	0	$\dfrac{2}{3}$	$-\dfrac{2}{3}$		$\dfrac{80}{3}$
x_3	0	0	1	$-\dfrac{2}{3}$	$-\dfrac{4}{3}$		$\dfrac{10}{3}$
x_1	1	0	0	0	1		10
	0	0	0	$\dfrac{740}{3}$	$\dfrac{280}{3}$		$\dfrac{12800}{3}$

故每周应生产甲产品 10 箱,乙产品 $26\dfrac{2}{3}$ 箱. 这时最大收益为 $4266\dfrac{2}{3}$ 元.

2.5.2　目标函数中 c_j 变化的分析

1. 非基变量的目标系数 c_j 变化的情形.

若 c_j 改变了 Δc_j, 即 $c_j'=c_j+\Delta c_j$, 则有

$$\lambda_j'=c_j'-c_BB^{-1}P_j=\lambda_j+\Delta c_j, \quad j\in K_N(\text{非基变量下标集}),$$

其中 P_j 为 A 的第 j 列. 要保持最优基不变, 则必须 $\lambda_j'\geqslant 0$, 故非基变量目标系数 c_j 变化范围是

$$\Delta c_j\geqslant -\lambda_j.$$

2. 基变量的目标系数 c_r 变化的情形.

因 c_r 是基变量 x_r 的系数, 当 c_r 变化 Δc_r 时, 就引起 c_B 的变化, 记 $c_B'=c_B+\Delta c_B=c_B+(0,\cdots,\Delta c_r,0,\cdots,0)$, 则有

$$\lambda_j'=c_j-c_B'B^{-1}P_j=\lambda_j-\Delta c_BB^{-1}P_j, \quad j\in K_N.$$

这时, 欲保持最优基不变, 则必须

$$\lambda_j'\geqslant 0, \quad j\in K_N,$$

故基变量目标系数 Δc_B 变化范围应满足不等式组:

$$\Delta c_BB^{-1}P_j\leqslant \lambda_j, \quad j\in K_N,$$

即

$$\max_{j\in K_N}\left\{\frac{\lambda_j}{\bar{a}_{rj}}\,\bigg|\,\bar{a}_{rj}<0\right\}\leqslant \Delta c_r\leqslant \min_{j\in K_N}\left\{\frac{\lambda_j}{\bar{a}_{rj}}\,\bigg|\,\bar{a}_{rj}>0\right\},$$

其中 $\bar{a}_{rj}$ 是 $B^{-1}P_j$ 的第 r 个分量, $j\in K_N$.

如果 Δc_r 的变化超过上述范围时, 使有些新检验数为负数, 原最优解不再保持最优, 这时可用单纯形法继续迭代, 以求出新的最优解.

例 2.5.2　继续考虑例 2.3.1, 试问基变量 x_2 的目标系数 c_2 在什么范围内变

化可保持该问题的最优基不变?

解:本例中,$B = \{P_2, P_5, P_1\}$,$N = \{P_3, P_4\}$且 $A = \{P_1, P_2, P_3, P_4, P_5\}$.

$$B^{-1} = \begin{pmatrix} -\dfrac{1}{2} & 1 & 0 \\[2mm] -\dfrac{3}{4} & \dfrac{1}{2} & 1 \\[2mm] \dfrac{3}{4} & -\dfrac{1}{2} & 0 \end{pmatrix},$$

$\lambda_3 = 70, \lambda_4 = 20$. 设 $\Delta c_B = (\Delta c_2, 0, 0)$,则可列出不等式组:

$$\begin{cases} -\dfrac{1}{2}\Delta c_2 \leqslant 70, \\[2mm] \Delta c_2 \leqslant 20, \end{cases}$$

即

$$-140 \leqslant \Delta c_2 \leqslant 20,$$

而 $c_2 = -100$. 故 c_2 在

$$-240 \leqslant c_2 \leqslant -80$$

范围内变化该问题的最优基不变.

2.5.3　技术系数 a_{ij} 变化的分析

1.非基变量系数列发生变化的情形.

设非基变量系数列 p_j 变为 p_j',改变量为 Δp_j,即 $p_j' = p_j + \Delta p_j$,　$j \in K_N$,这时,

$$\lambda_j' = c_j - c_B B^{-1} p_j' = \lambda_j - c_B B^{-1} \Delta p_j.$$

若要保持最优基不变,则必须使 $\lambda_j' \geqslant 0$,故非基变量系数列 p_j 的改变量应满足

$$c_B B^{-1} \Delta p_j \leqslant \lambda_j, \quad j \in K_N.$$

2.基变量系数列发生变化的情形.

设基变量系数列 p_j 发生变化,它的变化使解的可行性、最优性及最优目标将随之发生改变,因而须重新计算.

2.5.4　增加一个新变量的分析

增加一个非负变量 x_{n+1} 后,相应增加的系数列为 $p_{n+1} = (a_{1,n+1}, \cdots, a_{m,n+1})^{\mathrm{T}}$,目标系数为 c_{n+1}.

把 x_{n+1} 视为非基变量,若原问题的最优基为 B,那么增加这个新变量后对原最优解的可行性没有影响,而新变量的检验数为

$$\lambda_{n+1}=c_{n+1}-c_B B^{-1} p_{n+1}.$$

若 $\lambda_{n+1} \geqslant 0$,则原问题的最优解就是新问题的最优解.

若 $\lambda_{n+1} < 0$,则原问题的最优解不再是新问题的最优解. 这时可把 $B^{-1} p_{n+1}$ 加入到原最优表中,并以 x_{n+1} 作为换入变量,按单纯形法继续迭代.

2.5.5 增加一个新约束条件的分析

设增加的约束为

$$a_{m+1,1}x_1+a_{m+1,2}x_2+\cdots+a_{m+1,n}x_n \leqslant b_{m+1},$$

其中 $a_{m+1,j},j=1,\cdots,n$ 及 b_{m+1} 为已知常数.

若原问题的最优解满足这个新约束,则它仍是新问题的最优解.

若原问题的最优解不满足这个新约束,则可把新约束加入松弛变量 x_{n+1} 变为等式加到原最优表中,相应地在表中增加一列 $p_{n+1}=(0,0,\cdots,1)^{\mathrm{T}}$. 检查是否破坏了原最优表中的单位矩阵(最优基),若已破坏,则用矩阵的初等变换将原单位矩阵恢复,继续迭代;检查解的可行性是否破坏,若已破坏($b_{m+1}<0$),则用对偶单纯形法迭代.

2.6 习题

1. 写出下列线性规划问题的对偶问题

$$(1)\begin{cases} \min f=3x_1+3x_2+5x_3, \\ 3x_1+4x_2+6x_3 \geqslant 3, \\ 4x_1+2x_2+9x_3 \leqslant 5, \\ 2x_1+5x_2+4x_3=6, \\ x_1,x_2 \geqslant 0, x_3 \text{ 自由}. \end{cases} \qquad (2)\begin{cases} \max f=-3x_1-2x_2+3x_3-4x_4, \\ x_1-2x_2+3x_3+4x_4 \leqslant 3, \\ x_2+3x_3+4x_4 \geqslant -5, \\ 2x_1-3x_2-7x_3-4x_4=2, \\ x_1 \geqslant 0, x_4 \leqslant 0, x_2,x_3 \text{ 自由}. \end{cases}$$

$$(3)\begin{cases} \min f=\sum_{i=1}^{m}\sum_{j=1}^{n}c_{ij}x_{ij} \\ \sum_{j=1}^{n}x_{ij}=a_i, \quad i=1,\cdots,m, \\ \sum_{i=1}^{m}x_{ij}=b_j, \quad j=1,\cdots,n, \\ x_{ij} \geqslant 0, \quad i=1,\cdots,m, \quad j=1,\cdots,n. \end{cases}$$

$$(4)\begin{cases} \max f = \sum_{j=1}^{n} c_j x_j, \\ \sum_{j=1}^{n} a_{ij} x_j \leqslant b_i, \quad i=1,\cdots,m_1, \\ \sum_{j=1}^{n} a_{ij} x_j = b_i, \quad i=m_1+1,\cdots,m, \\ x_j \geqslant 0, \quad j=1,\cdots,n_1, \\ x_i \text{自由}, \quad i=n_1+1,\cdots,m. \end{cases}$$

2. 已知线性规划问题

$$\begin{cases} \min f = 2x_1 + 3x_2 + 5x_3 + 2x_4 + 3x_5, \\ x_1 + x_2 + 2x_3 + x_4 + 3x_5 \geqslant 4, \\ 2x_1 - x_2 + 3x_3 + x_4 + x_5 \geqslant 3, \\ x_j \geqslant 0, \quad j=1,\cdots,5. \end{cases}$$

其对偶问题的最优解为 $y_1^* = \dfrac{4}{5}$, $y_2^* = \dfrac{3}{5}$, 试根据对偶理论, 求出原问题的最优解.

3. 已知线性规划问题

$$\begin{cases} \max f = -5x_1 + 5x_2 + 13x_3, \\ -x_1 + x_2 + 3x_3 \leqslant 20, \\ 12x_1 + 4x_2 + 10x_3 \leqslant 90, \\ x_j \geqslant 0, \quad j=1,2,3 \end{cases}$$

的最优解为 $x_1^* = 0, x_2^* = 20, x_3^* = 0$, 试根据对偶理论, 求出其对偶问题的最优解.

4. 利用对偶理论, 求解下列线性规划问题

$$\begin{cases} \min f = 2x_1 + 3x_2 + 5x_3 + 6x_4, \\ x_1 + 2x_2 + 3x_3 + x_4 \geqslant 2, \\ -2x_1 + x_2 - x_3 + 3x_4 \leqslant -3, \\ x_j \geqslant 0, \quad j=1,\cdots,4. \end{cases}$$

5. 用对偶单纯形法, 求解下列线性规划问题

$$(1)\begin{cases} \min f = 9x_1 + 9x_2 + 17x_3, \\ x_1 + 2x_2 + x_3 \geqslant 17, \\ 2x_1 - x_2 + 3x_3 \geqslant 9, \\ x_1, x_2, x_3 \geqslant 0. \end{cases}$$

$$(2)\begin{cases} \min f=3x_1+2x_2+x_3+4x_4, \\ 2x_1+4x_2+5x_3+x_4\geqslant 0, \\ 3x_1-x_2+7x_3-2x_4\geqslant 2, \\ 5x_1+2x_2+x_3+6x_4\geqslant 15, \\ x_j\geqslant 0, \quad j=1,\cdots,4. \end{cases}$$

6. 已知线性规划问题

$$\begin{cases} \max f=8x_1+4x_2+6x_3+3x_4+9x_5, \\ x_1+2x_2+3x_3+3x_4+3x_5\leqslant 180, & \text{（资源～1）} \\ 4x_1+3x_2+2x_3+x_4+x_5\leqslant 270, & \text{（资源～2）} \\ x_1+3x_2+2x_3+x_4+3x_5\leqslant 180, & \text{（资源～3）} \\ x_j\geqslant 0, \quad j=1,\cdots,5 \end{cases}$$

最优解中的基变量为 x_3,x_1,x_5，且已知

$$\begin{pmatrix} 3 & 1 & 3 \\ 2 & 4 & 1 \\ 2 & 1 & 3 \end{pmatrix}^{-1}=\frac{1}{27}\begin{pmatrix} 11 & -3 & 1 \\ -6 & 9 & -3 \\ 2 & -3 & 10 \end{pmatrix},$$

试根据上述信息确定三种资源的影子价格.

7. 现有线性规划问题

$$\begin{cases} \max f=-5x_1+5x_2+13x_3, \\ -x_1+x_2+3x_3\leqslant 20, & (a) \\ 12x_1+4x_2+10x_3\leqslant 90, & (b) \\ x_1,x_2,x_3\geqslant 0. \end{cases}$$

先用单纯形法求出最优解, 然后分析在下述各种条件下, 最优解分别有什么变化?

(1) 约束条件 (a) 的右端常数由 20 变为 30;

(2) 约束条件 (b) 的右端常数由 90 变为 70;

(3) 目标函数中 x_3 的系数由 13 变为 8;

(4) x_1 的系数列向量由 $\begin{pmatrix} -1 \\ 12 \end{pmatrix}$ 变为 $\begin{pmatrix} 0 \\ 5 \end{pmatrix}$;

(5) 增加一个约束条件 (c): $2x_1+3x_2+5x_3\leqslant 50$;

(6) 将原约束条件 (b) 改为: $10x_1+5x_2+10x_3\leqslant 100$.

第 3 章   非线性规划

非线性规划是现代应用数学的一门重要学科,随着计算机技术的进步,这门学科得到了迅速发展,它的理论和方法已渗透到自然科学、社会科学等领域,特别是它在经济计划、经济管理等方面有着广泛的应用.

3.1   基本知识

3.1.1   非线性规划问题的数学模型

非线性规划问题数学模型的标准形式可以表示为

$$\begin{cases} \min f(x), \\ h_i(x) = 0, & i = 1, \cdots, m, \\ g_j(x) \geqslant 0, & j = 1, \cdots, l. \end{cases} \tag{3.1.1}$$

其中 x 是 n 维欧氏空间 R^n 中的点. $f(x), h_i(x)\ (i=1,\cdots,m), g_j(x)\ (j=1,\cdots,l)$ 是实连续可微函数,它们中至少有一个是非线性函数. $f(x)$ 是目标函数, $h_i(x)=0$ $(i=1,\cdots,m), g_j(x) \geqslant 0\ (j=1,\cdots,l)$ 是约束条件. 记

$$S = \{x \mid h_i(x) = 0, i = 1, \cdots, m, g_j(x) \geqslant 0, j = 1, \cdots, l\}$$

为可行域,若 $S = R^n$,则称非线性规划问题为**无约束问题**,若 $S \subset R^n$,则称非线性规划问题为**约束问题**.

定义 3.1.1   在问题(3.1.1)中,设 $x^* \in S$,若存在 $\varepsilon > 0$,使得对 S 中所有与 x^* 的距离小于 ε 的点 x(即 $x \in S$ 且 $\| x - x^* \| < \varepsilon$)均有 $f(x) \geqslant f(x^*)$,则称 x^* 为问题(3.1.1)的**局部最优解**或局部极小点.

定义 3.1.2   在问题(3.1.1)中,设 $x^* \in S$,若对 S 中的所有点 x 均有 $f(x) \geqslant f(x^*)$,则称 x^* 为问题(3.1.1) 的**全局最优解**或全局极小点.

3.1.2   凸规划

1.凸函数

定义 3.1.3   设 $f(x)$ 为定义在非空凸集 $S \subset R^n$ 上的函数,若对 S 中的任意两点 x 和 y,不等式

$$f(\alpha x+(1-\alpha)y)\leqslant\alpha f(x)+(1-\alpha)f(y)$$

对 $0\leqslant\alpha\leqslant1$ 的一切 α 都成立,则称 $f(x)$ 为 S 上的**凸函数**.

凸函数具有如下性质:

(1)若 $f(x)$ 是凸集 S 上的凸函数,则对任意实数 $\eta>0$,$\eta f(x)$ 也是 S 上的凸函数.

(2)若 $f_1(x)$ 和 $f_2(x)$ 都是凸集 S 上的凸函数,则 $f_1(x)+f_2(x)$ 也是 S 上的凸函数.

(3)若 $f(x)$ 是凸集 S 上的凸函数,则对任意 β,水平集

$$S_\beta=\{x\in S\,|\,f(x)\leqslant\beta\}$$

是凸集.

定理 3.1.1　设 $f(x)$ 为凸集 S 上的连续可微函数,则 $f(x)$ 是 S 上的凸函数的充分必要条件是对 S 中的任意两个点 x,y 均有

$$f(y)\geqslant f(x)+\nabla f(x)^{\mathrm{T}}(y-x),$$

其中

$$\nabla f(x)=\left(\frac{\partial f(x)}{\partial x_1},\frac{\partial f(x)}{\partial x_2},\cdots,\frac{\partial f(x)}{\partial x_n}\right)^{\mathrm{T}}$$

为 $f(x)$ 在 x 点处的梯度.

定理 3.1.2　设 $f(x)$ 为凸集 S 上的二次连续可微函数,则 $f(x)$ 是 S 上的凸函数的充分必要条件是对 S 中的任意一点 x,$\nabla^2 f(x)$ 是半正定的,其中

$$\nabla^2 f(x)=\begin{pmatrix}\dfrac{\partial^2 f(x)}{\partial x_1^2}&\dfrac{\partial^2 f(x)}{\partial x_1\partial x_2}&\cdots&\dfrac{\partial^2 f(x)}{\partial x_1\partial x_n}\\[2mm]\dfrac{\partial^2 f(x)}{\partial x_2\partial x_1}&\dfrac{\partial^2 f(x)}{\partial x_2^2}&\cdots&\dfrac{\partial^2 f(x)}{\partial x_2\partial x_n}\\[2mm]\vdots&\vdots&&\vdots\\[2mm]\dfrac{\partial^2 f(x)}{\partial x_n\partial x_1}&\dfrac{\partial^2 f(x)}{\partial x_n\partial x_2}&\cdots&\dfrac{\partial^2 f(x)}{\partial x_n^2}\end{pmatrix}$$

为 $f(x)$ 在 x 点处的 Hesse 矩阵.

定义 3.1.4　设有问题

$$\min_{x\in S} f(x). \tag{3.1.2}$$

若可行集 S 为凸集,目标函数 $f(x)$ 为凸函数,则称问题(3.1.2)为**凸规划问题**.

凸规划的解有一个重要的性质.

定理 3.1.3　设 $f(x)$ 是非空凸集 S 上的凸函数,若 x^* 是问题(3.1.2)的局部最优解,则 x^* 一定是问题(3.1.2)的全局最优解.

3.1.3   最优性条件

1. 无约束问题的最优性条件.

考虑无约束问题

$$\min_{x \in R^n} f(x). \tag{3.1.3}$$

定理 3.1.4   在问题(3.1.3)中,设 $f(x)$ 是连续可微的非线性函数,若 x^* 是 (3.1.3)式的局部最优解,则

$$\nabla f(x^*) = 0. \tag{3.1.4}$$

定理 3.1.5   在问题(3.1.3)中,设 $f(x)$ 是二次连续可微的非线性函数,若在 x^* 点处满足

$$\nabla f(x^*) = 0 \quad \text{且} \quad \nabla^2 f(x) \text{在} x^* \text{的一邻域内半正定},$$

则 x^* 是(3.1.3)式的局部最优解.

定理 3.1.6   在问题(3.1.3)中,设 $f(x)$ 是 R^n 上的连续可微的凸函数,若

$$\nabla f(x^*) = 0,$$

则 x^* 是(3.1.3)式的全局最优解.

2. 约束问题的最优性条件.

考虑问题(3.1.1).

定义 3.1.5   若问题(3.1.1)的一个可行点 $\bar{x}$ 使某个不等式约束 $g_j \geq 0$ 变成等式,即 $g_j(\bar{x}) = 0$,则该约束称为关于 $\bar{x}$ 点的起作用约束;否则,若使 $g_j(\bar{x}) > 0$,则称该约束为 $\bar{x}$ 点的不起作用约束.

用集合 $I = \{j | g_j(\bar{x}) = 0, \bar{x} \in S\}$ 表示在可行点 $\bar{x}$ 的起作用约束下标集.

定理 3.1.7   在问题(3.1.1)中,设 $f(x), h_i(x)$ $(i=1,\cdots,m), g_j(x)$ $(j=1,\cdots,l)$ 连续可微, x^* 是可行解,并假设 $\nabla h_i(x^*)$ $(i=1,\cdots,m)$ 和 $\nabla g_j(x), j \in I$ 线性无关,若 x^* 是局部最优解,则存在 λ_i, $i=1,\cdots,m$ 及 $\mu_j \geq 0$, $j=1,\cdots,l$ 使得

$$\begin{cases} \nabla f(x^*) - \sum_{i=1}^{m} \lambda_i \nabla h_i(x^*) - \sum_{j=1}^{l} \mu_j \nabla g_j(x^*) = 0, \\ \mu_j \nabla g_j(x^*) = 0, \quad j=,\cdots,l. \end{cases} \tag{3.1.5}$$

通常称(3.1.5)式为 $Kuhn-Tucker$ 条件,简称 $K-T$ 条件.

定理 3.1.8   若问题(3.1.1)是凸规划问题,可行解 x^* 满足 $K-T$ 条件,则 x^* 是(3.1.1)的全局最优解.

3.1.4   非线性规划方法概述

对于非线性规划问题,通常采用下降迭代法求它的最优解. 为了介绍这类方法

的一般步骤,引入两个有关概念.

定义 3.1.6 设 $\bar{x} \in R^n$, d 是 R^n 中的一个非零向量. 若存在 $\delta > 0$, 使得对任意 $t \in (0, \delta)$ 都有

$$f(\bar{x} + td) < f(\bar{x}),$$

则称向量 d 是在点 $\bar{x}$ 处的**下降方向**.

从上述定义可见,函数在一点处的下降方向是使函数值减少的方向.

定义 3.1.7 设 $S \subset R^n$, $\bar{x} \in S$, d 是 R^n 中的一个非零向量,若存在 $t > 0$, 使

$$\bar{x} + td \in S,$$

则称向量 d 为点 $\bar{x}$ 处关于 S 的**可行方向**.

一个向量 d, 若既是函数 $f(x)$ 在点 $\bar{x} \in S$ 处的下降方向,又是该点关于 S 的可行方向,则称 d 为 $f(x)$ 在 $\bar{x}$ 点处关于 S 的可行下降方向.

现在,给出求解非线性规划问题迭代法的一般步骤:

第 1 步,选取初始数据. 选取最优点的一个初始估计点 $x^{(0)}$, 令 $k = 0$.

第 2 步,构造搜索方向. 按照一定规则构造 $f(x)$ 在点 $x^{(k)}$ 处的下降方向(对于无约束问题),或构造 $f(x)$ 在 $x^{(k)}$ 点处关于可行域 S 的可行下降方向(对于约束问题)作为搜索方向 $d^{(k)}$.

第 3 步,寻求搜索步长. 以 $x^{(k)}$ 为起点沿搜索方向 $d^{(k)}$ 寻求适当的步长 t_k, 使目标函数值有某种意义的下降.

第 4 步,求出下一个迭代点. 按照迭代格式

$$x^{(k+1)} = x^{(k)} + t_k d^{(k)}$$

求出 $x^{(k+1)}$. 若 $x^{(k+1)}$ 已满足某种终止条件,则停止迭代,并以 $x^{(k+1)}$ 作为近似最优解;否则,令 $k = k + 1$, 转第 2 步.

通常,要求上述迭代法具有下面的收敛性:由迭代法产生的点列 $\{x^{(k)}\}$, 当它是有穷点列时,其最后一个点是最优解 x^*; 当它是无穷点列时,在某种模 $\|\cdot\|$ 的意义下,其极限是最优解 x^*, 即有

$$\lim_{k \to \infty} \| x^{(k)} - x^* \| = 0.$$

对一个好的迭代法,不仅要求它具有收敛性,还要求它具有较快的收敛速度. 设点列 $\{x^{(k)}\}$ 在某种模 $\|\cdot\|$ 的意义下收敛于点 x^*, 若存在实数 $\alpha > 0$ 及一个与迭代次数 k 无关的常数 $c > 0$, 使

$$\lim_{k \to \infty} \frac{\| x^{(k+1)} - x^* \|}{\| x^{(k)} - x^* \|^\alpha} = c,$$

则称 $\{x^{(k)}\}$ 具有 α 阶收敛速度,或称 $\{x^{(k)}\}$ 是 α 阶收敛的. 特别地,

(1)当 $\alpha = 1$ 时,称 $\{x^{(k)}\}$ 线性收敛;

(2)当 $1 < \alpha < 2$ 时,称 $\{x^{(k)}\}$ 超线性收敛;

(3)当 $\alpha = 2$ 时,称 $\{x^{(k)}\}$ 二阶收敛.

一般地,线性收敛是比较慢的,二阶收敛是很快的,超线性收敛介于两者之间. 若一个迭代法具有超线性收敛速度或二阶收敛速度,就可以认为它是一个比较好的算法.

由于真正的最优解事先并不知道,只能根据迭代结果决定什么时候终止计算, 常用的终止原则有:

(1) $\| x^{(k+1)} - x^{(k)} \| < \varepsilon_1$,

(2) $\| \nabla f(x^{(k)}) \| < \varepsilon_2$,

其中 $\varepsilon_1, \varepsilon_2$ 是事先给定的足够小的正数.

3.2　无约束非线性规划问题的解法

对于无约束问题(3.1.3),通常采用使目标函数逐次下降的搜索方法. 根据构造搜索方向 $d^{(k)}$ 的不同方式,可以得到各种不同的下降方法. 下面介绍几种常见的方法.

3.2.1　最速下降法

设 $x^{(k)}$ 是最优点的第 k 次近似. 做射线

$$x = x^{(k)} + t d^{(k)}, \quad t > 0,$$

现将 $f(x)$ 在点 $x^{(k)}$ 处做 $Taylor$ 展开:

$$f(x) = f(x^{(k)}) + t \nabla f(x^{(k)})^{\mathrm{T}} d^{(k)} + o(t^2 \| d^{(k)} \|^2).$$

显然,当 $t > 0$ 充分小时, $x^{(k)}$ 点处的下降方向应满足

$$\nabla f(x^{(k)})^{\mathrm{T}} d^{(k)} < 0,$$

由于

$$\nabla f(x^{(k)})^{\mathrm{T}} d^{(k)} = \| \nabla f(x^{(k)}) \| \cdot \| d^{(k)} \| \cdot \cos\theta_k,$$

其中 θ_k 为向量 $\nabla f(x^{(k)})$ 与 $d^{(k)}$ 的夹角. 当 $\nabla f(x^{(k)})$ 与 $d^{(k)}$ 反向时, $\nabla f(x^{(k)}) \cdot d^{(k)}$ 最小. 故取

$$d^{(k)} = -\nabla f(x^{(k)}),$$

它是使 $x^{(k)}$ 在其邻域内使 $f(x)$ 值下降最快的方向.

确定了搜索方向后,还要确定步长. 就下降而言,由 $x^{(k)}$ 出发沿负梯度方向移动的最理想步长应是使 $f(x)$ 在达到点获得最小值的位移,即求 $t_k > 0$,使

$$f(x^{(k)} + t_k d^{(k)}) = \min_{t > 0} f(x^{(k)} + t d^{(k)}).$$

这样确定的步长 t_k 称为最佳步长. 可以证明,由最速下降法产生的点列 $\{x^{(k)}\}$

必收敛.并且它的极限点 x^* 满足 $\nabla f(x^*)=0$.

算法 3.2.1(最速下降法)

(1)给定初始点 $x^{(0)}$ 及精度要求 $\varepsilon>0$,置 $k=0$.

(2)计算 $\nabla f(x^{(k)})$.若 $\parallel \nabla f(x^{(k)}) \parallel<\varepsilon$,则停止迭代, $x^{(k)}$ 即为近似最优解;否则,进行(3).

(3)取 $d^{(k)}=-\nabla f(x^{(k)})$.

(4)求 t_k,使得

$$f(x^{(k)}+t_k d^{(k)})=\min_{t>0}f(x^{(k)}+td^{(k)}).$$

(5)计算 $x^{(k+1)}=x^{(k)}+t_k d^{(k)}$,置 $k=k+1$,转(2).

最速下降法具有线性收敛速度.

例 3.2.1　用最速下降法解无约束非线性规划问题

$$\min f(x)=x_1{}^2+25x_2{}^2,$$

其中 $x=(x_1,x_2)^{\mathrm{T}}$.要求选取初始点 $x^{(0)}=(2,2)^{\mathrm{T}}$,精度 $\varepsilon=10^{-6}$.

解:因为

$$\nabla f(x^{(0)})=\left(\frac{\partial f}{\partial x_1},\frac{\partial f}{\partial x_2}\right)^{\mathrm{T}}\bigg|_{x=x^{(0)}}=(2x_1,50x_2)^{\mathrm{T}}|_{x=x^{(0)}}=(4,100)^{\mathrm{T}},$$

故取

$$d^{(0)}=-\nabla f(x^{(0)})=(-4,-100)^{\mathrm{T}}.$$

由于

$$x^{(0)}+td^{(0)}=(2-4t,2-100t)^{\mathrm{T}},$$

因而

$$f(x^{(0)}+td^{(0)})=(2-4t)^2+25(2-100t)^2.$$

令

$$\frac{\mathrm{d}f(x^{(0)}+td^{(0)})}{\mathrm{d}t}=500032t-10016=0,$$

得

$$t_0\approx0.020030718,$$

所以

$$x^{(1)}=x^{(0)}+t_0 d^{(0)}=(1.9198772,-0.0030718)^{\mathrm{T}}.$$

重复上述过程.经过 10 次迭代可以得到满足精度要求的最优解 $x^*=(0,0)^{\mathrm{T}}$ 的近似解.

3.2.2　共轭梯度法

定义 3.2.1　设 A 是 n 阶对称正定矩阵,若 n 维非零向量 x 和 y 使得

$$x^{\mathrm{T}}Ay=0,$$

则称 x 和 y 是 A 共轭向量.对于非零向量组 u_i, $i=1,\cdots,n$,若有

$$u_i^{\mathrm{T}}Au_j=0, \quad i,j=1,\cdots,n, \quad i\neq j,$$

则称 u_i, $i=1,\cdots,n$ 是 A **共轭向量组**.

可以证明, A 共轭向量组一定是线性无关向量组.

下面仅考虑以二次函数为目标函数的无约束极小化问题

$$\min f(x)=\frac{1}{2}x^{\mathrm{T}}Ax+b^{\mathrm{T}}x+c, \tag{3.2.1}$$

其中 $A\in R^{n\times n}$ 是对称正定矩阵, $b\in R^n$, $c\in R$.

二次目标函数的梯度为 $\nabla f(x)=Ax+b$,由迭代表达式

$$x^{(k+1)}=x^{(k)}+t_k d^{(k)}, \quad k=0,\cdots,n-1$$

可知

$$\nabla f(x^{(k+1)})=\nabla f(x^{(k)})+t_k Ad^{(k)},$$

于是经递推可得

$$\nabla f(x^{(n)})=\nabla f(x^{(j+1)})+t_{j+1}Ad^{(j+1)}+\cdots+t_{n-1}Ad^{(n-1)},$$
$$j=0,1,\cdots,n-2,$$

故,若 $d^{(0)},d^{(1)},\cdots,d^{(n-1)}$ 是一组 A 共轭向量,则有

$$\nabla f(x^{(n)})^{\mathrm{T}}\cdot d^{(j)}=\nabla f(x^{(j+1)})^{\mathrm{T}}\cdot d^{(j)}, \quad j=0,1,\cdots,n-2.$$

再假定迭代时走最佳步长,即

$$\frac{\mathrm{d}f(x^{(j)}+td^{(j)})}{\mathrm{d}t}\bigg|_{t=t_j}=\nabla f(x^{(j+1)})^{\mathrm{T}}\cdot d^{(j)}=0, \quad j=0,1,\cdots,n-1.$$

因此

$$\nabla f(x^{(n)})^{\mathrm{T}}\cdot d^{(j)}=0, \quad j=0,1,\cdots,n-1.$$

又因为 $d^{(0)},d^{(1)},\cdots,d^{(n-1)}$ 是一组线性无关的向量, $\nabla f(x^{(n)})$ 可由它们线性表出,即存在一组数 $k_0,k_1,\cdots,k_{n-1}$,使

$$\nabla f(x^{(n)})=\sum_{j=0}^{n-1}k_j d^{(j)},$$

所以

$$\nabla f(x^{(n)})^{\mathrm{T}}\cdot\nabla f(x^{(n)})=\sum_{j=0}^{n-1}k_j\nabla f(x^{(n)})^{\mathrm{T}}\cdot d^{(j)}=0,$$

于是

$$\nabla f(x^{(n)})=0.$$

由于正定二次函数是凸函数,所以 $x^{(n)}$ 就是问题(3.2.1)的最优解.这说明至多经过 n 次迭代就能达到正定二次函数的极小点.

容易验证,按如下方法

$$\begin{cases} d^{(0)} = -\nabla f(x^{(0)}), \\ d^{(k+1)} = -\nabla f(x^{(k+1)}) + \lambda_k d^{(k)}, & k=0,1,\cdots,n-2, \\ \text{其中}\quad \lambda_k = \dfrac{\nabla f(x^{(k+1)})^{\mathrm{T}} A d^{(k)}}{d^{(k)\mathrm{T}} A d^{(k)}}, & k=0,1,\cdots,n-2 \end{cases} \quad (3.2.2)$$

生成的向量 $d^{(0)}, d^{(1)}, \cdots, d^{(n-1)}$ 是一组 A 共轭向量. 进一步可以验证

$$\nabla f(x^{(k+1)})^{\mathrm{T}} \cdot \nabla f(x^{(k)}) = 0, \quad k=0,1,\cdots,n-1.$$

这样,可以将(3.2.2)式中的 λ_k 再简化为

$$\lambda_k = \frac{\nabla f(x^{(k+1)})^{\mathrm{T}} \cdot \nabla f(x^{(k+1)})}{\nabla f(x^{(k)})^{\mathrm{T}} \cdot \nabla f(x^{(k)})\}} = \frac{\parallel \nabla f(x^{(k+1)}) \parallel^2}{\parallel \nabla f(x^{(k)}) \parallel^2}, \quad k=0,1,\cdots,n-1.$$

算法 3.2.2(共轭梯度法)

(1)选取初始点 $x^{(0)}$,给定精度要求 $\varepsilon > 0$,置 $k=0$.

(2)计算 $\nabla f(x^{(k)})$,若 $\parallel \nabla f(x^{(k)}) \parallel < \varepsilon$,则停止迭代,$x^{(k)}$ 即为近似最优解;否则进行(3).

(3)若 $k=0$,取 $d^{(k)} = -\nabla f(x^{(k)})$;否则,计算

$$\lambda_{k-1} = \frac{\parallel \nabla f(x^{(k)}) \parallel^2}{\parallel \nabla f(x^{(k-1)}) \parallel^2},$$

取 $d^{(k)} = -\nabla f(x^{(k)}) + \lambda_{k-1} d^{(k-1)}$.

(4)求 t_k,使得

$$f(x^{(k)} + t_k d^{(k)}) = \min_{t>0} f(x^{(k)} + t d^{(k)}).$$

(5)计算 $x^{(k+1)} = x^{(k)} + t_k d^{(k)}$,置 $k=k+1$,转(2).

共轭梯度法具有 n 步超线性收敛速度.

例 3.2.2　求解例 3.2.1 中的无约束问题.

解:由例 3.2.1 有 $d^{(0)} = (-4, -100)^{\mathrm{T}}$, $x^{(1)} = (1.9198772, -0.0030718)^{\mathrm{T}}$ 计算 $\nabla f(x^{(1)})$,得

$$\nabla f(x^{(1)}) = (3.8397544, -0.15359)^{\mathrm{T}},$$

再算得

$$\lambda_0 = \frac{\parallel \nabla f(x^{(1)}) \parallel^2}{\parallel \nabla f(x^{(0)}) \parallel^2} = 0.00147437,$$

取

$$d^{(1)} = -\nabla f(x^{(1)}) + \lambda_0 d^{(0)} = (-3.8456517, 0.006153)^{\mathrm{T}},$$

令

$$\frac{\mathrm{d}(x^{(1)} + t d^{(1)})}{\mathrm{d}t} = 0,$$

解得

$$t_1 = 0.49923.$$

因而得到下一迭代点

$$x^{(2)} = x^{(1)} + t_1 d^{(1)} \approx (0,0)^T.$$

由于 $\nabla f(x^{(2)}) \approx (0,0)^T$，故停止迭代，$x^{(2)} = (0,0)^T$ 即为最优解.

3.2.3　模矢搜索法

前面讲述的两种方法都要用到目标函数的导数，属于解析法，而模矢搜索法只用到目标函数的函数值，是一种直接法.

此法的特点是，每一轮迭代采用所谓轴向移动和模矢移动相结合的方法进行. 下面分别介绍轴向移动和模矢移动是如何进行的.

任选一初始近似点 $x^{(0)}$，从 $x^{(0)}$ 出发，沿第 i 个坐标轴以某一步长 δ_i 进行探索，在 $x^{(0)} + \delta_i e_i$ 和 $x^{(0)} - \delta_i e_i$ 这两点中寻求使目标函数值下降的点，并把它作为临时基点，这里 e_i 是第 i 个坐标轴的单位向量($i = 1, \cdots, n$). 再由此基点出发沿另一个坐标轴进行同样的探索. 如此进行 n 次探索移动，一般可获得使目标函数值下降的点，这就完成了一轮轴向移动，并令这一轮探索得到的最好的点为第二个基点 $x^{(1)}$.

向量 $x^{(1)} - x^{(0)}$ 称为第一个模矢，可以认为它是使目标函数值得以改善的最有利的移动方向，这一方向类似于目标函数的负梯度方向. 将第一个模矢加长一倍，并把它的端点作为第二轮轴向移动的初始临时基点.

把上述轴向移动和模矢移动结合起来交替重复进行，就可以得到越来越好的目标函数下降点. 如果探索到某一步时得不出新的下降点，则应缩小步长以进行更精细的探索，当步长已缩小到某一精度要求，仍得不到新的下降点时，即可停止搜索，将最后一个下降点作为所求的近似解.

算法 3.2.3(模矢搜索法)

(1)选取初始点 $x^{(0)}$，初始步长 $\delta^{(0)} = (\delta_1^{(0)}, \cdots, \delta_n^{(0)})$，给定收缩系数 $\theta \in (0,1)$，给定精度要求 $\varepsilon > 0$. 置：$k = 0, y = x^{(0)}$.

(2)进行轴向移动. 对 $i = 1, \cdots, n$，依次作：

若 $f(y + \delta_i^{(k)} e_i) < f(y)$，置：$y = y + \delta_i^{(k)} e_i$；否则

若 $f(y - \delta_i^{(k)} e_i) < f(y)$，置：$y = y - \delta_i^{(k)} e_i$；

　　　　置：$x^{(k+1)} = y$；　（此时 $f(x^{(k+1)}) \leqslant f(x^{(k)})$).

(3)进行模矢移动. 若 $f(x^{(k+1)}) < f(x^{(k)})$，置：$y = x^{(k+1)} + (x^{(k+1)} - x^{(k)})$，$\delta_i^{(k+1)} = \delta_i^{(k)}$，　$k = k + 1$，转(2)；否则进行(4).

（4）缩短轴向移动步长. 若 $\parallel \delta^{(k)} \parallel < \varepsilon$，则停止迭代，$x^{(k)}$ 即为近似解；否则

若 $x^{(k+1)} \neq x^{(k)}$，置：$y = x^{(k)}$，　$\delta^{(k+1)} = \delta^{(k)}$，　$k = k+1$，转（2）；否则

$$置：y = x^{(k)}，\quad \delta^{(k+1)} = \theta \delta^{(k)}，\quad k = k+1，转（2）.$$

模式搜索法具有方法直观的优点，是一个比较实用的方法. 但是此法收敛速度较慢.

例 3.2.3　用模矢搜索法求解 $\min f(x) = x_1^2 + x_2^2$，要求选取 $x^{(0)} = (1,1)^{\mathrm{T}}$，$\delta^{(0)} = (0.25, 0.25)^{\mathrm{T}}, \theta = 0.2, \varepsilon = 10^{-2}$.

解：第一轮迭代：令 $y = x^{(0)} = (1,1)^{\mathrm{T}}$，则 $f(y) = 2$.

因为　$f(y + \delta_1^{(0)} e_1) = 2.5625 > f(y), f(y - \delta_1^{(0)} e_1) = 1.5625 < f(y)$，

故取　$y = y - \delta_1^{(0)} e_1 = (0.75, 1)^{\mathrm{T}}$.

又因为　$f(y + \delta_2^{(0)} e_2) = 2.125 > f(y), f(y - \delta_2^{(0)} e_2) = 1.125 < f(y)$，

故取　$y = y - \delta_2^{(0)} e_2 = (0.75, 0.75)^{\mathrm{T}}$.

令　$x^{(1)} = y = (0.75, 0.75)^{\mathrm{T}}$，则 $f(x^{(1)}) = 1.125 < f(x^{(0)})$.

取　$y = x^{(1)} + (x^{(1)} - x^{(0)}) = (0.5, 0.5)^{\mathrm{T}}, \delta^{(1)} = \delta^{(0)} = (0.25, 0.25)^{\mathrm{T}}$.

第二轮迭代：$f(y) = 0.5$.

因为　$f(y + \delta_1^{(1)} e_1) = 0.8125 > f(y), f(y - \delta_1^{(1)} e_1) = 0.3125 < f(y)$，

故取　$y = y - \delta_1^{(1)} e_1 = (0.25, 0.5)^{\mathrm{T}}$.

又因为　$f(y + \delta_2^{(1)} e_2) = 0.625 > f(y), f(y - \delta_2^{(1)} e_2) = 0.125 < f(y)$，

故取　$y = y - \delta_2^{(1)} e_2 = (0.25, 0.25)^{\mathrm{T}}$.

令　$x^{(2)} = y = (0.25, 0.25)^{\mathrm{T}}$，则 $f(x^{(2)}) = 0.125 < f(x^{(1)})$.

取　$y = x^{(2)} + (x^{(2)} - x^{(1)}) = (-0.25, -0.25)^{\mathrm{T}}$，

$\delta^{(2)} = \delta^{(1)} = (0.25, 0.25)^{\mathrm{T}}$.

第三轮迭代：$f(y) = 0.125$.

因为　$f(y + \delta_1^{(2)} e_1) = 0.0625 < f(y)$，

故取　$y = y + \delta_1^{(2)} e_1 = (0, -0.25)^{\mathrm{T}}$.

又因为　$f(y + \delta_2^{(2)} e_2) = 0 < f(y)$，

故取　$y = y + \delta_2^{(2)} e_2 = (0, 0)^{\mathrm{T}}$.

令　$x^{(3)} = y = (0, 0)^{\mathrm{T}}$，则 $f(x^{(3)}) = 0 < f(x^{(2)})$.

取　$y = x^{(3)} + (x^{(3)} - x^{(2)}) = (-0.25, -0.25)^{\mathrm{T}}$，

$\delta^{(3)} = \delta^{(2)} = (0.25, 0.25)^{\mathrm{T}}$.

第四轮迭代：由第三轮迭代知，有 $x^{(4)} = (0,0)^{\mathrm{T}}, f(x^{(4)}) = 0 < f(x^{(3)})$.

因为　$\parallel \delta_1^{(3)} \parallel = 0.125 > \varepsilon = 10^{-2}$，且 $x^{(4)} = x^{(3)}$，

故取　$y = x^{(3)} = (0, 0)^{\mathrm{T}}, \delta^{(4)} = \theta \delta^{(3)} = (0.05, 0.05)^{\mathrm{T}}$.

第五轮迭代:$f(y)=0$.

因为 $f(y\pm\delta_1^{(4)}e_1)=0.0025>f(y)$,$f(y\pm\delta_2^{(4)}e_2)=0.0025>f(y)$.

故取 $y=(0,0)^T$.

令 $x^{(5)}=y=(0,0)^T$,则 $f(x^{(5)})=f(x^{(4)})$.

由于此时 $\|\delta^{(4)}\|=0.005<10^{-2}$,故停止迭代,输出 $x^{(4)}=(0,0)^T$.

3.3 约束非线性规划问题的解法

这一节,我们将约束问题分为线性约束问题和非线性约束问题,分别介绍两类问题的解法.

3.3.1 可行方向法

由 3.1.4 节可知,解约束问题迭代法的关键是构造可行下降方向.根据构造方法的不同,本节给出两种可行方向法.

1. Zoutendijk 方法

考虑线性约束的非线性规划问题

$$\begin{cases} \min f(x), \\ Ax\geqslant b, \\ Bx=c, \end{cases} \tag{3.3.1}$$

其中 $A\in R^{m\times n}$,$B\in R^{l\times n}$,$b\in R^m$,$c\in R^l$,且 B 是行满秩的.

设 $x^{(k)}\in S=\{x\,|\,Ax\geqslant b,Bx=c,x\in R^n\}$,若 $A=\begin{bmatrix} A_1 \\ A_2 \end{bmatrix}$,$b=\begin{bmatrix} b_1 \\ b_2 \end{bmatrix}$ 且 $A_1x^{(k)}=b_1$,$A_2x^{(k)}>b_2$,即将(3.3.1)式中的不等式约束分为起作用约束和不起作用约束,则可以证明:非零向量 $d^{(k)}$ 为 $x^{(k)}$ 点处的可行方向的充要条件是

$$\begin{cases} A_1d^{(k)}\geqslant 0, \\ Bd^{(k)}=0. \end{cases}$$

由 3.2.1 节知,为使 $d^{(k)}$ 又是下降方向,还须满足

$$\nabla f(x^{(k)})^T \cdot d^{(k)}<0.$$

因此,在点 $x^{(k)}$ 处的可行下降方向可通过求解下列线性规划问题来得到

$$\begin{cases} \min \nabla f(x^{(k)})^T \cdot d, \\ A_1d\geqslant 0, \\ Bd=0, \\ -1\leqslant d_i\leqslant 1, \quad i=1,\cdots,n. \end{cases} \tag{3.3.2}$$

这里增加约束 $-1 \leqslant d_i \leqslant 1$,是为了获得一个有限解.

在问题(3.3.2)中,由于 $d=0$ 是可行解,故最优值必小于或等于零.若小于零,则最优解即为可行下降方向;若等于零,则可以证明此时的 $x^{(k)}$ 即为非线性规划问题(3.3.1)的 $K-T$ 点.

算法 3.3.1($Zontendijk$ 法)

(1)选取初始数据.选取初始可行点 $x^{(0)} \in S$,给定精度要求 $\varepsilon > 0$,置 $k=0$.

(2)分解出起作用约束.分解 $A = \begin{bmatrix} A_1 \\ A_2 \end{bmatrix}, b = \begin{bmatrix} b_1 \\ b_2 \end{bmatrix}$,使 $A_1 x^{(k)} = b_1, A_2 x^{(k)} > b_2$.

(3)求解辅助线性规划

$$\begin{cases} \min \nabla f(x^{(k)})^{\mathrm{T}} \cdot d, \\ A_1 d \geqslant 0, \\ B d = 0, \\ -1 \leqslant d_i \leqslant 1, \quad i=1,\cdots,n, \end{cases}$$

得到最优解 $d^{(k)}$.

(4)构造可行下降方向.若 $|\nabla f(x^{(k)})^{\mathrm{T}} \cdot d^{(k)}| < \varepsilon$,则 $x^{(k)}$ 为 $K-T$ 点,停止迭代,输出 $x^{(k)}$;否则,得到可行下降方向 $d^{(k)}$,进行(5).

(5)求最佳步长 t_k,计算 $\xi^{(k)} = b_2 - A_2 x^{(k)}, \eta^{(k)} = A_2 d^{(k)}$,求 t_k,使得

$$f(x^{(k)} + t_k d^{(k)}) = \min_{0 \leqslant t \leqslant t_{max}^{(k)}} f(x^{(k)} + t d^{(k)}),$$

其中 $t_{max}^{(k)} = \begin{cases} \min\limits_i \left\{ \dfrac{\xi_i^{(k)}}{\eta_i^{(k)}} \,\middle|\, \eta_i^{(k)} < 0 \right\}, & \text{当 } \eta^{(k)} \ngeqslant 0, \\ +\infty, & \text{当 } \eta^{(k)} \geqslant 0. \end{cases}$

(6)置:$x^{(k+1)} = x^{(k)} + t_k d^{(k)}$,　$k=k+1$,转(2).

例 3.3.1　用 $Zontendijk$ 法求解下列问题

$$\begin{cases} \min f(x) = 2x_1^2 + 2x_2^2 - 2x_1 x_2 - 4x_1 - 6x_2, \\ x_1 + x_2 \leqslant 2, \\ x_1 + 5x_2 \leqslant 5, \\ x_1 \geqslant 0, x_2 \geqslant 0, \end{cases}$$

其中 $x = (x_1, x_2)^{\mathrm{T}}$,要求选取初始可行点 $x^{(0)} = (0,0)^{\mathrm{T}}$,精度要求 $\varepsilon = 10^{-6}$.

解:$A = \begin{bmatrix} -1 & -1 \\ -1 & -5 \\ 1 & 0 \\ 0 & 1 \end{bmatrix}, b = \begin{bmatrix} -2 \\ -5 \\ 0 \\ 0 \end{bmatrix}$.

第一轮迭代:

因为 $x^{(0)}=(0,0)^T$，所以

$$A_1=\begin{pmatrix}1&0\\0&1\end{pmatrix},\ b_1=\begin{pmatrix}0\\0\end{pmatrix},\ A_2=\begin{pmatrix}-1&-1\\-1&-5\end{pmatrix},\ b_2=\begin{pmatrix}-2\\-5\end{pmatrix}.$$

又 $\nabla f(x^{(0)})=(-4,-6)^T$，于是求解辅助线性规划

$$\begin{cases}\min\ \nabla f(x^{(0)})^T\cdot d=-4d_1-6d_2,\\d_1\geqslant 0,\\d_2\geqslant 0,\\-1\leqslant d_i\leqslant 1,\quad i=1,2.\end{cases}$$

解得 $d^{(0)}=(1,1)^T$. 由于 $|\nabla f(x^{(0)})^T\cdot d^{(0)}|>\varepsilon$，继续求解. 计算

$$\xi^{(0)}=b_2-A_2x^{(0)}=\begin{pmatrix}-2\\-5\end{pmatrix},\quad \eta^{(0)}=A_2d^{(0)}=\begin{pmatrix}-2\\-6\end{pmatrix},$$

故 $t_{max}^{(0)}=\min\left\{\dfrac{-2}{-2},\dfrac{-5}{-6}\right\}=\dfrac{5}{6}$，并求解

$$\min_{0\leqslant t\leqslant\frac{5}{6}}f(x^{(0)}+td^{(0)})=2t^2-10t,$$

求得最优解为 $t_0=\dfrac{5}{6}$，所以得下一迭代点

$$x^{(1)}=x^{(0)}+t_0d^{(0)}=\left(\frac{5}{6},\frac{5}{6}\right)^T.$$

第二轮迭代：

$$A_1=(-1,-5),\ b_1=(-5),\ A_2=\begin{pmatrix}-1&-1\\1&0\\0&1\end{pmatrix},\ b_2=\begin{pmatrix}-2\\0\\0\end{pmatrix}.$$

由于 $\nabla f(x^{(1)})=\left(-\dfrac{7}{3},-\dfrac{13}{3}\right)^T$，构造辅助线性规划

$$\begin{cases}\min\ \nabla f(x^{(1)})^T\cdot d=-\dfrac{7}{3}d_1-\dfrac{13}{3}d_2,\\-d_1-5d_2\geqslant 0,\\-1\leqslant d_i\leqslant 1,\quad i=1,2.\end{cases}$$

解得最优解 $d^{(1)}=\left(1,-\dfrac{1}{5}\right)^T$. 由于 $|\nabla f(x^{(1)})^T\cdot d^{(1)}|=\dfrac{12}{15}>\varepsilon$，要继续计算

$$\xi^{(1)}=b_2-A_2x^{(1)}=\begin{pmatrix}-\dfrac{1}{3}\\-\dfrac{5}{6}\\-\dfrac{5}{6}\end{pmatrix},\quad \eta^{(1)}=A_2d^{(1)}=\begin{pmatrix}-\dfrac{4}{5}\\-\dfrac{1}{5}\end{pmatrix},$$

故 $t_{max}^{(1)} = \min\left\{\dfrac{-\dfrac{1}{3}}{-\dfrac{4}{5}}, \dfrac{-\dfrac{5}{6}}{-\dfrac{1}{5}}\right\} = \dfrac{5}{12}$，求解

$$\min_{0 \leqslant t \leqslant \frac{5}{12}} f(x^{(1)} + td^{(1)}) = \frac{62}{25}t^2 - \frac{25}{15}t - \frac{125}{18},$$

最优解为 $t_1 = \dfrac{55}{186}$，所以得

$$x^{(2)} = x^{(1)} + t_1 d^{(1)} = \left(\frac{35}{31}, \frac{24}{31}\right)^{\mathrm{T}}.$$

第三轮迭代：

$$A_1 = (-1, -5), \ b_1 = (-5), \ A_2 = \begin{pmatrix} -1 & -1 \\ 1 & 0 \\ 0 & 1 \end{pmatrix}, b_2 = \begin{pmatrix} -2 \\ 0 \\ 0 \end{pmatrix}.$$

由于 $\nabla f(x^{(2)}) = \left(-\dfrac{32}{31}, -\dfrac{160}{31}\right)^{\mathrm{T}}$，构造辅助线性规划

$$\begin{cases} \min \ \nabla f(x^{(2)})^{\mathrm{T}} \cdot d = -\dfrac{32}{31}d_1 - \dfrac{160}{31}d_2, \\ -d_1 - 5d_2 \geqslant 0, \\ -1 \leqslant d_i \leqslant 1, \quad i = 1,2. \end{cases}$$

解得最优解 $d^{(2)} = \left(1, -\dfrac{1}{5}\right)^{\mathrm{T}}$. 由于 $|\nabla f(x^{(2)})^{\mathrm{T}} \cdot d^{(2)}| = 0 < \varepsilon$. 故停止迭代，输出 $x^{(2)} = \left(\dfrac{35}{31}, \dfrac{24}{31}\right)^{\mathrm{T}}$，它已是 $K-T$ 点，因此即是全局最优解.

2. Rosen 投影梯度法

在约束问题中，可行点处的负梯度方向未必是可行方向. 如果设法将其投影到可行域，就能得到既可行又下降的可行下降方向. 这就是投影梯度法的基本思想.

在问题 (3.3.1) 中，设 $x^{(k)}$ 是可行点，且使 $A_1 x^{(k)} = b_1, A_2 x^{(k)} > b_2$，这里 $A = \begin{pmatrix} A_1 \\ A_2 \end{pmatrix}, b = \begin{pmatrix} b_1 \\ b_2 \end{pmatrix}$，矩阵 $M = \begin{pmatrix} A_1 \\ B \end{pmatrix}$ 行满秩，若 $P = E - M^{\mathrm{T}}(MM^{\mathrm{T}})^{-1}M$，可以证明：

(1) 当 $P\nabla f(x^{(k)}) \neq 0$ 时，$d^{(k)} = -P\nabla f(x^{(k)})$ 是 $x^{(k)}$ 点处的可行下降方向.

(2) 当 $P\nabla f(x^{(k)}) = 0$ 时，令 $\omega = (MM^{\mathrm{T}})^{-1}M \cdot \nabla f(x^{(k)})$，并相对于分解 $M = \begin{pmatrix} A_1 \\ B \end{pmatrix}$，将其分解为 $\omega = \begin{pmatrix} u \\ v \end{pmatrix}$，有下面的结论：

i) 若 $u \geqslant 0$，则 $x^{(k)}$ 是问题 (3.3.1) 的 $K-T$ 点；

ii) 若 $u \ngeqslant 0$，则 $d^{(k)} = -\overline{P}\nabla f(x^{(k)})$ 是 $x^{(k)}$ 点处的可行下降方向. 这里 $\overline{P} = E -$

$\overline{M}^{\mathrm{T}}(\overline{M}\,\overline{M}^{\mathrm{T}})^{-1}\overline{M}$ 其中 $\overline{M}=\begin{bmatrix}\overline{A_1}\\B\end{bmatrix}$，$\overline{A_1}$ 是 A_1 中删去第 j 行后得到的矩阵，而 u_j 是 u 的

一个负分量.

算法 3.3.2($Rosen$ 投影梯度法)

(1)选取初始数据. 选取初始可行点 $x^{(0)}\in S$，给定精度要求 $\varepsilon>0$，置 $k=0$.

(2)分解起作用约束. 分解

$$A=\begin{bmatrix}A_1\\A_2\end{bmatrix},\quad b=\begin{bmatrix}b_1\\b_2\end{bmatrix},$$

使 $A_1x^{(k)}=b_1$，$A_2x^{(k)}>b_2$.

(3)确定投影矩阵. 取

$$M=\begin{bmatrix}A_1\\B\end{bmatrix},$$

计算 $P=E-M^{\mathrm{T}}(MM^{\mathrm{T}})^{-1}M$.

(4)构造可行下降方向. 令

$$d^{(k)}=-P\nabla f(x^{(k)}).$$

若 $\|d^{(k)}\|>\varepsilon$，则转(5)；

若 $\|d^{(k)}\|\leqslant\varepsilon$，计算 $\omega=(MM^{\mathrm{T}})^{-1}M\nabla f(x^{(k)})$，并将其表示为 $\omega=\begin{bmatrix}u\\v\end{bmatrix}$.

当 $u\geqslant0$ 时，停止迭代，输出 $x^{(k)}$；否则，在 u 中选一个负分量 u_j，并在 A_1 中删除第 j 行，转(3).

(5)求最佳步长. 计算 $\xi^{(k)}=b_2-A_2x^{(k)}$，$\eta^{(k)}=A_2d^{(k)}$，求 t_k 使得

$$f(x^{(k)}+t_kd^{(k)})=\min_{0\leqslant t\leqslant t_{max}^{(k)}}f(x^{(k)}+td^{(k)}).$$

其中 $t_{max}^{(k)}=\begin{cases}\min\limits_{i}\left\{\dfrac{\xi_i^{(k)}}{\eta_i^{(k)}}\,\middle|\,\eta_i^{(k)}<0\right\},&当\ \eta^{(k)}\not\geqslant0；\\+\infty,&当\ \eta^{(k)}\geqslant0.\end{cases}$

(6)置：$x^{(k+1)}=x^{(k)}+t_kd^{(k)}$，$k=k+1$，转(2).

例 3.3.2　用 $Rosen$ 投影梯度法求解例 3.3.1 中的非线性规划问题.

解：第一轮迭代：$\nabla f(x^{(0)})=\begin{pmatrix}-4\\-6\end{pmatrix}$，$A_1=\begin{pmatrix}1&0\\0&1\end{pmatrix}$，$A_2=\begin{pmatrix}-1&-1\\-1&-5\end{pmatrix}$，

$$M=A_1=\begin{pmatrix}1&0\\0&1\end{pmatrix},\quad P=\begin{pmatrix}0&0\\0&0\end{pmatrix},\quad d^{(0)}=\begin{pmatrix}0\\0\end{pmatrix},$$

$$\omega=\begin{bmatrix}u_1\\u_2\end{bmatrix}=\begin{pmatrix}-4\\-6\end{pmatrix}.$$

选择 $u_2=-6$，删去 A_1 的第二行，得 $\overline{A}_1=(1\ 0)$ 修正后的投影矩阵为 $\overline{P}=$ $\begin{pmatrix} 0 & 0 \\ 0 & 1 \end{pmatrix}$，则 $d^{(0)}=-\overline{P}\nabla f(x^{(0)})=\begin{pmatrix} 0 \\ 6 \end{pmatrix}$，计算步长得 $t_0=\frac{1}{6}$，令 $x^{(1)}=x^{(0)}+t_0 d^{(0)}=$ $\begin{pmatrix} 0 \\ 1 \end{pmatrix}$．重复上述过程，进行下一轮迭代，计算结果见表 3.1.

表 3.1

迭代次数	$x^{(k)}$	$f(x^{(k)})$	可行下降方向				t_k	$x^{(k+1)}$
			$\nabla f(x^{(k)})$	$A_1(\overline{A}_1)$	$P(\overline{P})$	$d^{(k)}$		
1	$\begin{pmatrix} 0 \\ 0 \end{pmatrix}$	0	$\begin{pmatrix} -4 \\ -6 \end{pmatrix}$	$(1\ 0)$	$\begin{pmatrix} 0 & 0 \\ 0 & 1 \end{pmatrix}$	$\begin{pmatrix} 0 \\ 6 \end{pmatrix}$	$\dfrac{1}{6}$	$\begin{pmatrix} 0 \\ 1 \end{pmatrix}$
2	$\begin{pmatrix} 0 \\ 1 \end{pmatrix}$	-4	$\begin{pmatrix} -6 \\ -2 \end{pmatrix}$	$(-1\ -5)$	$\begin{pmatrix} \frac{25}{26} & -\frac{5}{26} \\ -\frac{5}{26} & \frac{1}{26} \end{pmatrix}$	$\begin{pmatrix} \frac{70}{13} \\ -\frac{14}{13} \end{pmatrix}$	$\dfrac{7}{31}$	$\begin{pmatrix} \frac{35}{31} \\ \frac{24}{31} \end{pmatrix}$
3	$\begin{pmatrix} \frac{35}{31} \\ \frac{24}{31} \end{pmatrix}$	-7.16	$\begin{pmatrix} -\frac{32}{31} \\ -\frac{160}{31} \end{pmatrix}$	$(-1\ -5)$	$\begin{pmatrix} \frac{25}{26} & -\frac{5}{26} \\ -\frac{5}{26} & \frac{1}{26} \end{pmatrix}$	$\begin{pmatrix} 0 \\ 0 \end{pmatrix}$		

3.3.2　增广目标函数法

本节介绍求解带非线性约束的非线性规划问题的增广目标函数法.这类方法的特点是:利用问题的目标函数和约束函数构造出所谓增广目标函数,把约束非线性规划的求解转化为对相应的增广目标函数的无约束非线性规划的求解.

1. 惩罚函数法

对问题(3.1.1),可构造外惩罚函数

$$P_c(x)=C\sum_{j=1}^{l}\left[\max(g_j(x),0)\right]^2+\frac{C}{2}\sum_{i=1}^{m}\left[h_i(x)\right]^2, \tag{3.3.3}$$

其中 C 是一个可以无限增大的参数.

对只含有不等式约束的非线性规划问题

$$\begin{cases} \min f(x), \\ g_j(x)\geqslant 0, \quad j=1,\cdots,l, \end{cases} \tag{3.3.4}$$

可构造另一种惩罚函数,即为内惩罚函数

$$P_c(x)=C\sum_{j=1}^{l}\frac{1}{g_j(x)} \tag{3.3.5}$$

或

$$P_c(x)=-C\sum_{j=1}^{l}\log[g_j(x)], \tag{3.3.6}$$

其中 C 是一个可以无限减小的正数.

利用目标函数和惩罚函数可以构造增广目标函数

$$F_c(x) = f(x) + P_c(x). \tag{3.3.7}$$

随着正参数 C 的无限增大或无限减小,增广目标函数的无约束非线性规划问题

$$\min F_c(x) = f(x) + P_c(x) \tag{3.3.8}$$

的最优解接近于问题(3.1.1)或(3.3.4)的最优解.

算法 3.3.3(惩罚函数法)

(1)选取初始数据.选取初始点 $x^{(0)}$ 及罚参数列 $\{C_k, k=1,2,\cdots\}$,给出精度要求 $\varepsilon > 0$. 置 $k=1$.

(2)构造增广目标函数.先按(3.3.3)式构造外惩罚函数或按(3.3.5)与(3.3.6)式之一构造内惩罚函数.再按(3.3.7)式构造增广目标函数.

(3)求解无约束非线性规划问题.以 $x^{(k-1)}$ 为初始点.选定某种无约束问题的解法,求解(3.3.8)式.令其最优解为 $x^{(k)}$,若 $x^{(k)}$ 已满足某种终止条件,则停止迭代,输出 $x^{(k)}$;否则置 $k=k+1$,转(2).

在外惩罚函数中,对 $\{C_k\}$ 的选取常采用先取定 $C_1 > 0$ 和一个增大系数 $\alpha \geqslant 2$,而后的参数由 $C_{k+1} = \alpha C_k (k=1,2,\cdots)$ 递推产生.终止条件采用

$$s(x^{(k)}) = \frac{1}{C_k} P_{C_k}(x^{(k)}) \leqslant \varepsilon.$$

在内惩罚函数中,初始点必须选在可行域 S 的内部 $\{x \mid g_j(x) > 0, j=1,\cdots, l\}$. 参数列 C_k 常由如下形式产生:先取定 $C_1 > 0$ 和一个减小系数 $\beta \geqslant 2$,再令 $C_{k+1} = \dfrac{C_k}{\beta}$, $k=1,2,\cdots$,终止条件采用 $P_{C_k}(x^{(k)}) < \varepsilon$.

2. Henstenes 乘子法

对只含有等式约束的非线性规划问题

$$\begin{cases} \min f(x), \\ h_i(x) = 0, \quad i=1,\cdots,m, \end{cases} \tag{3.3.9}$$

利用 *Lagrange* 函数引进增广 *Lagrange* 函数作为增广目标函数

$$F_c(x,\mu) = f(x) + \sum_{i=1}^{m} \mu_i h_i(x) + \frac{c}{2} \sum_{i=1}^{m} [h_i(x)]^2,$$

其中 $\mu = (\mu_1, \cdots, \mu_m)$ 为 *Lagrange* 乘子,c 为可无限增大的正数.无约束问题

$$\min F_c(x,\mu)$$

的最优解 x^* 是(3.3.9)式的最优解的充分条件是 $h_i(x^*) = 0$, $i=1,\cdots,m$.

算法 3.3.4(*Henstenes* 乘子法)

(1)选取初始数据.选取初始点 $x^{(0)}$,参数列 $\{C_k, k=1,2,\cdots\}$,初始乘子 $\mu^{(1)} \in$

R^m(可取 $\mu=(\mu_1,\cdots,\mu_m)$),给出精度要求 $\varepsilon>0$. 置 $k=1$.

(2)构造增广目标函数:

$$F_{C_k}(x,\mu^{(k)})=f(x)+\sum_{i=1}^m \mu_i^{(k)}h_i(x)+\frac{c_k}{2}\sum_{i=1}^m [h_i(x)]^2.$$

(3)求解无约束非线性规划问题.选用某一种方法以 $x^{(k-1)}$ 为初始点,求解

$$\min_x F_{C_k}(x,\mu^{(k)}),$$

令其最优解为 $x^{(k)}$. 若 $x^{(k)}$ 已满足 $\|h(x^{(k)})\|\leqslant\varepsilon$,则停止迭代,输出 $x^{(k)}$;否则,进行(4).这里 $h(x)=(h_1(x),\cdots,h_m(x))$.

(4)进行乘子迭代.令

$$\mu^{(k+1)}=\mu^{(k)}+C_k h(x^{(k)}),$$

置 $k=k+1$,转(2).

在 Henstenes 乘子法中参数列 $\{C_k,k=1,2,\cdots\}$ 的产生方法与外惩罚函数法中的方法相同.

例 3.3.3　用外惩罚函数法和 Henstenes 乘子法分别求解下列问题:

$$\begin{cases}\min f(x)=\frac{1}{2}x_1^2+\frac{1}{6}x_2^2,\\ x_1+x_2=1,\end{cases}$$

其中 $x=(x_1,x_2)^T$,要求选取 $C_k=0.1\times2^{k-1}(k=1,2,\cdots)$,$\varepsilon=3\times10^{-9}$.

解:外惩罚函数列为

$$P_{C_k}(x)=\frac{C_k}{2}(x_1+x_2-1)^2,$$

由此,增广目标函数为

$$F_{C_k}(x)=\frac{1}{2}x_1^2+\frac{1}{6}x_2^2+\frac{C_k}{2}(x_1+x_2-1)^2,$$

一系列无约束问题为

$$\min F_{C_k}(x)=\frac{1}{2}x_1^2+\frac{1}{6}x_2^2+\frac{C_k}{2}(x_1+x_2-1)^2.$$

令 $\nabla F_{C_k}(x)=0$,可得最优解

$$x^{(k)}=\left(\frac{C_k}{1+4C_k},\frac{3C_k}{1+4C_k}\right)^T,$$

同时有

$$S(x^{(k)})=\frac{1}{2(1+4C_k)^2},$$

依次对 $k=1,2,\cdots$ 进行计算,直至 $k=16$,得

$$x^{(16)}=(0.2499,0.7499)^T,$$

且 $S(x^{(16)})<\varepsilon$，故将 $x^{(16)}$ 作为近似解.

由 Lagrange 增广函数构造的增广目标函数为

$$F_{C_k}(x,\mu^{(k)})=\frac{1}{2}x_1^2+\frac{1}{6}x_2^2+\frac{C_k}{2}(x_1+x_2-1)^2+\mu^{(k)}(x_1+x_2-1).$$

令 $\nabla F_{C_k}(x,\mu^{(k)})=0$ 可得 $\min F_{C_k}(x,\mu^{(k)})$ 的最优解

$$x^{(k)}=\left(\frac{C_k-\mu^{(k)}}{1+4C_k},\frac{3(C_k-\mu^{(k)})}{1+4C_k}\right)^{\mathrm{T}}.$$

按 $\mu^{(k+1)}=\mu^{(k)}+C_k(x_1^{(k)}+x_2^{(k)}-1)$，$\mu^{(1)}=0$，依次对 $k=1,2,\cdots$ 进行计算，仅到 $k=7$，就得到 $x^{(7)}=(0.2499,0.7499)^{\mathrm{T}}$.

3.4 习题

1.有一线性方程组如下

$$\begin{cases}x_1-2x_2+3x_3=2,\\3x_1-3x_2+x_3=7,\\x_1+x_2-x_3=1.\end{cases}$$

现欲用无约束极小化问题的求解方法，试建立数学模型并说明计算原理.

2.试用最速下降法求解

$$\min f(x)=x_1^2+x_2^2+x_3^2,$$

选取初始点 $x^{(0)}=(2,-2,1)^{\mathrm{T}}$. 要求做三次迭代，并验证相邻两次的搜索方向正交.

3.试用最速下降法求函数

$$f(x)=-(x_1^2-2)^2-2x_2^2$$

的极大点.先以 $x^{(0)}=(0,0)^{\mathrm{T}}$ 为初始点进行计算，求出极大点；再以 $x^{(0)}=(0,1)^{\mathrm{T}}$ 为初始点进行两次迭代，最后比较上述两个不同初始点出发的寻优过程.

4.试用共轭梯度法求二次函数

$$f(x)=\frac{1}{2}x^{\mathrm{T}}Ax$$

的极小点,此处

$$A=\begin{pmatrix}1&1\\1&2\end{pmatrix}.$$

5.令 $x^{(i)}(i=1,2,\cdots,n)$ 为一组 A 共轭向量（假定为列向量），A 为 $n\times n$ 正定矩阵,试证

$$A^{-1} = \sum_{i=1}^{n} \frac{x^{(i)}(x^{(i)})^{\mathrm{T}}}{(x^{(i)})^{\mathrm{T}} A x^{(i)}}.$$

6.试用模矢法求下述函数

$$f(x) = x_1^2 + 2x_2^2 - 4x_1 - 2x_1 x_2$$

的极小点,初始点 $x^{(0)} = (3,1)^{\mathrm{T}}$,步长

$$\Delta_1 = \begin{pmatrix} 0.5 \\ 0 \end{pmatrix}, \quad \Delta_2 = \begin{pmatrix} 0 \\ 0.5 \end{pmatrix},$$

并绘图表示整个迭代过程.

7.分析非线性规划

$$\begin{cases} \min f(x) = (x_1 - 2)^2 + (x_2 - 3)^2, \\ x_1^2 + (x_2 - 2)^2 \geqslant 4, \\ x_2 \leqslant 2 \end{cases}$$

在以下各点的可行下降方向

$(1) x^{(1)} = (0,0)^{\mathrm{T}}; \quad (2) x^{(2)} = (2,2)^{\mathrm{T}}; \quad (3) x^{(3)} = (3,2)^{\mathrm{T}}.$

8.已知约束非线性规划问题

$$\begin{cases} \min f(x) = 10(x_2 - x_1^2)^2 + (1 - x_1)^2, \\ x_1^2 + x_2^2 \leqslant 3 \end{cases}$$

有最优解 $x^* = (1,1)^{\mathrm{T}}$,试验证在该点处是否满足 $Kuhn-Tucker$ 条件.

9.写出下列非线性规划问题的 $Kuhn-Tucker$ 条件:

$$(1) \begin{cases} \min f(x) = 3x_1^2 + 5x_2, \\ 1 - (x_1 + x_2) \geqslant 0, \\ 1 - (x_1 + x_2^2) \geqslant 0, \\ 16 - x_1^2 + x_2^2 = 0; \end{cases}$$

$$(2) \begin{cases} \min f(x) = 0.1x_1^2 + 0.01x_2, \\ x_1 x_2 - 16 \geqslant 0, \\ x_1^2 + x_2^2 - 9 \geqslant 0, \\ x_1 \geqslant 0, x_2 \geqslant 0. \end{cases}$$

10.求下列非线性规划问题的 $Kuhn-Tucker$ 点:

$$(1) \begin{cases} \min f(x) = (x_1 - 2)^2 + (x_2 - 1)^2, \\ x_1^2 - x_2 \leqslant 0, \\ x_1 + x_2 - 3 \leqslant 0; \end{cases}$$

$$(2) \begin{cases} \min f(x) = (x_1 - 3)^2 + (x_2 - 4)^2, \\ 1 \leqslant x_1 \leqslant 5, \\ 2 \leqslant x_2 \leqslant 6. \end{cases}$$

11. 试用 *Zontendijk* 可行方向法解下列非线性规划问题(要求迭代二次).

$$\begin{cases} \min f(x) = x_1^2 + 2x_2^2 - 3x_1x_2 - 4x_1 - 5x_2 + 15, \\ x_1 + 2x_2 \geqslant 8, \\ 3x_1 + 2x_2 \geqslant 12, \\ x_1 \geqslant 0, x_2 \geqslant 0. \end{cases}$$

取 $x^{(0)} = (2,3)^{\mathrm{T}}$ 为初始点.

12. 试用 *Rosen* 投影梯度法求解下列非线性规划问题(要求迭代二次).

$$\begin{cases} \min f(x) = 3x_1 - 2x_2^2 - 15, \\ 2x_1 - x_2 - 1 \leqslant 0, \\ x_1 + x_2 - 2 \leqslant 0, \\ x_1 \geqslant 0, x_2 \geqslant 0. \end{cases}$$

取 $x^{(0)} = (0,0)^{\mathrm{T}}$ 为初始点.

13. 用外惩罚函数法求解下列非线性规划问题(要求迭代二次).

$$\begin{cases} \min f(x) = (x_1 - 5)^2 + (x_2 - 4)^2, \\ x_1^2 + 4x_2^2 - 4 \leqslant 0, \\ x_1 - 2x_2 + 1 = 0. \end{cases}$$

第 4 章 多目标规划

　　在实际问题中,经常需要考虑使多个目标都尽可能的好.例如,设计一种新产品,人们常常希望在一定条件下能选择那种同时满足质量好、产量高和利润大的方案.这类在给定的条件下,同时要求多个目标都尽可能好的最优化问题,就是所谓的多目标规划问题.多目标规划的思想最早萌芽于经济学中的效用理论,数理经济学家为多目标规划的研究奠定了基础.现在多目标规划的应用范围日益扩大,成为进行重大决策和解决实际问题的强有力的手段和有效的工具.

4.1　基本知识

4.1.1　多目标规划问题的数学模型

　　多目标规划问题的数学模型的标准形式为

$$\begin{cases} \min f_1(x_1,\cdots,x_n), \\ \cdots\cdots\cdots \\ \min f_m(x_1,\cdots,x_n), \\ h_i(x_1,\cdots,x_n)=0, \quad i=1,\cdots,k, \\ g_j(x_1,\cdots,x_n)\geqslant 0, \quad j=1,\cdots,l. \end{cases} \tag{4.1.1}$$

记 $x=(x_1,\cdots,x_n)^{\mathrm{T}}, f(x)=(f_1(x),\cdots,f_m(x))^{\mathrm{T}}, g(x)=(g_1(x),\cdots,g_l(x))^{\mathrm{T}},$
$h(x)=(h_1(x),\cdots,h_k(x))^{\mathrm{T}}.$ 并记可行域

$$S=\{x\in R^n\,|\,g_j(x)\geqslant 0, j=1,\cdots,l, h_i(x)=0, i=1,\cdots,k\},$$

引用上述记号,同时为了区别于单目标规划,将多目标极小化模型简记为

$$V-\min_{x\in S} f(x). \tag{4.1.2}$$

4.1.2　有效解、弱有效解与最优解

　　定义 4.1.1　对于问题(4.1.2),若 $\tilde{x}\in S$,并且不存在 $x\in S$,使得

$$f(x)\leqslant f(\tilde{x}),$$

则称 $\tilde{x}$ 是多目标极小化模型(4.1.2)的**有效解**.

这里"$\leqslant$"表示对每个 $i=1,\cdots,m$，有 $f_i(x)\leqslant f_i(\tilde{x})$，并且其中至少有一个是严格不等式. 有效解仅仅是(4.1.2)式的一个"不坏"的解，故也叫做**非劣解**. 一个多目标规划问题常常具有很多个有效解.

定义 4.1.2　对于问题(4.1.2)，若 $\tilde{x}\in S$，并且不存在 $x\in S$，使得

$$f(x)<f(\tilde{x}),$$

则称 $\tilde{x}$ 是多目标极小化模型(4.1.2)的**弱有效解**.

这里"$<$"表示对每个 $i=1,\cdots,m$，有 $f_i(x)<f_i(\tilde{x})$. 一个多目标规划问题也常常具有多个弱有效解.

定义 4.1.3　对于问题(4.1.2)，若 $x^*\in S$，并且

$$f(x^*)\leqslant f(x),\quad \forall\, x\in S,$$

则称 x^* 是多目标极小化模型(4.1.2)的**最优解**.

这里"$\leqslant$"表示对每个 $i=1,\cdots,m$，有 $f_i(x^*)\leqslant f_i(x)$. 只有当 $f(x)$ 中的每个分量目标函数 $f_i(x)$ $(i=1,\cdots,m)$ 的最优解都存在，并且同时都在 x^* 处达到最优，这时多目标规划才存在最优解，且最优解为 x^*. 一个多目标规划问题的最优解常常是不存在的.

定理 4.1.1　若 $x^*\in S$ 是问题(4.1.2)的最优解，则 x^* 必是(4.1.2)的有效解.

证明：用反证法. 假设 x^* 不是(4.1.2)的有效解. 由有效解的定义可知存在 $x'\in S$，使得 $f(x')\leqslant f(x^*)$，即至少有 $f(x)$ 的一个分量目标函数 $f_{i_0}(x)$，使

$$f_{i_0}(x')<f_{i_0}(x^*).$$

又因为 x^* 是最优解，故有

$f(x^*)\leqslant f(x),\forall\, x\in S$. 因此，对分量目标函数 $f_{i_0}(x)$ 亦有

$$f_{i_0}(x^*)\leqslant f_{i_0}(x),\quad \forall\, x\in S,$$

这样就产生矛盾. 说明 x^* 必定也是(4.1.2)的有效解.

反之，若问题(4.1.2)有有效解，但它也可能无最优解；若已知(4.1.2)有最优解，则有效解就是最优解. 事实上，假设 $\tilde{x}$ 是(4.1.2)的有效解，但 $\tilde{x}$ 不是最优解. 由于(4.1.2)存在最优解，即存在 $x^*\in S$ 使得

$$f(x^*)\leqslant f(x),\quad \forall\, x\in S,$$

特别地，有

$$f(x^*)\leqslant f(\tilde{x}),\quad 且\, f(x^*)\neq f(\tilde{x}),$$

上式即为

$$f(x^*) \leqslant f(\tilde{x}).$$

这与 $\tilde{x}$ 是有效解矛盾.

显然,问题(4.1.2)的有效解一定是弱有效解.

定理 4.1.2　在问题(4.1.2)中,若 S 是 R^n 中的凸集, $f(x) \in R^n$ 是 S 上的严格凸函数,则(4.1.2)的弱有效解即为有效解.

例 4.1.1　设 $f_1(x) = 2x - x^2, f_2(x) = \begin{cases} x, & 0 \leqslant x \leqslant 1, \\ -2x + 3, & 1 \leqslant x \leqslant 2, \end{cases} S = [0, 2]$,求 $V - \max\limits_{x \in S} f(x)$.

解:先对单个目标求出其最优解:

第一个目标的最优解为 $x^{(1)} = 1, \max\limits_{x \in S} f_1(x) = f_1(x^{(1)}) = 1$.

第二个目标的最优解为 $x^{(2)} = 1, \max\limits_{x \in S} f_2(x) = f_2(x^{(2)}) = 1$.

因为 $x^{(1)} = x^{(2)} = 1$,故取 $x^* = 1$ 作为这个多目标问题的最优解. 见图 4.1.

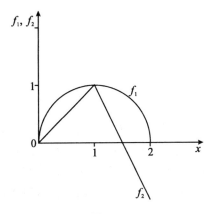
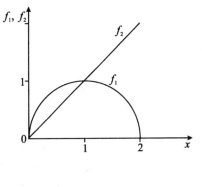

图 4.1　　　　　　　　　　　　图 4.2

例 4.1.2　设 $f_1(x) = 2x - x^2, f_2(x) = x, S = [0, 2]$,求 $V - \max\limits_{x \in S} f(x)$.

解:已知第一个目标的最优解为 $x^{(1)} = 1$,容易求得第二个目标的最优解为 $x^{(2)} = 2$.分量目标没有共同最优解,这时多目标问题无最优解. 对 $\forall \tilde{x} \in [1, 2]$,不存在 $\tilde{x}'$ 可以比它"优",即 $[1, 2]$ 中的点都是有效解. 见图 4.2.

例 4.1.3　设 $f_1(x) = -3x_1 + 2x_2, f_2(x) = x_1 + 2x_2$,

$$S = \left\{ x = (x_1, x_2)^T \in R^2 \left| \begin{array}{l} -2x_1 - 3x_2 + 18 \geqslant 0, \\ -2x_1 - x_2 + 10 \geqslant 0, \\ x_1 \geqslant 0, x_2 \geqslant 0 \end{array} \right. \right\}, 求 V - \max\limits_{x \in S} f(x).$$

解:容易求得第一个目标的最优解为 $x^{(1)} = (0,6)^T$,第二个目标的最优解为 $x^{(2)} = (0,6)^T$.此时多目标问题存在最优解,且最优解为 $x^* = (0,6)^T$.见图 4.3.

例 4.1.4 设 $f_1(x) = -3x_1 + 2x_2$,$f_2(x) = 4x_1 + 3x_2$,S 同上例,求 $V - \max\limits_{x \in S} f(x)$.

解:由上例知第一个目标的最优解为 $x^{(1)} = (0,6)^T$,又易得第二个目标的最优解为 $x^{(2)} = (3,4)^T$.这时多目标问题无最优解,但有有效解,点 $(0,6)$ 到点 $(3,4)$ 之间的线段上的点都是有效解.见图 4.4.

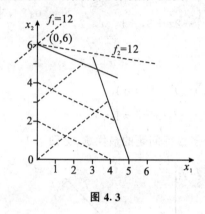

图 4.3

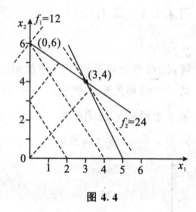

图 4.4

4.2 评价函数法

求解多目标规划的一个重要而又基本的途径是根据问题的特点和决策者的意图,构造一个把 m 个目标函数转化为一个数值目标的评价函数 $\varphi(f) = \varphi(f_1, \cdots, f_m)$,通过对 m 个目标函数 f_i,$i = 1,2,\cdots,m$,的评价,把求解多目标问题归结为求解与之相应的单目标规划问题.这种方法称之为评价函数法.不同的评价函数构造方法对应了不同的求解方法.

4.2.1 线性加权和法

这个方法的指导思想是:根据各个目标在问题中的重要程度,分别赋予它们一个权数,然后把这些带权数的目标相加来构造评价函数,则该评价函数的最优解即可作为原多目标问题的解.

具体地说,对于问题(4.1.2),给定一组与各目标 f_i 对应的非负权数 α_i,$i = 1, \cdots, m$,作出如下的评价函数:

$$\varphi(f(x)) = \sum_{i=1}^m \alpha_i f_i(x).$$

求解

$$\min_{x \in S} \varphi(f(x)) = \min_{x \in S} \sum_{i=1}^{m} \alpha_i f_i(x),$$

其最优解即是按各目标重要程度的不同,使各目标值尽可能小的解.下面介绍两种确定权系数的方法.

1. α－方法

通过求解一个 $m+1$ 阶线性方程组来确定出各目标的权系数.具体地说,对于问题(4.1.2)我们先在其可行域 S 上求各分量目标函数的最优解,并记各自的最优解为 $x^{(i)}, i=1, \cdots, m$. 利用 $x^{(i)}$ 可以计算出 m^2 个目标值:

$$f_{ij} = f_i(x^{(j)}), \quad i, j = 1, \cdots, m. \tag{4.2.1}$$

现在,引进参数 C 并作如下关于 $\alpha_i, i=1, \cdots, m$ 和 C 的 $m+1$ 阶线性方程组

$$\begin{cases} \sum_{i=1}^{m} f_{ij} \alpha_i = C, \quad j = 1, \cdots, m, \\ \sum_{i=1}^{m} \alpha_i = 1. \end{cases} \tag{4.2.2}$$

设前 m 个方程的系数矩阵

$$(f_{ij})_{m \times m} = \begin{pmatrix} f_{11} & f_{12} & \cdots & f_{m1} \\ f_{21} & f_{22} & \cdots & f_{m2} \\ \vdots & \vdots & & \vdots \\ f_{1m} & f_{2m} & & f_{mm} \end{pmatrix}$$

可逆,这时可求得方程组的唯一解

$$(\alpha_1, \cdots, \alpha_m)^{\mathrm{T}} = \frac{(f_{ij})^{-1} e}{e^{\mathrm{T}} (f_{ij})^{-1} e},$$

$$C = \frac{1}{e^{\mathrm{T}} (f_{ij})^{-1} e}, \tag{4.2.3}$$

其中 $e = (1, \cdots, 1)^{\mathrm{T}}$ 是 m 维向量,$(f_{ij})^{-1}$ 是 (f_{ij}) 的逆矩阵.式(4.2.3)中的各 $\alpha_i, i=1, \cdots, m$,即为所求的一组权系数.在实际应用的时候,没有必要去解方程(4.2.2),只需在求得(4.2.1)式后,由(4.2.3)式中的第一式直接计算出权系数 $\alpha_i, i=1, \cdots, m$,即可.特别地,当 $m=2$ 时有:

$$f_{11} = f_1(x^{(1)}), \quad f_{12} = f_1(x^{(2)}), \quad f_{21} = f_2(x^{(1)}), \quad f_{22} = f_2(x^{(2)}).$$

于是,按(4.2.3)式计算得:

$$\begin{cases} \alpha_1 = \dfrac{f_{22} - f_{21}}{f_{22} - f_{21} + f_{11} - f_{12}}, \\ \alpha_2 = \dfrac{f_{11} - f_{12}}{f_{22} - f_{21} + f_{11} - f_{12}}. \end{cases} \tag{4.2.3'}$$

于是

$$\varphi(f(x)) = \frac{f_{22} - f_{21}}{f_{22} - f_{21} + f_{11} - f_{12}} f_1(x) + \frac{f_{11} - f_{12}}{f_{22} - f_{21} + f_{11} - f_{12}} f_2(x).$$

考虑目标空间 (f_1, f_2)，从 $(4.2.2)$ 式中的第一式可知，当 C 取不同值时，可得一族平行线

$$\alpha_1 f_1 + \alpha_2 f_2 = C,$$

其斜率为

$$k = -\frac{\alpha_1}{\alpha_2} = \frac{f_{21} - f_{22}}{f_{11} - f_{12}},$$

而点 $A_1 = (f_{11}, f_{21})$ 与点 $A_2 = (f_{12}, f_{22})$ 的连线的斜率恰为 $\dfrac{f_{21} - f_{22}}{f_{11} - f_{12}}$ 与评价函数 $\varphi(f(x))$ 的平行族的斜率是一致的. 见图 4.5. 当 $\varphi(f(x))$ 取最小值时，正好是此平行线族与 B 点相交的情形.

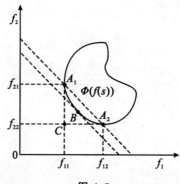

图 4.5

例 4.2.1 设 $f_1(x) = 4x_1 + x_2, f_2(x) = -3x_1 - 2x_2, S = \{x \mid 2x_1 + x_2 \leqslant 4, x_1 + x_2 \leqslant 3, x_1 \geqslant 0, x_2 \geqslant 0\}$，试用 α-法求解 $V - \max\limits_{x \in S}(f_1, f_2)$.

解：先求各个单目标的最优解. 解得：

$$x^{(1)} = (0, 0)^{\mathrm{T}}, \quad x^{(2)} = (1, 2)^{\mathrm{T}}.$$

于是有：

$$f_{11} = f_1(x^{(1)}) = 0, \ f_{12} = f_1(x^{(2)}) = 6; \ f_{21} = f_2(x^{(1)}) = 0, \ f_{22} = f_2(x^{(2)}) = -7.$$

由此可得：

$$\alpha_1 = \frac{f_{22} - f_{21}}{f_{22} - f_{21} + f_{11} - f_{12}} = \frac{7}{13}, \quad \alpha_2 = \frac{f_{11} - f_{12}}{f_{22} - f_{21} + f_{11} - f_{12}} = \frac{6}{13},$$

$$\varphi(f(x)) = \alpha_1 f_1(x) + \alpha_2 f_2(x) = \frac{10}{13} x_1 - \frac{5}{13} x_2.$$

求得 $\min\limits_{x\in S}\varphi(f(x))$ 的最优解为 $x^*=(0,3)^{\mathrm{T}}$. 易知 x^* 为原多目标规划的有效解. 对应的目标函数值分别为 3 和 -6.

2. λ—方法

设问题(4.1.2)中各分量目标函数 $f_i(x)$ 对任何 $x\in S$ 有 $f_i(x)>0$，$i=1,\cdots$，m，先求出各分量目标函数的极小值

$$f_i^*=\min_{x\in S}f_i(x)，\quad i=1,\cdots,m，$$

再计算

$$\lambda_i=\frac{1}{f_i^*}，\quad i=1,\cdots,m，$$

然后以 $\lambda_i,i=1,\cdots,m$ 为权系数作评价函数

$$\varphi(x)=\sum_{i=1}^{m}\lambda_if_i(x)，$$

求解 $\min\limits_{x\in S}\varphi(x)$.

4.2.2　理想点法

设问题(4.1.2)中的各分目标函数 $f_i(x),i=1,\cdots,m$，极小化后，得到各自的最优解 $x^{(i)}$，即

$$f_i^*=f_i(x^{(i)})=\min_{x\in S}f_i(x)，\quad i=1,\cdots,m.$$

如果各个 $x^{(i)},i=1,\cdots,m$，均相同，则 $x^*=x^{(i)}$ 即是问题(4.1.2)的最优解. 但是，在一般情形下，各个 $x^{(i)},i=1,\cdots,m$，不全相同. 由于各个最小值 f_i^* 分别是对应目标 f_i 的最理想值，故通常把目标空间 R^m 中的点

$$f^*=(f_1^*,\cdots,f_m^*)^{\mathrm{T}}$$

叫做问题(4.1.2)的**理想点**. 见图 4.5 中的 C 点.

在目标空间中引进某个模 $\|\cdot\|$，考虑在这个模意义下的目标 f 与理想点 f^* 的"距离"

$$\|f-f^*\|，$$

并以此作评价函数

$$\varphi(f(x))=\|f-f^*\|，$$

把求解问题(4.1.2)归结为求解问题

$$\min_{x\in S}\varphi(f(x))=\min_{x\in S}\|f(x)-f^*\|.$$

上述极小化问题的最优解就是问题(4.1.2)的目标 $f(x)$ 在可行域 S 内与理想点 f^* 的"距离"最小的解，它一定是多目标规划的有效解.

关于理想点法的几种常用的模和相应的评价函数如下：

(1)2－模评价函数

$$\varphi(f(x)) = \| f - f^* \|_2 = \sqrt{\sum_{i=1}^{m} (f_i - f_i^*)^2}. \tag{4.2.4}$$

(2)p－模评价函数

$$\varphi(f(x)) = \| f - f^* \|_p = \Big[\sum_{i=1}^{m} (f_i - f_i^*)^p \Big]^{\frac{1}{p}}, \quad 1 \leqslant p \leqslant \infty. \tag{4.2.5}$$

(3)极大模评价函数

$$\varphi(f(x)) = \| f - f^* \|_\infty = \max_{1 \leqslant i \leqslant m} \{ |f_i - f_i^*| \}. \tag{4.2.6}$$

如果采用(4.2.4)式作为评价函数,这时问题归结为求解极小化问题

$$\min_{x \in S} \| f(x) - f^* \|_2 = \min_{x \in S} \sqrt{\sum_{i=1}^{m} (f_i - f_i^*)^2}.$$

设最优解为 x^*,即

$$\| f(x^*) - f^* \|_2 = \min_{x \in S} \| f(x) - f^* \|_2.$$

上式在几何上表示:$f(x^*)$ 是可行目标集 $f(S)$ 中与理想点 f^* 之间距离最短的点. 因而这种特殊的理想点法也叫最短距离法.

例 4.2.2　设 $f_1(x) = 3x_1 - 2x_2, f_2(x) = -4x_1 - 3x_2, S = \{x \mid 2x_1 + 3x_2 \leqslant 18,$ $2x_1 + x_2 \leqslant 10, x_1 \geqslant 0, x_2 \geqslant 0\}$,试用理想点法求解 $V - \min_{x \in S}(f_1, f_2)$.

解:先求各个单目标的最优解.解得:

$$x^{(1)} = (0, 6)^T, \quad x^{(2)} = (3, 4)^T,$$
$$f_1^* = f_1(x^{(1)}) = -12, \quad f_2^* = f_2(x^{(2)}) = -24,$$

故理想点为 $f^* = (-12, -24)^T$.

再求解

$$\min_{x \in S} \| f(x) - f^* \|_2 = \min_{x \in S} \sqrt{(f_1(x) + 12)^2 + (f_2(x) + 24)^2},$$

这与求解

$$\min_{x \in S} \big[(f_1(x) + 12)^2 + (f_2(x) + 24)^2 \big]$$

是等价的.解得 $x^* = (0.53, 5.65)^T$,对应的目标函数值分别为 -9.72 和 -19.06.

4.2.3　乘除法

设有 m 个目标函数 $f_1(x), \cdots, f_m(x)$,不妨设其中 r 个 $f_1(x), \cdots, f_r(x)$ 要求实现最小,而其余 $m-r$ 个 $f_{r+1}(x), \cdots, f_m(x)$ 要求实现最大,并假设

$$f_i(x) > 0, \quad \forall x \in S, \quad i = r+1, \cdots, m.$$

这时,可采用评价函数

$$\varphi(x) = \frac{f_1(x)\cdots f_r(x)}{f_{r+1}(x)\cdots f_m(x)},$$

则求解多目标问题可归结为求解

$$\min_{x\in S}\varphi(x) = \min\frac{f_1(x)\cdots f_r(x)}{f_{r+1}(x)\cdots f_m(x)}.$$

上述极小化问题的最优解,显然是使分子的各目标取尽可能小的值,并且使分母的各目标取尽可能大的值的解.

乘除法具有下面简单的经济学意义. 事实上,对于 $m=2$,设 $f_1(x)$ 表示投资, $f_2(x)$ 表示收益,则评价函数为

$$\frac{f_1(x)}{f_2(x)}$$

表示单位收益的投资,其倒数表示单位投资的收益即投资利润率. 在此,乘除法的意义是:极小化单位收益的投资,或等价地极大化投资利润率.

例 4.2.3　某投资公司拥有总资金 100 万元,现有 4 个项目可供选择投资,设投资 4 个项目要用资金分别为 40 万元、50 万元、35 万元、40 万元;预计可得到的收益分别为 30 万元、40 万元、25 万元、35 万元. 问应如何决策投资方案?

解:设 $x_i = \begin{cases} 1, & \text{决定投资第 } i \text{ 个项目}, \\ 0, & \text{决定不投资第 } i \text{ 个项目}, \end{cases}$ $i=1,2,3,4$,

记 $x=(x_1,x_2,x_3,x_4)^{\mathrm{T}}$,所考虑的投资决策问题归结为如下最优化问题

$$V-\begin{cases} \min\limits_{x\in S} f_1(x) = 40x_1+50x_2+35x_3+40x_4, \\ \max\limits_{x\in S} f_2(x) = 30x_1+40x_2+25x_3+35x_4, \end{cases}$$

其中 $S=\{x\,|\,40x_1+50x_2+35x_3+40x_4\leqslant 100, x_i(x_i-1)=0, i=1,2,3,4\}$.

首先,$x_i, i=1,2,3,4$,不能全取零,故 $f_1(x)$ 和 $f_2(x)$ 在 S 上取大于零的值. 求解极小化分目标乘除问题

$$\min_{x\in S}\frac{40x_1+50x_2+35x_3+40x_4}{30x_1+40x_2+25x_3+35x_4},$$

可得最优解

$$x^* = (0,1,0,1)^{\mathrm{T}},$$

即该公司应该投资第 2 个和第 4 个项目,而不投资第 1 个和第 3 个项目. 这时总投资金额为

$$f_1(x^*) = 50+40 = 90(\text{万元}),$$

总收益为

$$f_2(x^*) = 40+35 = 75(\text{万元}).$$

4.2.4　功效函数法

仍然设在 m 个目标函数 $f_1(x),\cdots,f_m(x)$ 中,要极小化 $f_1(x),\cdots,f_r(x)$,极大化 $f_{r+1}(x),\cdots,f_m(x)$. 我们给出对各个目标的评价标准,即给出功效函数. 目标函数值越"好"(极小化的目标值越小,极大化的目标值越大),相应地给以越大的功效值;反之,则给以越小的功效值,这样,我们对各目标定义如下的功效函数:

$$d_i = d_i(f_i), \quad i=1,\cdots,m.$$

要求

(1) $d_i(f_i)$ 关于 f_i 是 $\begin{cases} 严格减函数, & i=1,\cdots,r, \\ 严格增函数, & i=r+1,\cdots,m. \end{cases}$

(2) $d_i(f_i)$ 在 $[0,1]$ 中取值,并规定

$$d_i(f_i) = \begin{cases} 1, & 当 f_i 最满意时, \\ 0, & 当 f_i 最不满意时, \end{cases} \quad i=1,\cdots,m.$$

利用以上所定义的各目标函数的功效函数的几何平均,可以构造如下评价函数

$$\varphi(f) = \sqrt[m]{d_1(f_1)\cdots d_m(f_m)}$$

求解极大化几何平均功效问题

$$\max_{x\in S}\varphi(f(x)) = \max_{x\in S}\sqrt[m]{d_1(f_1(x))\cdots d_m(f_m(x))},$$

其最优解即可作为多目标规划的解.

具体构造功效函数时,可以有很多方法,比如直线法、折线法、指数法等. 这里,我们介绍直线法和指数法.

1. 直线法

在可行域 S 中求出各目标 $f_i(x),i=1,\cdots,m$,的最小值和最大值,并记

$$f_i^* = \min_{x\in S} f_i(x), \quad f_i^0 = \max_{x\in S} f_i(x), \quad i=1,\cdots,m$$

对于要求极小化的目标 $f_i,\ i=1,\cdots,r$,功效函数要满足

$$d_i(f_i) = \begin{cases} 1, & f_i = f_i^*, \\ 0, & f_i = f_i^0, \end{cases} \quad i=1,\cdots,r.$$

通过点 $(f_i^*,1)$ 和 $(f_i^0,0)$ 的线性插值,可得表达式

$$d_i(f_i) = \frac{f_i^0 - f_i}{f_i^0 - f_i^*}, \quad i=1,\cdots,r.$$

对于要求极大化的目标 $f_i,i=r+1,\cdots,m$,功效函数要满足

$$d_i(f_i) = \begin{cases} 1, & f_i = f_i^0, \\ 0, & f_i = f_i^*, \end{cases} \quad i=r+1,\cdots,m.$$

做点 $(f_i^*,0)$ 和 $(f_i^0,1)$ 的线性插值,可得表达式

$$d_i(f_i) = \frac{f_i - f_i^*}{f_i^0 - f_i^*}, \quad i = r+1, \cdots, m.$$

见图 4.6. 功效函数法中采用线性函数作功效函数的方法叫做**直线法**.

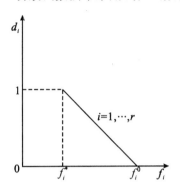 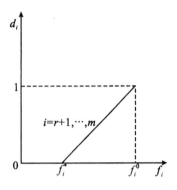

图 4.6

2. 指数法

先来看如何构造 $m-r$ 个要求极大化的目标 $f_i, i = r+1, \cdots, m$,所对应的功效函数,为了使所构造的功效函数是严格增函数,我们考虑如下表达式

$$d_i(f_i) = e^{-e^{-(a+bf_i)}}, \quad i = r+1, \cdots, m,$$

其中常数 a, b 满足规定:

当 f_i 达到最低满意值 $\overline{f_i^0}$ 时,取 $d_i = e^{-1}$,即 $a + b\,\overline{f_i^0} = 0$.

当 f_i 达到最高不满意值 $\widetilde{f_i^0}$ 时,取 $d_i = e^{-e}$,即 $a + b\,\widetilde{f_i^0} = -1$.
于是得

$$a = \frac{\overline{f_i^0}}{\widetilde{f_i^0} - \overline{f_i^0}}, \quad b = \frac{-1}{\widetilde{f_i^0} - \overline{f_i^0}},$$

(因 $\overline{f_i^0} > \widetilde{f_i^0}$,故 $b > 0$),这样就得到指数形式的功效函数表达式

$$d_i(f_i) = \exp\left[-\exp\left(\frac{f_i - \overline{f_i^0}}{\widetilde{f_i^0} - \overline{f_i^0}}\right)\right], \quad i = r+1, \cdots, m.$$

同理,对前 r 个要求极小化的目标 $f_i, i = 1, \cdots, r$,取严格减的指数形式的功效函数:

$$d_i(f_i) = 1 - \exp\left[-\exp\left(\frac{f_i - \overline{f_i^*}}{\widetilde{f_i^*} - \overline{f_i^*}}\right)\right], \quad i = 1, \cdots, r,$$

其中 $\widetilde{f_i^*}$ 是 f_i 的最高不满意值，$\overline{f_i^*}$ 是 f_i 的最低满意值，要求 $\overline{f_i^*}<\widetilde{f_i^*}$.

见图 4.7，采用上述指数函数作功效函数的方法叫做**指数功效函数法**.

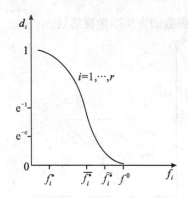 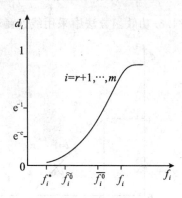

图 4.7

4.3 分层求解法

在问题(4.1.2)中把 m 个目标函数按其重要性给出一个优先层次，最重要的目标在第一层，次重要的目标在第二层，依次排下去，且每一层只考虑一个目标. 不妨设按重要性排出的优先次序为 $f_1(x)$，$\cdots$，$f_m(x)$.

首先在可行域 $S=R_0$ 上对第一优先层的目标函数 $f_1(x)$ 进行极小化，求得最优解集为 R_1，然后在 R_1 内对第二优先层的目标函数 $f_2(x)$ 进行极小化，求得最优解集为 R_2，如此继续. 一般地，对第 $k+1$ 优先层的目标函数 $f_{k+1}(x)$ 进行极小化，应在第 k 优先层最优解集 R_k 上进行. 直到求出最后一层的目标函数 $f_m(x)$ 在第 $m-1$ 层的最优解集 R_{m-1} 上的最优解 x^*，且有

$$x^* \in R_{m-1} \subset R_{m-2} \subset \cdots \subset R_1 \subset S = R_0,$$

$$f_i(x^*) = \min_{x \in R_{i-1}} f_i(x), \quad i=1,\cdots,m.$$

可以证明 x^* 是问题(4.1.2)的有效解.

4.4 逐步宽容约束法

本节介绍的方法是求解多目标线性规划的方法. 求解过程包括分析和决策两个阶段：在分析阶段，分析者按极大理想点法对模型求解，把得到的解所对应的一组参考目标值和问题的一组理想目标值一起提供给决策者参考；在决策阶段，决

策者在比较由分析阶段求得的一组参考目标值和理想目标值的基础上,对已满意的目标给出使其目标值作出让步的宽容量,以换取使不满意目标得到改善,再把这些信息提供给分析者继续求解. 如此直到求得决策者满意的解为止. 这实际上是逐步进行人机对话的求解过程.

考虑如下的多目标线性规划问题

$$V-\min_{x\in S} f(x)=Cx, \tag{4.4.1}$$

其中 $S=\{x\,|\,Ax\geqslant b, x\geqslant 0\}$, A 为 $l\times n$ 矩阵, C 为 $m\times n$ 矩阵,表示为

$$C=\begin{pmatrix} C_1 \\ \vdots \\ C_m \end{pmatrix}=\begin{pmatrix} c_{11} & c_{12} & \cdots & c_{1n} \\ \vdots & \vdots & & \vdots \\ c_{m1} & c_{m2} & \cdots & c_{mn} \end{pmatrix},$$

即各分量目标函数为线性函数

$$f_i(x)=C_i x=\sum_{j=1}^{m} c_{ij}x_j, \quad i=1,\cdots,m.$$

首先,分别求解 m 个单目标线性规划问题:

$$\min_{x\in S} f_i(x)=C_i x, \quad i=1,\cdots,m.$$

设最优解分别为 $x^{(i)}$, $i=1,\cdots,m$, 计算 m 个目标函数在 m 个极小点处的值,记为

$$f_{ij}=f_i(x^{(j)}), \quad i,j=1,\cdots,m, \tag{4.4.2}$$

并记

$$f_i^*=f_{ii}=f_i(x^{(i)}), \quad i=1,\cdots,m,$$

故

$$f^*=(f_1^*,\cdots,f_m^*)^{\mathrm{T}}$$

为问题(4.4.1)的理想点.

利用(4.4.2)式还可以求出各分量目标关于 m 个极小点的最大值,记为

$$f_i^0=\max_{1\leqslant j\leqslant m} f_{ij}, \quad i=1,\cdots,m.$$

为了求得问题(4.4.1)的目标值接近理想点的解,采用极大模理想点法,考虑问题

$$\min_{x\in S}\max_{1\leqslant i\leqslant m}\{\omega_i\,|\,f_i(x)-f_i^*\,|\}=\min_{x\in S}\max_{1\leqslant i\leqslant m}\{\omega_i\,|\,C_i x-f_i^*\,|\},$$

或等价的线性规划问题

$$\begin{cases} \min \lambda, \\ \lambda\geqslant\omega_i(C_i x-f_i^*), \quad i=1,\cdots,m, \\ x\in S, \\ \lambda\geqslant 0, \end{cases} \tag{4.4.3}$$

其中 ω_i 是第 i 个权系数,可以取为

$$\omega_i = \frac{\alpha_i}{\sum\limits_{i=1}^{m}\alpha_i}, \quad \alpha_i = \begin{cases} \dfrac{f_i^0 - f_i^*}{f_i^0} \cdot \dfrac{1}{\sqrt{\sum\limits_{j=1}^{n}c_{ij}^2}}, & f_i^0 > 0, \\[4mm] \dfrac{f_i^* - f_i^0}{f_i^*} \cdot \dfrac{1}{\sqrt{\sum\limits_{j=1}^{n}c_{ij}^2}}, & f_i^0 \leqslant 0. \end{cases}$$

（这样取的目的是为了找出目标值的相对偏差,对在 S 中变化敏感的目标赋予较大的权,变化不敏感的目标赋予较小的权,并利用目标的"平均"系数使之标准化.）

设问题(4.4.3)的解为 $\bar{x}$.为了检验对 $\bar{x}$ 是否满意,决策者要对目标值

$$C_1\bar{x}, \ C_2\bar{x}, \ \cdots, \ C_m\bar{x}$$

与相应的理想目标值

$$f_1^*, f_2^*, \cdots, f_m^*$$

进行比较.假设对目标 f_p 不满意,而对目标 f_q 已满意,则在下一步求解时,对 f_p 加上约束

$$f_p(x) \leqslant f_p(\bar{x}),$$

对 f_q 作出适当让步,加上宽容约束

$$f_q(x) \leqslant f_q(\bar{x}) + \Delta_q,$$

其中 $\Delta_q > 0$ 为 f_q 可以让步的最大宽容量,这样可行域 S 就改为

$$S': \begin{cases} C_p x \leqslant C_p\bar{x}, \\ C_q x \leqslant C_q\bar{x} + \Delta_q, \quad q \neq p. \\ x \in S, \end{cases}$$

再求解以下线性规划问题

$$\begin{cases} \min \lambda, \\ \lambda \geqslant \omega_i(C_i x - f_i^*), i = 1, \cdots, m, i \neq q (已满意的目标不再参加求解), \\ x \in S', \\ \lambda \geqslant 0. \end{cases}$$

所得到的解 $\tilde{x}$ 对于目标 f_p 来说应是比上一轮的解 $\bar{x}$ 有所改善的解.再与决策者对话,如此重复,直到决策者对各目标都满意为止.

例 4.4.1 用逐步宽容约束法求解多目标极小化问题

$$V - \min_{x \in S}(-x_1, -0.4x_1 - 0.3x_2)^{\mathrm{T}},$$

其中 $x = (x_1, x_2)^{\mathrm{T}}, S = \{x \mid x_1 + x_2 \leqslant 400, 2x_1 + x_2 \leqslant 500, x_1 \geqslant 0, x_2 \geqslant 0\}$.

解:求解 $\min\limits_{x \in S} f_1(x) = -x_1$,得最优解 $x^{(1)} = (250, 0)^T$.

求解 $\min\limits_{x \in S} f_2(x) = -0.4x_1 - 0.3x_2$,得最优解 $x^{(2)} = (100, 300)^T$.

因为 $x^{(1)} \neq x^{(2)}$,故还需要继续计算

$$f_1^* = f_{11} = f_1(x^{(1)}) = -250, \quad f_{12} = f_1(x^{(2)}) = -100,$$

$$f_{21} = f_2(x^{(1)}) = -100, \quad f_2^* = f_{22} = f_2(x^{(2)}) = -130,$$

$$f_1^0 = \max\{f_{11}, f_{12}\} = -100, \quad f_2^0 = \max\{f_{21}, f_{12}\} = -100.$$

因为 $f_1^0 < 0, f_2^0 < 0$,故有

$$\alpha_1 = \frac{-250 - (-100)}{-250} \cdot \frac{1}{\sqrt{(-1)^2 + 0^2}} = 0.6,$$

$$\alpha_2 = \frac{-130 - (-100)}{-130} \cdot \frac{1}{\sqrt{(0.4)^2 + (0.3)^2}} = 0.4615,$$

$$\omega_1 = \frac{\alpha_1}{\alpha_1 + \alpha_2} = 0.5652, \quad \omega_2 = \frac{\alpha_2}{\alpha_1 + \alpha_2} = 0.4348.$$

求解问题

$$\begin{cases} \min \lambda, \\ \lambda \geqslant 0.5652(-x_1 + 250), \\ \lambda \geqslant 0.4348(-0.4x_1 - 0.3x_2 + 130), \\ x \in S, \\ \lambda \geqslant 0. \end{cases}$$

可得最优解 $(\overline{x_1}, \overline{x_2}, \overline{\lambda})^T = (230, 40, 11.3)^T$,记 $\overline{x} = (230, 40)^T$,则

$$f_1(\overline{x}) = -230, \quad f_2(\overline{x}) = -104.$$

设决策者对 f_1 已满意,对 f_2 不满意,给出 f_1 的最大宽容量 $\Delta_1 = 30$,作新的可行域

$$S' = \{x \mid -x_1 \leqslant -230 + 30, -0.4x_1 - 0.3x_2 \leqslant -104\}$$

进行下一步计算,因 $\omega_1 = 0$,于是有线性规划问题

$$\begin{cases} \min \lambda, \\ \lambda \geqslant -0.4x_1 - 0.3x_2 + 130, \\ x \in S', \\ \lambda \geqslant 0. \end{cases}$$

解得其最优解为 $(\tilde{x}_1, \tilde{x}_2, \lambda)^T = (200, 100, 11.3)^T$,记 $\tilde{x} = (200, 100)^T$,则

$$f_1(\tilde{x}) = -200, \quad f_2(\tilde{x}) = -110.$$

此时若决策者认为对两个目标均已满意,则停止计算.

4.5   妥协约束法

考虑如下的两个目标线性规划问题

$$V - \min_{x \in S} Cx,$$

其中 $S = \{x | Ax \geqslant b, x \geqslant 0\}$，$A$ 为 $l \times n$ 矩阵，$b \in R^l$，C 为 $2 \times n$ 矩阵，表示为

$$C = \begin{pmatrix} C_1 \\ C_2 \end{pmatrix} = \begin{pmatrix} c_{11} & c_{12} & \cdots & c_{1n} \\ c_{21} & c_{22} & \cdots & c_{2n} \end{pmatrix}.$$

首先，分别求解两个单目标线性规划问题：

$$\min_{x \in S} C_1 x \quad \text{和} \quad \min_{x \in S} C_2 x.$$

设求得的最优解分别为 $x^{(1)}, x^{(2)}$. 记

$$f_1^* = f_1(x^{(1)}) = C_1 x^{(1)}, \quad f_2^* = f_2(x^{(2)}) = C_2 x^{(2)}.$$

利用线性加权和构造一个新的目标函数：

$$\varphi(x) = \alpha_1 C_1 x + \alpha_2 C_2 x,$$

其中 α_1, α_2 表示权系数，$\alpha_1 + \alpha_2 = 1, \alpha_1 \geqslant 0, \alpha_2 \geqslant 0$，此外还要构造一个新的约束：

$$\alpha_1 (C_1 x - f_1^*) - \alpha_2 (C_2 x - f_2^*) = 0.$$

称为妥协约束，记

$$S' = \{x \in S | \alpha_1 (C_1 x - f_1^*) - \alpha_2 (C_2 x - f_2^*) = 0\},$$

求解线性规划问题

$$\min_{x \in S'} \varphi(x),$$

其最优解称为原问题的妥协解，α_1, α_2 的取值可由决策者决定，不同的 α_1, α_2 值，可以得到不同的妥协解.

例 4.5.1   用妥协约束法来解下列多目标线性规划问题：

$$V - \max_{x \in S}(3x_1 + x_2, x_1 + 2x_2),$$

其中 $x = (x_1, x_2)^T, S = \{x | x_1 + x_2 \leqslant 7, x_1 \leqslant 5, x_2 \leqslant 5, x_1 \geqslant 0, x_2 \geqslant 0\}$.

解：分别求解线性规划问题

$$\max_{x \in S} f_1(x) = 3x_1 + x_2, \quad \text{和} \quad \max_{x \in S} f_2(x) = x_1 + 2x_2,$$

得到最优解为 $x^{(1)} = (5, 2)^T, x^{(2)} = (2, 5)^T$，且 $f_1^* = 17, f_2^* = 12$. 见图 4.8.

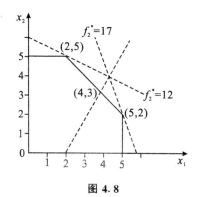

图 4.8

若取 $\alpha_1 = \alpha_2 = 0.5$，则新目标函数为：

$$\varphi(x) = 0.5(3x_1 + x_2) + 0.5(x_1 + 2x_2) = 2x_1 + 1.5x_2,$$

妥协约束为

$$0.5(3x_1 + x_2 - 17) - 0.5(x_1 + 2x_2 - 12) = 0,$$

即

$$x_1 - 0.5x_2 = 2.5.$$

求解线性规划问题

$$\begin{cases} \max \varphi(x) = 2x_1 + 1.5x_2, \\ x \in S, \\ x_1 - 0.5x_2 = 2.5. \end{cases}$$

解得妥协解 $\overline{x} = (4,3)^{\mathrm{T}}$.

4.6　习题

1. 在下列各题中分别求 $V - \max\limits_{x \in R} F(x)$.

(1) $f_1(x) = \dfrac{3}{2} + x - \dfrac{x^2}{2}$, $\quad f_2(x) = \begin{cases} 1 + x, & 0 \leqslant x \leqslant 1, \\ 3 - x, & 1 < x \leqslant 3, \end{cases}$

　　 $R : 0 \leqslant x \leqslant 3$;

(2) $f_1(x) = 4x_1 + 6x_2$, $\quad f_2(x) = 4x_1 + 8x_2$,

　　 $R : \begin{cases} 3x_1 + 5x_2 \leqslant 15, \\ 5x_1 + 3x_2 \leqslant 15, \\ x_1, x_2 \geqslant 0. \end{cases}$

2. 用线性加权和法中的 α—方法求解下述多目标决策问题：

$$\min f_1(x) = 4x_1 + 6x_2,$$

$$\min f_2(x) = 3x_1 + 3x_2,$$

$$R: \begin{cases} 2x_1 + 4x_2 \leqslant 14, \\ 6x_1 + 3x_2 \leqslant 24, \\ x_1, x_2 \geqslant 0. \end{cases}$$

3. 用理想点法求解下述多目标决策问题：

$$\max f_1(x) = 4x_1 + 4x_2,$$

$$\max f_2(x) = x_1 + 6x_2,$$

$$R: \begin{cases} 3x_1 + 2x_2 \leqslant 12, \\ 2x_1 + 6x_2 \leqslant 22, \\ x_1, x_2 \geqslant 0. \end{cases}$$

4. 应用逐步法求解下述多目标线性规划问题，要求先求出理想解，再迭代一步.

$$\min z_1 = x_1 + 3x_2,$$

$$\max z_2 = 2x_1 + x_2,$$

$$R: \begin{cases} 5x_1 + 10x_2 \leqslant 50, \\ x_1 + x_2 \geqslant 2, \\ x_2 \leqslant 4, \\ x_1, x_2 \geqslant 0. \end{cases}$$

5. 用妥协约束法求解下述多目标线性规划问题：

$$\min z_1 = 4x_1 + 6x_2,$$

$$\max z_2 = 7.2x_1 + 3.6x_2,$$

$$R: \begin{cases} x_1 \leqslant 4, \\ x_2 \leqslant 5, \\ 3x_1 + 2x_2 \leqslant 16, \\ x_1, x_2 \geqslant 0. \end{cases}$$

第 5 章　动态规划

5.1　动态规划简介

动态规划是求解多阶段决策最优化问题的一种数学工具.

5.1.1　引例

例 5.1.1　如图 5.1 所示,试给出从 A 城到 E 城的最短路径.

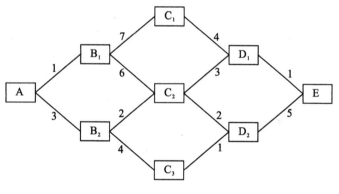

图 5.1

解:将全过程分为 4 个阶段:$\overline{AB},\overline{BC},\overline{CD},\overline{DE}$.

经验告诉我们:若某路径为最短,则从该路径中任一位置 T 到终点的路径相对于 T 而言必定也为最短.据此,有

$D_i(i=1,2)$ 城到 E 城:$\overline{D_1E}=1,\overline{D_2E}=5$,故选择 D_1;

$C_i(i=1,2,3)$ 城到 E 城:$\overline{C_1D_1E}=5,\overline{C_2D_1E}=4$,故选择 C_2;

$B_i(i=1,2)$ 城到 E 城:$\overline{B_1C_2D_1E}=10,\overline{B_2C_2D_1E}=6$,故选择 B_2;

A 城到 E 城:$\overline{AB_2C_2D_1E}=9$,这就是 A 城到 E 城的最短路径.

上例显示了多阶段优化问题的分析过程,下面我们要从中归纳出系统的方法.

5.1.2　动态规划的概念

(1)**阶段**:它是决策问题全过程的一部分.通常按问题所涉及的时间或空间的

自然特征来划分,常以正整数 k 来表示. 例 5.1.1 中的问题显然可分为 4 个阶段,即 $k=1,2,3,4$.

(2)**状态**:它是决策问题起草阶段起始时的自然状况,它应包含该阶段之前的决策过程的全部信息,而从该阶段后作出的决策与这之前的状态和决策无关,这就是状态具有的**无后效性**. 一个阶段可以只有一个状态,也可以有若干个状态. 描述某一个阶段状态的变量称为**状态变量**,通常以 x_k 表示 k 阶段的状态变量. 例 5.1.1 中,第 1 阶段有 1 个状态,第 2 阶段有 2 个状态.

(3)**决策**:它是从一个阶段的状态演变到下一个阶段某个状态的一种选择. 描述决策的变量称为**决策变量**. 常以 $u_k(x_k)$ 表示第 k 阶段处于状态 x_k 时的决策变量. 决策变量的取值范围称为**允许决策集合**,常以 $D_k(x_k)$ 表示第 k 阶段处于状态 x_k 时的允许决策集合. 显然,$u_k(x_k)\in D_k(x_k)$.

(4)**策略**:由每个阶段的决策组成的决策序列称为**策略**. 常以 $P_{1,n}=\{u_1(x_1),u_2(x_2),\cdots,u_n(x_n)\}$ 表示 n 个阶段的全过程策略. 当 $k>2$ 时,以 $P_{k,n}=\{u_k(x_k),u_{k+1}(x_{k+1}),\cdots,u_n(x_n)\}$ 表示 k 子过程策略.

对每一个实际的多阶段决策过程,可供选择的策略有一定的范围,这个范围称为**允许策略集合**. 这个集合中达到最优效果的策略称为**最优策略**.

(5)**状态转移方程**:它是从第 k 阶段的某个状态到第 $k+1$ 阶段的某个状态演变过程的解析表达式,常记为

$$x_{k+1}=T(x_k,u_k(x_k)).$$

(6)**阶段效益函数**:它是第 k 阶段当状态为 x_k,决策变量取 u_k 时,衡量效益的数量指标,常记为 $v_k(x_k,u_k)$.

(7)**指标函数**:它是衡量过程优劣的数量指标. 从第 k 阶段到终了过程的指标函数常记为 $V_{k,n}(x_k,u_k,\cdots,x_n,u_n,x_{n+1})$,显然全过程指标函数应记为 $V_{1,n}$. 指标函数具有可分离、可递推性的特点. 通常指标函数由阶段效益函数的和或积构成,即

$$V_{k,n}(x_k,u_k,\cdots,x_{n+1})=\sum_{j=k}^{n}v_j(x_j,u_j),$$

或

$$V_{k,n}(x_k,u_k,\cdots,x_{n+1})=\prod_{j=k}^{n}v_j(x_j,u_j).$$

从状态 x_k 出发的最优指标函数值记为 $f_k(x_k)$,即

$$f_k(x_k)=\mathop{opt}_{u_k\in D_k(x_k)}V_{k,n}(x_k,u_k,\cdots,x_{n+1})$$
$$=\mathop{opt}_{u_k\in D_k(x_k)}[v_k(x_k,u_k)\oplus f_{k+1}(x_{k+1})],$$

这里 $\oplus$ 表示加法或乘法运算.

5.2　动态规划问题的基本解法

对多阶段决策问题进行分析时,必须遵循最优性原理,即整个过程的最优策略具有这样的性质:无论过去的状态和决策如何,对前面决策所形成的状态而言,余下的诸决策必须构成最优策略. 正是基于这一点,才构成了多阶段决策问题的递推解法. 一般来说,初始状态给定的多阶段决策问题,常用逆序法:即逆序递推求解下面的动态规划基本方程:

$$\begin{cases} f_k(x_k) = \underset{u_k \in D_k(x_k)}{opt} \big[v_k(x_k, u_k) + f_{k+1}(x_{k+1}) \big], & k = n, n-1, \cdots, 1. \\ f_{n+1}(x_{n+1}) = 0, \end{cases}$$

其中

$$x_{k+1} = T(x_k, u_k).$$

注:若指标函数是乘法型的,则基本方程中的边界条件为:$f_{n+1}(x_{n+1}) = 1.$

例 5.2.1　设某仓库有 12 个人巡逻守卫,负责 4 个要害部位,对每个部位可分别派 2~4 个人巡逻,由于巡逻人数不同,各部位预期在一段时间内可能造成的损失也不同,具体数字见表 5.1,问应往各部位分别派多少人巡逻才能使预期损失最小?

表 5.1

预期损失 巡逻人数 ＼ 部位	A	B	C	D
2	18	38	24	34
3	14	35	22	21
4	10	31	21	25

解:把 12 个人派往 4 个部位,可看成将问题分为 4 个阶段,$k = 1, 2, 3, 4$.

每个阶段初始可派人数是前面阶段决策的结果,也是本阶段决策的依据,用状态变量 x_k 表示;各阶段的决策变量就是对各部位派出的人数,用 u_k 表示;各阶段的允许决策集合为

$$D_k(x_k) = \{u_k \mid 2 \leqslant u_k \leqslant 4\}, \quad k = 1, 2, 3, 4.$$

状态转移方程为

$$x_{k+1} = x_k - u_k, \quad k = 1, 2, 3,$$

则有

$$x_1 = 12, \qquad 8 \leqslant x_2 = 12 - u_1 \leqslant 10,$$

$$4 \leqslant x_3 = x_2 - u_2 \leqslant 8, \quad 2 \leqslant x_4 = x_3 - u_3 \leqslant 6.$$

用 $v_k(x_k, u_k)$ 表示 k 阶段派出人数为 u_k 时，该阶段的部位的预测损失值，则指标函数为

$$V_{k,4} = \sum_{j=k}^{4} v_j(x_j, u_j) = v_k(x_k, u_k) + V_{k+1,4}.$$

用 $f_k(x_k)$ 表示 k 阶段从状态 x_k 出发到过程结束的预期损失最小值，即

$$f_k(x_k) = \min_{u_k \in D_k(x_k)} \{ v_k(x_k, u_k) + f_{k+1}(x_{k+1}) \},$$

则基本方程为

$$\begin{cases} f_k(x_k) = \min\limits_{u_k \in D_k(x_k)} \{ v_k(x_k, u_k) + f_{k+1}(x_{k+1}) \}, & k = 4, 3, 2, 1, \\ f_5(x_5) = 0, \end{cases}$$

其中

$$x_{k+1} = T(x_k, u_k).$$

先取 $k = 4$，即考虑对 D 部位派人，则

$$f_4(x_4) = \min_{u_4 \in D_4(x_4)} \{ v_4(x_4, u_4) \},$$

可得表 5.2.

表 5. 2

u_4 \ x_4	$v_4(x_4, u_4)$			$f_4(x_4)$	u_4^*
	2	3	4		
2	34	—	—	34	2
3	34	31	—	31	3
4	34	31	25	25	4
5	34	31	25	25	4
6	34	31	25	25	4

再取 $k = 3$，即考虑对 C, D 两个部位派人，则

$$f_3(x_3) = \min_{u_3 \in D_3(x_3)} \{ v_3(x_3, u_3) + f_4(x_4) \},$$

可计算得表 5.3.

表 5. 3

u_3 / x_3	$v_3(x_3,u_3)+f_4(x_3-u_3)$			$f_3(x_3)$	u_3^*
	2	3	4		
4	24+34	—	—	58	2
5	24+31	22+34	—	55	2
6	24+25	22+31	21+34	49	2
7	24+25	22+25	21+31	47	3
8	24+25	22+25	21+25	46	4

再取 $k=2$,即考虑对 B,C,D 三个部位派人,则

$$f_2(x_2)=\min_{u_2\in D_2(x_2)}\{v_2(x_2,u_2)+f_3(x_3)\},$$

可计算得表 5.4.

表 5. 4

u_2 / x_2	$v_2(x_2,u_2)+f_3(x_2-u_2)$			$f_2(x_2)$	u_2^*
	2	3	4		
8	38+49	35+55	31+58	87	2
9	38+47	35+49	31+55	84	3
10	38+46	35+47	31+49	80	4

最后取 $k=1$,即考虑对 A,B,C,D 四个部位派人,则

$$f_1(x_1)=\min_{u_1\in D_1(x_1)}\{v_1(x_1,u_1)+f_2(x_2)\},$$

得表 5.5.

表 5. 5

u_1 / x_1	$v_1(x_1,u_1)+f_2(x_1-u_1)$			$f_1(x_1)$	u_1^*
	2	3	4		
12	18+80	14+84	10+87	97	4

由上面的表可知,应往 A 部位派 4 人,则 $x_2=12-4=8$,故由表 5.4 知,应往 B 部位派 2 人.由此 $x_3=8-2=6$,故由表 5.3 知,应往 C 部位派 2 人,进而 $x_4=4$,故应往 D 部位派 4 人.即分别往 A,B,C,D 四部位派 4、2、2、4 个人时,预期损失最小为 97.

例 5. 2. 2 用动态规划方法求解下列非线性规划问题:

$$\begin{cases} \max\ y = \sqrt{u_1} + \sqrt{u_2}, \\ u_1 + u_2 = 2, \\ u_1 \geqslant 0, u_2 \geqslant 0. \end{cases}$$

解：将问题分为两个阶段，$k=1,2$。u_1,u_2 分别表示决策变量，x_1,x_2 分别为状态变量，$x_1=2,x_2=x_1-u_1=2-u_1$；各决策变量的允许取值为 $0 \leqslant u_1 \leqslant 2, 0 \leqslant u_2 \leqslant x_2$；各阶段的效益函数为 $\sqrt{u_k}, k=1,2$，则基本方程为

$$\begin{cases} f_k(x_k) = \max_{u_k}\{\sqrt{u_k} + f_{k+1}(x_{k+1})\}, \quad k=2,1, \\ f_3(x_3) = 0. \end{cases}$$

先取 $k=2$，则 $f_2(x_2) = \max\limits_{0 \geqslant u_2 \geqslant x_2}\{\sqrt{u_2}\} = \sqrt{x_2}, \quad u_2^* = x_2$。

再取 $k=1$，则 $f_1(x_1) = \max\limits_{0 \leqslant u_1 \leqslant 2}\{\sqrt{u_1} + \sqrt{x_2}\} = \max\limits_{0 \leqslant u_1 \leqslant 2}\{\sqrt{u_1} + \sqrt{2-u_1}\}$。

令 $\dfrac{\mathrm{d}(\sqrt{u_1} + \sqrt{2-u_1})}{\mathrm{d}u_1} = \dfrac{1}{2}u_1^{-\frac{1}{2}} - \dfrac{1}{2}(2-u_1)^{-\frac{1}{2}} = 0$，则 $u_1^* = 1$。

进而 $x_2 = 2-1$，故 $u_2^* = 1$。即当 $u_1^* = 1, u_2^* = 1$ 时，$\max\ y = 2$。

例 5.2.3　用动态规划方法求解下列非线性规划问题：

$$\begin{cases} \max\ y = \prod_{i=1}^{3} iu_i, \\ u_1 + 3u_2 + 2u_3 \leqslant 12, \\ u_1 \geqslant 0, u_2 \geqslant 0, u_3 \geqslant 0. \end{cases}$$

解：将 u_1,u_2,u_3 的取值对应分为三个阶段，u_k 为第 k 阶段的决策变量，$k=1,2,3$。x_k 为第 k 阶段状态变量，有

$$x_1 = 12, \quad x_2 = x_1 - u_1 \geqslant 0,$$
$$x_3 = x_2 - 3u_2 \geqslant 0, \quad x_4 = x_3 - 2u_3 \geqslant 0;$$

各决策变量的允许取值为

$$0 \leqslant u_1 \leqslant x_1 = 12, \quad 0 \leqslant u_2 \leqslant \frac{x_2}{3}, \quad 0 \leqslant u_3 \leqslant \frac{x_3}{2};$$

各阶段的效益函数为 $ku_k, k=1,2,3$，则基本方程为

$$\begin{cases} f_k(x_k) = \max_{u_k}\{ku_k + f_{k+1}(x_{k+1})\}, \quad k=3,2,1, \\ f_4(x_4) = 1. \end{cases}$$

先取 $k=3$，则 $f_3(x_3) = \max\limits_{0 \leqslant u_3 \leqslant \frac{x_3}{2}}\{3u_3\} = \dfrac{3}{2}x^3, u_3^* = \dfrac{x_3}{2}$。

再取 $k=2$，则

$$f_2(x_2) = \max_{0 \leqslant u_2 \leqslant \frac{x_2}{3}} \{2u_2 \cdot f_3(x_3)\} = \max_{0 \leqslant u_2 \leqslant \frac{x_2}{3}} \left\{2u_2 \cdot \frac{3}{2}(x_2 - u_2)\right\}$$
$$= \max_{0 \leqslant u_2 \leqslant \frac{x_2}{3}} \{3u_2(x_2 - u_2)\}.$$

令 $\dfrac{\mathrm{d}[3u_2(x_2 - u_2)]}{\mathrm{d}u_2} = 0$，得 $u_2^* = \dfrac{x_2}{6}$，$f_2(x_2) = \dfrac{x_2^2}{4}$.

最后取 $k = 1$，则有

$$f_1(x_1) = \max_{0 \leqslant u_1 \leqslant 12} \left\{u_1 \cdot \frac{(x_1 - u_1)^2}{4}\right\}.$$

令 $\dfrac{\mathrm{d}\left[u_1 \cdot \dfrac{(x_1 - u_1)^2}{4}\right]}{\mathrm{d}u_1} = 0$，得 $u_1^* = 4$，$f_1(x_1) = 64$. 即当

$$u_1^* = 4,$$
$$u_2^* = \frac{x_2}{6} = \frac{12 - u_1^*}{6} = \frac{8}{6} = \frac{4}{3},$$
$$u_3^* = \frac{x_3}{2} = \frac{x_2 - 3u_2^*}{2} = \frac{8 - 4}{2} = 2$$

时，

$$\max y = 64.$$

5.3　习题

1. 试用动态规划方法计算从 A 地到 F 地的最短路径.

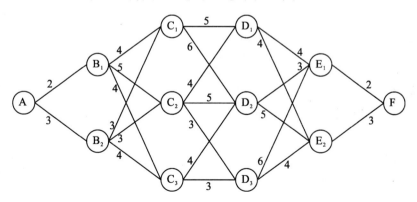

2. 写出下列问题的动态规划基本方程：

$$(1)\begin{cases} \max z = \sum_{i=1}^{n} \varphi_i(x_i), \\ \sum_{i=1}^{n} x_i = b \quad (b>0), \\ x_i \geq 0, \quad i=1,\cdots,n. \end{cases}$$

$$(2)\begin{cases} \max z = \sum_{i=1}^{n} C_i x_i^2, \\ \sum_{i=1}^{n} a_i x_i \geq b \quad (a_i>0), \\ x_i \geq 0, \quad i=1,\cdots,n. \end{cases}$$

3. 用动态规划方法求解下列问题：

$$(1)\begin{cases} \max z = 4x_1 + 9x_2 + 2x_3^2, \\ x_1 + x_2 + x_3 = 10, \\ x_i \geq 0, \quad i=1,2,3. \end{cases}$$

$$(2)\begin{cases} \min z = 3x_1^2 + 4x_2^2 + x_3^2, \\ x_1 x_2 x_3 \geq 9, \\ x_i \geq 0, \quad i=1,2,3. \end{cases}$$

$$(3)\begin{cases} \max z = 3x_1^3 - 4x_1 + 2x_2^2 \\ \qquad\quad -5x_2 + 2x_3, \\ 4x_1 + 2x_2 + 3x_3 \leq 18, \\ x_i \geq 0, \quad i=1,2,3. \end{cases}$$

$$(4)\begin{cases} \min z = 3x_1^2 - 5x_1 + 3x_2^2 \\ \qquad\quad -3x_2 + 2x_3^2 - 7x_3, \\ 2x_1 + 3x_2 + 2x_3 \geq 16, \\ x_i \geq 0, \quad i=1,2,3. \end{cases}$$

$$(5)\begin{cases} \max z = x_1 x_2 \cdots x_n, \\ \sum_{i=1}^{n} x_i = C \quad (C \geq 0), \\ x_i \geq 0, \quad i=1,\cdots,n. \end{cases}$$

$$(6)\begin{cases} \min z = \sum_{i=1}^{n} x_i^p \quad (p>1), \\ \sum_{i=1}^{n} x_i = C \quad (C>0), \\ x_i \geq 0, \quad i=1,\cdots,n. \end{cases}$$

第三部分　随机过程初步

第 1 章 随机过程的基本知识

1.1 随机过程的概念

事物变化过程可以分为两类:一类是确定性过程,即其变化过程具有确定形式,或者说有必然的变化规律,可以用一个(或几个)时间的确定的函数来描述,读者对这一类过程是比较熟悉的;另一类是非确定性过程,没有确定的变化形式,没有必然的变化规律,也就是说,事物变化的过程不能用一个(或几个)时间的确定函数加以描述. 由于后者的变化过程是不确定的,因而对同一事物的变化过程独立地重复地进行多次观测所得结果是不同的.

在概率论中,我们讨论的是一个或有限多个随机变量的情况,但在大多数实际问题中,这种研究往往不能满足需要,因为许多随机现象仅用静止的有限个随机变量去描述是远远不够的. 虽然在大数定律与中心极限定理中我们考虑了无穷多个随机变量,然而我们假定这些随机变量之间是相互独立的,若它们并非相互独立时,概率论知识就无能为力了. 而在实际中,我们需要用一族无穷多个相互有关的随机变量去描述经济、金融或管理中存在的大量随机现象,这就导致了人们对随机过程论的研究和应用.

随机过程论产生于 20 世纪初,是随机数学的一个重要分支,其研究对象与概率论一样是随机现象,但随机过程特别研究随"时间"变化的"动态"的随机现象,在自然科学、社会科学、经济、金融、管理及工程技术等领域中有广泛应用.

首先,我们给出随机过程的定义.

定义 1.1.1 设试验的样本空间为 Ω, T 是一个数集($T \subseteqq (-\infty, +\infty)$),如果对于每一个 $t \in T$, $X(\omega, t)$ 为 t 的函数,则称随机变量族

$$\{X(\omega, t), t \in T, \omega \in \Omega\} \tag{1.1.1}$$

为**随机过程**或**随机函数**,记之为 $\{X(\omega, t), t \in T\}$ 或 $X(t)$,其中 t 称为**参数**,T 称为**参数集**.

对一切 $\omega \in \Omega$ 和一切 $t \in T$, $X(\omega, t)$ 的全部可能取的值所组成的集合称为**状态集**或**状态空间**,记为 I.

当 T 是有限或无限区间时,称 $X(t)$ 为**连续参数过程**;当 T 是可列个数的集合

时,称 $X(t)$ 为**离散参数过程**或简称**随机序列**.

对于每个固定的 $t \in T, X(\omega,t)$ 是一个随机变量,也称之为随机过程 $X(\omega,t)$ 在 t 时的**状态**.

我们来看几个例子.

例 1.1.1 某车间要对每一件产品进行检查,如果是合格品,则记为 0;如果是次品,则记为 1.以 X_n 表示对第 n 件产品的检查结果,则 $X_n(n=1,2,\cdots)$ 是取值为 0 或 1 的随机变量,$X_1,X_2,\cdots,X_n,\cdots$ 是可数多个随机变量,称为随机序列.该随机序列可表示为 $\{X(n),n=1,2,\cdots\}$ 或 $\{X_n,n \geqslant 1\}$.对任意一个自然数 n,X_n 是一个随机变量.

例 1.1.2 城市人口发展变化.设 $X_n(n=1,2,\cdots)$ 为某城市在第 n 个单位时间(如一年)的人口总数.要研究该城市人口发展变化规律,就要将 $\{x_n\}$ 这一族随机变量作为一个整体来研究,这是一个参数集 T 为离散数集的随机过程.

例 1.1.3 抛掷一枚硬币的试验.定义随机变量 $X(t)$ 为

$$X(t) = X(\omega,t) = \begin{cases} \cos t, & \omega = H, \\ t, & \omega = T, \end{cases} \quad t \in (-\infty, +\infty)$$

其中 H,T 分别表示"正面朝上"和"反面朝上",且 $P(H) = P(T) = \dfrac{1}{2}$.这里试验的样本空间为 $\Omega = \{H,T\}$,对每个 $t \in (-\infty, +\infty)$,$X(\omega,t)$ 为一随机变量,且 $X(H,t) = \cos t, X(T,t) = t$ 均为 t 的函数,故

$$\{X(\omega,t), t \in (-\infty, +\infty), \omega \in \{H,T\}\}$$

为一随机过程.

例 1.1.4 1827 年布朗(Brown)发现静水中的花粉在不停地运动,后来人们就把这种运动称为布朗运动.在静水中花粉运动的原因是由于花粉受到水中分子的碰撞,这些相互独立的分子每分钟多达 10^{21} 次对花粉随机碰撞的合力使花粉产生随机运动.若用 $X(\omega,t)$ 表示在 t 时刻花粉所处位置的横坐标,那么,$\{X(\omega,t), t \in (0,+\infty)\}$ 就是描述花粉运动的随机过程.

在经济、金融等实践活动中,如利率、汇率、股票价格指数等等都表现出一定的随机性.下面的讨论会帮助读者可以更好地理解随机过程的概念.

(1)随机过程 $\{X(\omega,t), t \in T, \omega \in \Omega\}$ 实际上可以看成是两个变量 ω 和 t 的函数.但随机过程将普通函数的概念从实数与实数的对应关系推广到实数与随机变量的对应关系.对普通函数而言,当 $t \in T$ 时,总有一个确定的实数 x 与之对应;而对随机过程而言,当 $t \in T$ 时,与之对应的 $X(\omega,t)$ 是一个随机变量.

(2)随机过程是随机变量概念的推广.随机变量是在固定时间 t 上的试验结果,是一个数的集合;而随机过程是在 $t \in T$ 上的试验结果,是一个时间函数的集

合,当 t 固定时,随机过程就成为一个随机变量.

(3)随机变量 $X(\omega)$ 是定义在样本空间 Ω 上的函数,对每个 $\omega \in \Omega$,都有确定的 x 与之对应;而随机过程当 $\omega \in \Omega$ 时,对应的 $X(\omega,t)$ 又是 t 的函数,称为样本函数 (或样本曲线或轨道或现实),所以,随机过程将随机变量的概念从 ω 与实数对应推广到 ω 与函数对应.

(4)随机过程是一族随机变量, T 中有多少元素, $X(\omega,t)$ 就含有多少个随机变量.随机过程又是一族样本函数,每一 $\omega \in \Omega$ 对应一个样本函数, Ω 含多少个基本事件,随机过程就有多少个样本函数.

例 1.1.5　(伯努利试验过程)掷 5 次骰子,每次掷出的点数为偶数记为 0,奇数记为 1,称此类试验为伯努利试验.容易明白,掷 5 次骰子得到的所有可能结果共有 6^5 种,这些所有可能结果的集合构成了样本空间 Ω. Ω 可表示为

$$\Omega = \{\omega = (w_1, w_2, \cdots, w_5) \mid 1 \leqslant w_i \leqslant 6 \text{ 是整数}, i = 1, 2, \cdots, 5\}.$$

在此试验过程中,参数集 $T = \{1, 2, 3, 4, 5\}$.我们定义

$$x(\omega, n) = \begin{cases} 0, & w_n \text{ 为偶数}, \\ 1, & w_n \text{ 为奇数}, \end{cases}$$

其中, $w_n \in \omega, n \in T$,于是对于 $t = n, x(\omega, n)$ 是第 n 次掷骰子时所可能出现结果的随机变量,其取值为 0 或 1.对于每个 $\omega \in \Omega, X(\omega, t = n)$ 是与这个 ω 对应的 t 的函数, t 与函数值都是离散的: $X(\omega, n)$, $n = 1, 2, 3, 4, 5$.对于本例中的伯努利试验这个随机过程而言,由于 T 中包含 5 个元素,所以它含有 5 个随机变量,又由于 Ω 中包含 6^5 个样本,所以它含有 6^5 个样本函数.

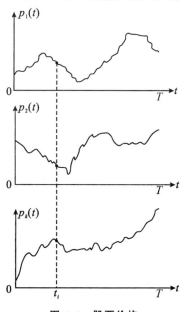

例 1.1.6　股票价格 $p(t)$.设某只股票第 k 个交易日 t 时刻的价格为 $p_k(t)$,我们连续进行了 K 个交易日的观测,每个交易日从开盘 $(t=0)$ 开始观测到收盘 $(t=T)$ 为止,观测结果如图 1.1 所示.我们可以把对该股票价格在一个交易日内变化过程的观测看作是一个随机试验,只是在这里每次试验需在某个时间范围内持续进行,而相应的试验结果则是一个时间的函数.在本例中,该股票所有交易日的价格曲线 $\{p_k(t)\}_{k=1}^{K}$ 构成了本随机过程的样本空间 Ω,参数集是时间区间 $[0, T]$,对于每一个固定的时刻,例如 $t = t_i \in [0, T]$, $p(t_i)$ 是一个随机变量.

图 1.1　股票价格

有时随机过程 $X(\omega,t)$ 在某一时刻所呈现的数值需要用二维或更高维的随机向量来表示,例如描述一个国家的经济环境随时间变化的情况,就需要用一系列指标,如经济增长率、国民收入、通货膨胀率、股票指数、汇率、利率等来描述,这样的随机过程又称为多维随机过程或向量随机过程.

随机过程的参数 t 通常表示时间,这也正是称为"过程"的原因.实际上, t 也可以是长度、重量、速度等物理量.不仅如此, t 还可以是向量,如以 t 表示空间中一点,而以 $X(\omega,t)$ 表示在 t 点测得的风速.

1.2　随机过程的分布与数字特征

由于随机过程在任一时刻 t 的状态是随机变量,所以可以利用随机变量(一维和多维)的分布和数字特征来描述随机过程的统计特性.

1.2.1　随机过程的分布函数族

设 $X(t)$ 为随机过程,对于固定的 $t\in T$, $X(\omega,t)$ 是一个随机变量,因而可以按概率论方法定义随机过程的分布函数.

定义 1.2.1　设 $\{X(t),t\in T\}$ 为随机过程,对任意固定的 $t\in T$ 及实数 $x\in R$,称

$$F_1(x,t)=P(X(t)\leqslant x),\quad t\in T \tag{1.2.1}$$

为随机过程 $\{X(t),t\in T\}$ 的**一维分布函数**.

若存在非负可积函数 $f_1(x,t)$,使满足

$$F_1(x,t)=\int_{-\infty}^{x}f_1(u,t)\mathrm{d}u, \tag{1.2.2}$$

则称 $f_1(x,t)$ 为随机过程 $\{x(t),t\in T\}$ 的**一维概率密度函数**.

若 $P(X(t)=x_k)=p_k$, $k=1,2,\cdots$,满足条件 $p_k\geqslant 0$ 和 $\sum_{k=1}^{\infty}p_k=1$,则称 $P(X(t)=x_k)=p_k$ 为随机过程 $\{X(t),t\in T\}$ 的**一维概率分布**.

一维概率密度函数和一维概率分布描绘了随机过程在各个孤立时刻的统计特性.

例 1.2.1　设随机过程 $X(t)=X\cos\omega t,t>0$,其中 ω 为常数, X 是服从标准正态分布的随机变量,其数学期望和方差分别为 $E(X)=0,D(X)=1$,试求 $X(t)$ 的一维概率密度函数.

解:在一个给定的时刻 t,由于随机变量 $X(t)=X\cos\omega t,t>0$ 是 X 的线性函数,因此服从正态分布.因为

$$E[X(t)]=E(X\cos\omega t)=\cos\omega t E(X)=0,$$
$$D[X(t)]=D(X\cos\omega t)=\cos^2\omega t D(X)=\cos^2\omega t,$$

所以此随机过程的一维概率密度为

$$f_1(x,t)=\frac{1}{\sqrt{2\pi}\,|\cos\omega t|}\exp\left\{-\frac{x^2}{2\cos^2\omega t}\right\}.$$

例 1.2.2 设随机过程为

$$Y_n=\sum_{k=1}^n X_k,$$

其中 X_k, $k=1,2,\cdots$, 为相互独立且服从相同正态分布 $N(\mu,\sigma^2)$ 的随机变量列, 由概率论知 $Y_n=\sum_{k=1}^n X_k$ 亦服从正态分布, 且 $E(Y_n)=n\mu$, $D(Y_n)=n\sigma^2$, 故其一维概率密度为

$$f_1(y,n)=\frac{1}{\sqrt{2\pi n\sigma^2}}\exp\left\{\frac{(y-n\mu)^2}{2n\sigma^2}\right\},\quad -\infty<y<+\infty.$$

例 1.2.3 设随机过程为

$$Y(t)=te^X,$$

其中 X 服从参数为 λ 的指数分布, 试求 $Y(t)$ 的一维概率密度.

解: 因为 $X\sim Z(\lambda)$, 即其概率密度为

$$f(x)=\begin{cases}\lambda e^{-\lambda x}, & x>0,\quad \lambda>0.\\ 0, & x\leqslant 0,\end{cases}$$

而对于固定的 $t>0$, $Y(t)$ 的一维分布函数

$$F_1(y,t)=P(Y(t)\leqslant y)=P(te^X\leqslant y)$$

$$=\begin{cases}P\left(X\leqslant\ln\frac{y}{t}\right), & y>t,\quad t>0\\ 0, & y\leqslant t,\end{cases}$$

$$=\begin{cases}F_X\left(\ln\frac{y}{t}\right), & y>t,\\ 0, & y\leqslant t.\end{cases}$$

故 $Y(t)$ 的一维概率密度函数为

$$f(y,t)=\begin{cases}f_X\left(\ln\frac{y}{t}\right)=\frac{\lambda t^\lambda}{y^{\lambda+1}}, & y>t,\quad \lambda>0,t>0.\\ 0, & y\leqslant t,\end{cases}$$

虽然一维概率密度或一维分布函数描述了随机过程在各个孤立时刻的统计特性, 但它们不能反映随机过程在不同时刻的状态之间的联系. 为了描述随机过程 $\{X(t),t\in T\}$ 在任意两个时刻 t_1,t_2 或任意 n 个时刻 $t_1,t_2,\cdots,t_n$ 状态之间的联系,

我们有必要引入随机过程的二维分布函数及 n 维分布函数的概念.

　　定义 1.2.2　设 $\{X(t),t\in T\}$ 为随机过程,对于任意两个时刻 $t_1,t_2\in T$ 及实数 $x_1,x_2\in R$,称

$$F_2(x_1,x_2,t_1,t_2)=P(X(t_1)\leqslant x_1,X(t_2)\leqslant x_2) \qquad (1.2.3)$$

为随机过程 $\{X(t),t\in T\}$ 的**二维分布函数**.

　　若存在非负可积函数 $f_2(x_1,x_2,t_1,t_2)$ 满足

$$F_2(x_1,x_2,t_1,t_2)=\int_{-\infty}^{x_1}\int_{-\infty}^{x_2}f_2(u_1,u_2,t_1,t_2)\mathrm{d}u_2\mathrm{d}u_1\,,\quad t_1,t_1\in T,\quad (1.2.4)$$

则称 $f_2(x_1,x_2,t_1,t_2)$ 为随机过程 $X(t)$ 的**二维概率密度**.

　　类似地,我们可以定义 n 维分布函数.

　　定义 1.2.3　设 $\{X(t),t\in T\}$ 为随机过程,对于任意 n 个时刻 $t_1,t_2,\cdots,t_n\in T$ 及实数 $x_1,x_2,\cdots,x_n\in R$,称

$$F_n(x_1,x_2,\cdots,x_n,t_1,t_2,\cdots,t_n)=P(X(t_1)\leqslant x_1,X(t_2)\leqslant x_2,\cdots,X(t_n)\leqslant x_n)$$

$$(1.2.5)$$

为随机过程 $\{X(t),t\in T\}$ 的 n **维分布函数**.

　　我们称关于随机过程 $X(t)$ 的所有有限维分布函数的集合

$$\{F_n(x_1,x_2,\cdots,x_n,t_1,t_2,\cdots,t_n),t_1,t_2,\cdots,t_n\in T,n\geqslant 1\}$$

为 $X(t)$ 的**有限维分布函数族**.

　　同样地,若存在非负可积函数 $f_n(x_1,x_2,\cdots,x_n,t_1,t_2,\cdots,t_n)$ 满足

$$F_n(x_1,x_2,\cdots,x_n,t_1,t_2,\cdots,t_n)$$

$$=\int_{-\infty}^{x_1}\int_{-\infty}^{x_2}\cdots\int_{-\infty}^{x_n}f_n(u_1,u_2,\cdots,u_n,t_1,t_2,\cdots,t_n)\mathrm{d}u_n\mathrm{d}u_{n-1}\cdots\mathrm{d}u_1\,,\quad (1.2.6)$$

则称 $f_n(x_1,x_2,\cdots,x_n,t_1,t_2,\cdots,t_n)$ 为随机过程 $X(t)$ 的 n **维概率密度**,而关于随机过程 $X(t)$ 的所有有限维概率密度函数的集合

$$\{f_n(x_1,x_2,\cdots,x_n,t_1,t_2,\cdots,t_n),t_1,t_2,\cdots,t_n\in T,n\geqslant 1\},$$

称为 $X(t)$ 的**有限维概率密度函数族**,类似地可以定义 $X(t)$ 的有限维概率分布族.

　　随机过程的 n 维分布函数或概率密度能够近似地描述随机过程的统计特性,而且 n 越大,则 n 维分布函数越趋完善地描述随机过程的统计特性. 所以有很多数学家研究了随机过程 $X(t)$ 与其有限维分布函数族的关系. 1931 年,苏联数学家柯尔莫哥洛夫(Kolmogorov)证明了有限维分布函数族的存在定理.

　　定理 1.2.1(存在定理)　设 $F=\{F_n(x_1,x_2,\cdots,x_n,t_1,t_2,\cdots,t_n),n\geqslant 1,t_n\in T\}$ 为满足下述性质的有限维分布函数族:

　　(1)对称性:对于 $(1,2,\cdots,n)$ 的任一排列 $i_1,i_2,\cdots,i_n$,有

$$F_n(x_{i_1},x_{i_2},\cdots,x_{i_n})=F_n(x_1,x_2,\cdots,x_n,t_1,t_2,\cdots,t_n);$$

（2）相容性：对于任意自然数 $m<n$，随机过程的 m 维分布函数与 n 维分布函数之间有关系：

$$F_m(x_1,x_2,\cdots,x_m,t_1,t_2,\cdots,t_m)$$
$$=F_n(x_1,x_2,\cdots,x_m,+\infty,\cdots,+\infty,t_1,t_2,\cdots,t_n),$$

则 F 必为某个随机过程 $\{X(t),t\in T\}$ 的有限维分布函数族，即

$$F_n(x_1,x_2,\cdots,x_n,t_1,t_2,\cdots,t_n)=P(X(t_1)\leqslant x_1,X(t_2)\leqslant x_2,\cdots,X(t_n)\leqslant x_n).$$

上述定理表明有限维分布函数族 $\{F_1,F_2,\cdots\}$ 或概率密度函数族 $\{f_1,f_2,\cdots\}$ 完全确定了随机过程的全部统计特性.

例 1.2.4　设随机过程 $X(t)=A+Bt,0<a\leqslant t\leqslant b$，其中 A 和 B 是相互独立的正态分布 $N(0,1)$ 的随机变量，试求 $X(t)$ 的 n 维分布函数.

解：因为 A 和 B 均服从标准正态分布，且相互独立，所以它们的线性组合也服从正态分布且易知 $X(t_1),X(t_2),\cdots,X(t_n)$ 的任意线性组合均服从一维正态分布，故 n 元函数 $(X(t_1),X(t_2),\cdots,X(t_n))$ 服从 n 维正态分布. 对于正态分布，只要知道它们的数学期望与协方差就完全确定了它们的分布，故这里只需要求得 $X(t)$ 的一阶矩和二阶矩即可.

对固定的 $t\in T,E(X(t))=E(A+Bt)$ 而 $E(A)=E(B)=0$，故 $E(X(t))=0$. 对固定的 $t_1,t_2,\cdots,t_n\in T,X(t_i)$ 与 $X(t_j),i,j=1,2,\cdots,n$，的协方差为

$$\mathrm{Cov}(X(t_i),X(t_j))=E\big[(X(t_i)-E(X(t_i)))(X(t_j)-E(X(t_j)))\big]$$
$$=E(X(t_i)X(t_j))=E((A+Bt_i)(A+Bt_j))$$
$$=E(A^2+BAt_i+ABt_j+B^2t_it_j)$$
$$=E(A^2)+E(B^2t_it_j)=1+t_it_j,$$

其中 $E(A^2)=E(B^2)=D(A)=D(B)=1$，故

$$D(X(t_i))=D(A+Bt_i)=D(A)+t_i^2D(B)=1+t_i^2,$$

则 $(X(t_1),X(t_2),\cdots,X(t_n))$ 的概率密度，即 $X(t)$ 的有限维概率密度为

$$f_n(x_1,x_2,\cdots,x_n,t_1,t_2,\cdots,t_n)=\frac{1}{(2\pi)^{\frac{n}{2}}C^{\frac{1}{2}}}\exp\left(-\frac{1}{2}X'C^{-1}X\right),$$

其中 $C=(1+t_it_j)_{n\times n},X=(x_1,x_2,\cdots,x_n)^{\mathrm{T}}$.

1.2.2　随机过程的数字特征

虽然随机过程的分布函数族能完善地刻画随机过程的统计特性，但在实际问题中往往由于资料的不全而难以得到. 而且事实上，人们也不总是需要了解随机过程的全部的概率特征. 因此，引进随机过程的数字特征可以使实际问题的处理变得简便易行.

1. 随机过程的数字特征

设 $\{X(t),t\in T\}$ 为随机过程,对固定的 $t\in T$,$X(t)$ 是随机变量,根据它的数字特征,可定义随机过程的相应数字特征.

定义 1.2.4　设 $\{X(t),t\in T\}$ 为一随机过程,对于任一 $t\in T$,如果随机变量 $X(t)$ 的数学期望 $E(X(t))$ 存在,则称之为随机过程 $\{X(t),t\in T\}$ 的**数学期望函数**或**均值函数**,记作 $\mu_X(t)$,即

$$\mu_X(t)=E(X(t)),\quad t\in T.$$

定义 1.2.5　设 $\{X(t),t\in T\}$ 为一随机过程,对于任一 $t\in T$,如果随机变量 $X(t)$ 的方差 $D(X(t))$ 存在,则称之为随机过程 $\{X(t),t\in T\}$ 的**方差函数**,记作 $D_X(t)$ 或 $\sigma_X^2(t)$,即

$$D_X(t)=\sigma_X^2(t)=D[X(t)]=E[(X(t)-\mu_X(t))^2],\quad t\in T.$$

方差函数的算术根 $\sigma_X(t)=\sqrt{D_X(t)}$ 称为随机过程 $\{X(t),t\in T\}$ 的**标准差函数**或**均方差函数**.如果随机变量 $X(t)$ 的二阶原点矩 $E[X^2(t)]$ 存在,则称之为随机过程 $\{X(t),t\in T\}$ 的**均方值函数**,记作 $\psi_X^2(t)$,即

$$\psi_X^2(t)=E[X^2(t)],\quad t\in T.$$

随机过程 $\{X(t),t\in T\}$ 的均值函数 $\mu_X(t)$,方差函数 $D_X(t)$,均方差函数 $\sigma_X(t)$ 及均方值函数 $\psi_X^2(t)$ 都是确定的参数 t 的一元函数,它们的定义域是参数集 T.

如果 $\{X(t),t\in T\}$ 的状态空间是离散的,则对于 $t\in T$,有

$$\mu_X(t)=\sum_{i=1}^{\infty}x_ip_i(t),$$

$$D_X(t)=\sigma_X^2(t)=\sum_{i=1}^{\infty}[X_i-\mu_X(t)]^2p_i(t),$$

$$\psi_X^2(t)=\sum_{i=1}^{\infty}x_i^2p_i(t),$$

其中 $p_i(t)=P(X(t)=x_i)(i=1,2,\cdots)$ 是随机变量 $X(t)$ 的概率分布.

如果对于任一 $t\in T$,$X(t)$ 为连续型随机变量,则

$$\mu_X(t)=\int_{-\infty}^{+\infty}xf(x,t)\mathrm{d}x,$$

$$D_X(t)=\sigma_X^2(t)=\int_{-\infty}^{+\infty}(X-\mu_Xf(t))^2f(x,t)\mathrm{d}x,$$

$$\psi_X^2(t)=\int_{-\infty}^{+\infty}x^2f(x,t)\mathrm{d}x,$$

其中 $f(x,t)$ 是随机过程 $\{X(t),t\in T\}$ 的一维概率密度.

随机过程 $\{X(t),t\in T\}$ 的均值函数 $\mu_X(t)$ 是其所有样本函数在时刻 t 的函数值

的平均值,通常称这种平均为**集平均**,它表示该随机过程在各个时刻的摆动中心,是参数 t 的一个确定函数.均方差函数 $\sigma_x(t)$ 表示随机过程 $\{X(t), t \in T\}$ 的各个样本函数在 t 时刻对于均值函数的偏离程度,如图 1.2 所示.

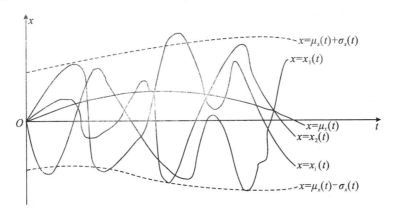

图 1. 2　随机过程的均值函数和均方差函数

均值函数和均方差函数是刻画随机过程在各个孤立时刻统计特性的重要数字特征.为了刻画随机过程在两个不同时刻的状态之间的联系,还需要引入新的数字特征.

定义 1. 2. 6　设 $\{X(t), t \in T\}$ 是一随机过程,对于 $t_1, t_2 \in T$,如果二阶混合原点矩 $E[X(t_1), X(t_2)]$ 存在,则称之为随机过程 $\{X(t), t \in T\}$ 的**自相关函数**,简称为**相关函数**,记作 $R_X(t_1, t_2)$ 或 $R_{XX}(t_1, t_2)$,即

$$R_X(t_1, t_2) = E[X(t_1), X(t_2)], \quad t_1, t_2 \in T.$$

如果 $X(t_1)$ 与 $X(t_2)$ 的二阶混合中心矩(即协方差)

$$\mathrm{Cov}[X(t_1) X(t_2)] = E[(X(t_1) - \mu_X(t_1))(X(t_2) - \mu_X(t_2))]$$

存在,则称之为随机过程 $\{X(t), t \in T\}$ 的**协方差函数**,记作 $C_X(t_1, t_2)$ 或 $C_{XX}(t_1, t_2)$,即

$$
\begin{aligned}
C_X(t_1, t_2) &= \mathrm{Cov}[X(t_1), X(t_2)] \\
&= E[(X(t_1) - \mu_X(t_1))(X(t_2) - \mu_X(t_2))], \quad t_1, t_2 \in T.
\end{aligned}
$$

对任一 $t \in T$,若 $X(t)$ 为连续型随机变量,则

$$R_X(t_1, t_2) = \int_{-\infty}^{+\infty} \int_{-\infty}^{+\infty} x_1 x_2 f(x_1, x_2, t_1, t_2) \mathrm{d}x_1 \mathrm{d}x_2 ,$$

$$C_X(t_1, t_2) = \int_{-\infty}^{+\infty} \int_{-\infty}^{+\infty} (x_1 - \mu_X(t_1))(x_2 - \mu_X(t_2)) f(x_1, x_2, t_1, t_2) \mathrm{d}x_1 \mathrm{d}x_2 ,$$

$$t_1, t_2 \in T,$$

其中 $f(x_1, x_2, t_1, t_2)$ 是随机过程 $\{X(t), t \in T\}$ 的二维概率密度.

相关函数 $R_X(t_1,t_2)$ 和协方差函数 $C_X(t_1,t_2)$ 是 $t_1,t_2 \in T$ 的确定的二元函数,是刻画随机过程 $\{X(t),t \in T\}$ 在两个不同时刻 t_1,t_2 的状态之间统计依赖关系的数字特征.

在不致混淆的情况下,上述的 $\mu_X(t),D_X(t),\sigma_X(t),\psi_X^2(t),R_X(t_1,t_2),C_X(t_1,t_2)$ 可简记为 $\mu(t),D(t),\sigma(t),\psi^2(t),R(t_1,t_2),C(t_1,t_2)$. 它们之间有以下关系:

$$\psi^2(t)=E[X^2(t)]=R(t,t),$$
$$C(t_1,t_2)=R(t_1,t_2)-\mu(t_1)\mu(t_2),$$
$$\sigma^2(t)=C(t,t)=R(t,t)-\mu^2(t).$$

容易看出,在随机过程的各个数字特征中,最重要的是均值函数和相关函数.

例 1.2.5　设随机变量 X,Y 相互独立,且均服从标准正态分布 $N(0,1)$,令
$$Z(t)=X+tY, \quad a \leqslant t \leqslant b,$$
则
$$\mu_Z(t)=E[Z(t)]=E(X)+tE(Y)=0,$$
$$\sigma_Z^2(t)=D[X+tY]=D(X)+t^2D(Y)=1+t^2,$$
$$R_Z(t_1,t_2)=E[(X+t_1Y)(X+t_2Y)]$$
$$=E(X^2)+t_1t_2E(Y^2)+(t_1+t_2)E(XY)$$
$$=1+t_1t_2.$$

由于 $Z(t)=X+tY$ 是相互独立的服从标准正态分布的随机变量 X 和 Y 的线性组合,因此 $Z(t)$ 服从正态分布,$Z(t)$ 的一维分布函数为
$$F(x,t)=\frac{1}{\sqrt{2\pi(1+t^2)}}\int_{-\infty}^{x}\exp\left(-\frac{u^2}{2(1+t^2)}\right)\mathrm{d}u, \quad a \leqslant t \leqslant b.$$

1.2.3　随机过程的分类

对一般的随机过程进行研究是十分困难的. 由于在实际问题中遇到的随机过程总可以把它们归结为一些特殊的随机过程,所以我们有必要对随机过程进行分类,以便于研究与应用的需要. 从不同的角度出发,可以有许多种不同的分类方法,这里仅介绍两类典型的分类方法.

一、按参数集和状态集分类

随机过程的参数集 T 可分为离散集与连续集,其状态空间也可分为离散与连续两种情形,于是,据此可将随机过程分为以下四类:

(1)离散参数集、离散状态集随机过程;

(2)离散参数集、连续状态集随机过程;

(3)连续参数集、离散状态集随机过程;

(4)连续参数集、连续状态集随机过程.

通常人们将参数集离散的随机过程称为**随机(时间)序列**,称状态空间离散的随机过程为**链**.

这种分类方法是按随机过程的物理架构来分类的,按随机过程的概率结构来分类,则是更深入、更重要的分类.

二、按随机过程的概率结构分类

这种分类是按随机过程的概率特性进行的,其实质是按随机过程的分布函数的特征分类.

1.二阶矩过程

定义 1.2.7　设 $\{X(t),t\in T\}$ 为一随机过程,如果对任一 $t\in T$,$X(t)$ 的一阶矩 $E[X(t)]$ 及二阶矩 $E[X^2(t)]$ 都存在,则称 $\{X(t),t\in T\}$ 为**二阶矩过程**.

由定义 1.2.7 可知,二阶矩过程 $\{X(t),t\in T\}$ 的均值函数 $\mu_X(t)=E[X(t)]$ 是存在的,设随机过程

$$\widetilde{X}(t)=X(t)-\mu_X(t),\quad t\in T,$$

则有

$$\mu_{\widetilde{X}}(t)=E[\widetilde{X}(t)]=0,\quad t\in T.$$

因此,今后通常假定二阶矩过程 $\{X(t),t\in T\}$ 的均值函数为零.

这时,协方差函数即为相关函数

$$C_X(t_1,t_2)=E[X(t_1)X(t_2)]=R_X(t_1,t_2),$$

应用柯西－施瓦兹(Cauchy－Schwarz)不等式,有

$$\{E[X(t_1)X(t_2)]\}^2\leqslant E[X^2(t_1)]E[X^2(t_2)].$$

根据定义 1.2.7 可知,上式右边一定是有限的,所以二阶矩过程的相关函数总是存在的.

设 $\{X_1(t),t\in T\}$ 和 $\{X_2(t),t\in T\}$ 均为二阶矩过程,对于常数 C_1,C_2,由三角不等式及柯西－施瓦兹不等式,有

$$\{E[C_1X_1(t)+C_2X_2(t)]^2\}$$
$$\leqslant C_1^2E[X_1^2(t)]+2|C_1C_2|\cdot|E[X_1(t)X_2(t)]|+C_2^2E[X_2^2(t)]$$
$$\leqslant C_1^2E[X_1^2(t)]+2|C_1C_2|\cdot\sqrt{E[X_1^2(t)]E[X_2^2(t)]}+C_2^2E[X_2^2(t)].$$

由定义 1.2.7 可知上式右边是有限的,所以 $\{C_1X_1(t)+C_2X_2(t),t\in T\}$ 也是二阶矩过程.

2.正态随机过程

定义 1.2.8　如果随机过程 $\{X(t),t\in T\}$ 的每一个有限维分布都是正态分布,即对于任一正整数 n 及任意 n 个参数 $t_1,t_2,\cdots,t_n\in T$,n 维随机变量 $(X(t_1),X(t_2),$

$\cdots,X(t_n))$服从 n 维正态分布,则称$\{X(t),t\in T\}$为**正态随机过程**,也称**高斯(Gauss)过程**.

由概率论中关于 n 维正态随机变量的知识,可知正态随机过程的有限维分布完全由其均值函数及协方差函数(或相关函数)所确定,因此正态随机过程的统计特性亦随之确定.

3.独立随机过程

独立随机过程是随机过程中一类最简单且应用较广的过程,其定义如下.

定义 1.2.9　设$\{X(t),t\in T\}$为一随机过程,若对于任一正整数 n,任意的 t_1, $t_2,\cdots,t_n\in T$,n 个随机变量 $X(t_1),X(t_2),\cdots,X(t_n)$为相互独立,则称 $X(t)$**独立过程**.

4.独立增量过程

这一类过程中每个随机变量之间虽然不是相互独立的,但其增量之间是相互独立的.

定义 1.2.10　设$\{X(t),t\in T\}$为一随机过程,对任意 n 及 $t_1,t_2,\cdots,t_n\in T$,称 $X(t_i,t_j)=X(t_j)-X(t_i)(i<j)$为 $X(t)$在 t_i,t_j 处的增量,如果增量 $X(t_1,t_2),X(t_2,t_3),\cdots,X(t_{n-1},t_n)$相互独立,则称 $X(t)$为**独立增量随机过程**,也称**可加过程**.

对于独立增量过程$\{X(t),t\geqslant 0\}$,如果 $X(t_i,t_j)(0\leqslant t_i<t_j)$的分布函数只依赖于 t_j-t_i 而不依赖于 t_i,t_j 则$\{X(t),t\geqslant 0\}$称为**齐次独立增量过程**,也称**平稳独立增量过程**.

下面介绍的泊松(Poisson)过程和维纳(Wiener)过程是两个重要的独立增量过程.

5.泊松过程

定义 1.2.11　如果随机过程$\{X(t),t\geqslant 0\}$满足以下条件:

(1)$\{X(t),t\geqslant 0\}$是齐次独立增量过程;

(2)对任意 $t\geqslant 0$,$X(t)$取值是非负整数;

(3)增量 $X(t_2)-X(t_1)(0\leqslant t_1<t_2)$服从泊松分布

$$P\{X(t_2)-X(t_1)=k\}=\mathrm{e}^{-\lambda(t_2-t_1)}\frac{[\lambda(t_2-t_1)]^k}{k!},\quad k=0,1,2,\cdots,$$

其中 λ 是与 t_1,t_2 无关的正的常数;

(4)$X(0)=0$,

则称$\{X(t),t\geqslant 0\}$是**泊松过程**.

由于增量 $X(t_2)-X(t_1)(0\leqslant t_1<t_2)$服从泊松分布,因此它的均值和方差为

$$E[X(t_2)-X(t_1)]=D[X(t_2)-X(t_1)]=\lambda(t_2-t_1).$$

由条件(4)可得泊松过程$\{X(t),t\geqslant 0\}$的均值函数和方差函数分别为

$$\mu_X(t)=E[X(t)]=E[X(t)-X(0)]=\lambda\,t,\quad t\geqslant 0,$$

$$D[X(t)]=D[X(t)-X(0)]=\lambda\,t,\quad t\geqslant 0.$$

当 $0\leqslant t_1\leqslant t_2$ 时,泊松过程 $\{X(t),t\geqslant 0\}$ 的相关函数为

$$\begin{aligned}R_X(t_1,t_2)&=E[X(t_1)X(t_2)]\\&=E\{[X(t_1)][X(t_1)-X(t_2)-X(t_1)]\}\\&=E\{[X(t_1)]^2\}+E\{[X(t_1)-X(t_0)][X(t_2)-X(t_1)]\}\\&=D[X(t_1)]+\{[E(x_1)]\}^2+E[X(t_1)-X(t_0)]E[X(t_2)-X(t_1)]\\&=\lambda\,t_1+\lambda^2t_1^2+\lambda\,t_1(\lambda\,t_2-\lambda\,t_1)\\&=\lambda^2t_1t_2+\lambda\,t_1.\end{aligned}$$

类似地,当 $0\leqslant t_2\leqslant t_1$ 时,有

$$R_X(t_1,t_2)=\lambda^2t_1t_2+\lambda\,t_2.$$

一般地,有

$$R_X(t_1,t_2)=E[X(t_1)X(t_2)]=\lambda^2t_1t_2+\lambda\min(t_1,t_2)$$

$$=\begin{cases}\lambda^2t_1t_2+\lambda\,t_1,&t_1\leqslant t_2,\\\lambda^2t_1t_2+\lambda\,t_2,&t_1>t_2.\end{cases}$$

泊松过程描述了在一定时间间隔 $[0,t]$ 内某种随机现象出现次数的统计规律. 例如,在时间间隔 $[0,t]$ 内某电话总机接到的呼叫次数,到某商店去的顾客数,通过某交叉路口的汽车数等等,通常都可以用泊松过程来模拟.

6. 维纳过程

定义 1.2.12　如果二阶矩过程 $\{X(t),t\geqslant 0\}$ 满足如下条件:

(1) $\{X(t),t\geqslant 0\}$ 是齐次独立增量过程;

(2) 对任意 $0\leqslant t_1<t_2$,增量 $X(t_2)-X(t_1)$ 服从正态分布 $N(0,(t_2-t_1)\sigma^2)$,即

$$P\{X(t_2)-X(t_1)\leqslant x\}=\frac{1}{\sqrt{2\pi(t_2-t_1)}\sigma}\int_{-\infty}^{x}\exp\left(\frac{-u^2}{2(t_2-t_1)\sigma^2}\right)\mathrm{d}u\,,$$

$$-\infty<x<+\infty;$$

(3) $X(0)=0$,

则称 $\{X(t),t\geqslant 0\}$ 为**维纳过程**.

维纳过程也称布朗运动. 英国生物学家布朗(Robert Brown)于 1827 年最先对悬浮在液体中的细小花粉微粒受到水分子连续撞击形成的运动情况进行观察和研究,布朗运动也因此而得名. 1900 年法国人路易•巴舍利耶(Louis Bachelier)又一次考察它,并试图用它来描述股票价格运动过程. 1904 年爱因斯坦(Einstein)对它做出了合理的物理解释并求出了微粒的转移密度. 1918 年,维纳(Norbert Wiener)在数学上严格地定义了布朗运动,因此它又被称为维纳过程. 而萨缪尔森则将几何

布朗运动引入微观金融分析,它假定股票价格的对数遵循布朗运动过程,从而成功地解决了有限负债问题.

1.3　习题

1.利用重复抛掷硬币的试验定义一个随机过程

$$X(t) = \begin{cases} \cos\pi t, & \text{正面}, \\ 2t, & \text{反面}, \end{cases} \quad -\infty < t < +\infty,$$

设出现正面与反面的概率相等.试求:$X(t)$ 的一维分布函数 $F\left(x, \dfrac{1}{2}\right)$,$F(x,1)$ 和 $X(t)$ 的二维分布函数 $F\left(x_1, x_2, \dfrac{1}{2}, 1\right)$.

2.已知随机过程 $\{X(t), t \in T\}$ 的均值函数 $\mu_X(t)$ 和协方差函数 $C_X(t_1, t_2)$,$\varphi(t)$ 是普通函数,求随机过程 $Y(t) = X(t) + \varphi(t)$ 的均值函数和协方差函数.

3.设有随机过程 $X(t)$ 和任一实数 X,定义随机过程

$$Y(t) = \begin{cases} 1, & X(t) \leqslant x, \\ 0, & X(t) > x. \end{cases}$$

证明:$\mu_Y(t)$ 和 $R_Y(t_1, t_2)$ 分别是 $X(t)$ 的一维和二维分布函数.

4.设 $X(t) = tA + t^2 B$,$t \in (-\infty, +\infty)$,其中 A, B 是相互独立且均服从正态分布 $N(0, \sigma^2)$ 的随机变量,证明:$X(t)$ 是正态随机过程,并求 $X(t)$ 的均值函数和相关函数.

第 2 章　均方微积分

　　为了深入研究随机过程,需要用到随机过程的微分与积分知识,因此,有必要将高等数学中有关极限、连续、微分和积分等概念进行推广.本章将在引入随机极限基础上,建立均方连续、均方微分和均方可积等概念.

　　由于讨论的是均方极限,故假定本章讨论的随机过程均存在一阶矩和二阶矩,即以下讨论的均是二阶矩过程.

2.1　随机变量序列的均方极限

　　定义 2.1.1　设$\{X_n, n=1,2,\cdots\}$和X为随机过程和随机变量,且设它们二阶矩有限,即

$$E[|X_n|^2]<\infty, \quad E[|X|^2]<\infty.$$

若有

$$\lim_{n\to\infty}E[|X_n-X|^2]=0,$$

则称X_n**均方收敛于**X,称X为X_n的**均方极限**,记作

$$\lim_{n\to\infty}X_n=X.$$

　　由概率论与函数极限的知识,容易得到均方极限的性质:

　　1° 如果随机变量序列$\{X_n\}$依均方收敛于随机变量X,则它必定也依概率收敛于X,即$\forall\varepsilon>0$,当$n\to\infty$时,有

$$P\{|X_n-X|>\varepsilon\}\to0.$$

记为$X_n\xrightarrow{P}X$.由切比雪夫(Chebyshev)不等式[1],可知,$\forall\varepsilon>0$有

$$P\{|X_n-X|>\varepsilon\}\leqslant\frac{E[|X_n-X|^2]}{\varepsilon^2},$$

当$E[|X_n-X|^2]\xrightarrow{n\to\infty}0$时,则有$P\{|X_n-X|>\varepsilon\}\xrightarrow{n\to\infty}0$.

---

　　① 所谓切比雪夫不等式是指用方差估计随机变量与其期望有较大偏差之概率的不等式,即若随机变量ξ有有限的方差,则对$\forall\varepsilon>0$,有$P\{|\xi-E(\xi)|\geqslant\varepsilon\}\leqslant\frac{1}{\varepsilon^2}D(\xi)$.

2° 如果 $\lim\limits_{n\to\infty}X_n=X$，则 $\lim\limits_{n\to\infty}E(X_n)=E(X)$，即

$$\lim_{n\to\infty}E(X_n)=E(\lim X_n).$$

此性质表明，极限与数学期望运算可以交换次序，但注意前者为普通极限，后者为均方极限.

证： 因为

$$D(Y)=E[\,|Y|^2\,]-|E(Y)|^2,\quad |E(Y)|^2=E[\,|Y|\,]^2-D(Y)\leqslant E[\,|Y|^2\,],$$

故

$$|E(X_n)-E(X)|=|E(X_n-X)|\leqslant\sqrt{E\,|X_n-X\,|^2},$$

当 $n\to\infty$ 时，由假定得 $E[\,|X_1-X^2\,]\to0$，所以有

$$|E(X_n)-E(X)|\xrightarrow{n\to\infty}0.$$

3° 如果 $\lim\limits_{m\to\infty}X_m=X$，且 $\lim\limits_{n\to\infty}Y_n=Y$，则

$$\lim_{\substack{m\to\infty\\n\to\infty}}E(X_mY_n)=E(XY)=E[\,(\lim_{m\to\infty}X_m)(\lim_{n\to\infty}Y_n)\,].$$

特别地，若 $\lim\limits_{n\to\infty}X_n=X$，则 $\lim\limits_{n\to\infty}E(X_n^2)=E(X^2)$.

证： 因为

$$|E(X_mY_n)-E(XY)|=E(X_mY_n-XY)$$

$$=|E[\,(X_m-X)(Y_n-Y)+X(Y_n-Y)+(X_m-X)Y\,]|$$

$$\leqslant E[\,|(X_m-X)(Y_n-Y)|\,]+E[\,|X(Y_n-Y)|\,]+E[\,|(X_m-X)Y|\,].$$

再利用柯西-施瓦兹不等式 $|E(XY)|\leqslant\sqrt{E(X)^2}\sqrt{E(|Y|)^2}$，有

$$|E(X_mY_n)-E(XY)|\leqslant\sqrt{E[\,|X_m-X|^2\,]}\sqrt{E[\,|Y_n-Y|^2\,]}$$

$$+\sqrt{E[\,|X|^2\,]}\sqrt{E[\,|Y_n-Y|^2\,]}+\sqrt{E[\,|X_m-X|^2\,]}\sqrt{E[\,|Y|^2\,]},$$

由条件 $E[\,|X_m-X|^2\,]\xrightarrow{m\to\infty}0,E[\,|Y_n-Y|^2\,]\xrightarrow{n\to\infty}0$，故得

$$|E(X_mY_n)-E(XY)|\to0,\quad m\to\infty,n\to\infty.$$

4° 若 $\lim\limits_{n\to\infty}X_n=X$，$\lim\limits_{n\to\infty}Y_n=Y$，则对任意常数 a,b，有

$$\lim_{n\to\infty}(aX_n+bY_n)=aX+bY.$$

证： 由柯西-施瓦兹不等式，可得

$$E\,|(aX_n+bY_n)-(aX+bY)|^2$$

$$=E\,|a(X_n-X)+b(Y_n-Y)|^2$$

$$\leqslant E\,|a(X_n-X)|^2+2|ab|E\,|(X_n-X)(Y_n-Y)|+E\,|b(Y_n-Y)|^2$$

$$\leqslant|a|^2E\,|X_n-X|^2+2|ab|\sqrt{E\,|X_n-X|^2}\sqrt{E\,|Y_n-Y|^2}+b^2E\,|Y_n-Y|^2.$$

由条件 $E\,|X_m-X|^2\to0,E\,|Y_n-Y|^2\to0$ 得

$$E\,|\,(aX_n+bY_n)-(aX+bY)\,|^2\to 0,\quad n\to\infty.$$

5° 如果数列 $\{a_n,n=1,2,\cdots\}$ 有极限 $\lim\limits_{n\to\infty}a_n=0$，又 X 是随机变量，则

$$\lim_{n\to\infty}(a_nX)=0,$$

事实上，当 $n\to\infty$ 时，$E\,|\,a_nX\,|^2=|\,a_n\,|^2E\,|\,X\,|^2\xrightarrow{n\to\infty}0$.

6° 若 $\lim\limits_{n\to\infty}X_n=X$ 且 $\lim\limits_{n\to\infty}Y_n=Y$，则 $P(X=Y)=1$，即均方极限在概率为 1 相等的情况下是唯一的.

证：　因为 $E\,|\,X-Y\,|^2=E\,|\,(X_n-X)-(X_n-Y)\,|^2$

$$\leqslant E\,|\,X_n-X\,|^2-2E\,|\,(X_n-X)(Y_n-Y)\,|+E\,|\,Y_n-Y\,|^2,$$

利用柯西-施瓦兹不等式，得

$$E\,|\,X-Y\,|^2\leqslant E\,|\,X_n-X\,|^2-2\sqrt{E\,|\,X_n-X\,|^2}\sqrt{E\,|\,Y_n-Y\,|^2}+E\,|\,Y_n-Y\,|^2.$$

当 $E\,|\,X_n-X\,|^2\to 0$，$E\,|\,Y_n-Y\,|^2\to 0$ 时，有 $E\,|\,X-Y\,|^2\to 0$，即有

$$P(X-Y=0)=1\ \text{或}\ P(X=Y)=1.$$

7° （判别准则）均方极限 $\lim\limits_{n\to\infty}X_n$ 存在的充要条件是

$$\lim_{\substack{m\to\infty\\n\to\infty}}(X_m-X_n)=0,$$

即

$$\lim_{\substack{m\to\infty\\n\to\infty}}E\,|\,X_m-X_n\,|^2=0.$$

上述均方极限的性质给出了均方极限的基本运算关系与判别准则，与普通极限有类似的运算关系与判别准则.

2.2　随机过程的均方连续性

定义 2.2.1　若随机过程 $\{X(t),t\in T\}$ 满足下式，即对于 $t_0\in T$ 有

$$\lim_{\Delta t\to 0}E\,|\,X(t_0+\Delta t)-X(t_0)\,|^2=0,$$

即

$$\lim_{\Delta t\to 0}X(t_0+\Delta t)=X(t_0),$$

则称 $X(t)$ 在 t_0 处**均方连续**.

若 $X(t)$ 在任一 $t\in T$ 处都均方连续，则称 $X(t)$ 在 T 上**均方连续**.

由于若依均方收敛必有依概率收敛，故得 $\lim\limits_{\Delta t\to 0}X(t_0+\Delta t)=X(t_0)$，即当 $\Delta t\to 0$，有 $P(\,|\,X(t_0+\Delta t)-X(t_0)\,|>\varepsilon)<\eta$，其中 ε,η 为任一小正数，这表明当时间 t 有微小变动时，$X(t_0+\Delta t)$ 与 $X(t_0)$ 的偏差小于 ε 的事件几乎不可能出现，这也可视为随机过程连续性的统计物理意义.

定理 2.2.1　随机过程 $\{X(t),t\in T\}$ 在 t_0 处均方连续的充要条件是,其相关函数 $R_X(s,t)$ 在点 (t_0,t_0) 处连续.

证：　充分性. 设 $R_X(s,t)$ 在点 (t_0,t_0) 处连续,则

$$E|X(t_0+\Delta t)-X(t_0)|^2$$
$$=E|X(t_0+\Delta t)|^2-2E[X(t_0+\Delta t)X(t_0)]+E|X(t_0)|^2$$
$$=R_X(t_0+\Delta t,t_0+\Delta t)-2R_X(t_0+\Delta t,t_0)+R_X(t_0,t_0),$$

当 $\Delta t\to 0$ 时,$R_X(s,t)$ 在点 (t_0,t_0) 连续,则上式右端趋于 0,故得

$$E|X(t_0+\Delta t)-X(t_0)|^2\xrightarrow{\Delta t\to 0}0,$$

即

$$\lim_{\Delta t\to 0}X(t_0+\Delta t)=X(t_0).$$

必要性. 设 $E|X(t_0+\Delta t)-X(t_0)|^2\to 0$,$\Delta t\to 0$,由均方极限性质 3°,知

$$\lim_{\substack{\Delta t\to 0\\\Delta s\to 0}}E[X(t_0+\Delta t)X(t_0+\Delta s)]^2=E[X(t_0)X(t_0)],$$

此即

$$\lim_{\substack{\Delta t\to 0\\\Delta s\to 0}}R_X(t_0+\Delta t,t_0+\Delta s)=R_X(t_0,t_0).$$

推论 2.2.1　随机过程 $\{X(t),t\in T\}$ 在 t_0 处均方连续的充要条件是,其协方差函数 $C_X(s,t)$ 在点 (t_0,t_0) 处连续.

推论 2.2.2　若随机过程 $\{X(t),t\in T\}$ 的相关函数 $R_X(s,t)$ 在对角线 $s=t$ 上连续,则它在整个平面上每一点 (s,t) 处都是均方连续的.

证：　设 $R_X(s,t)$ 在任意点 (t_0,t_0) 处连续,由定理 2.2.1 知,$X(t)$ 在点 $s_0,t_0\in T$ 处均方连续,故有

$$\lim_{\Delta t\to 0}X(t_0+\Delta t)=X(t_0),\quad \lim_{\Delta s\to 0}X(s_0+\Delta s)=X(s_0),$$

再由均方连续性质 3°可知

$$\lim_{\substack{\Delta t\to 0\\\Delta s\to 0}}R_X(t_0+\Delta t,s_0+\Delta s)=\lim_{\substack{\Delta t\to 0\\\Delta s\to 0}}E[X(t_0+\Delta t)X(s_0+\Delta s)]$$
$$=E[X(t_0)X(s_0)]=R_X(t_0,s_0).$$

反之亦然.

此推论表明,只要相关函数或协方差函数在对角线上连续,则这个相关函数或协方差函数就在整个 T^2 上连续.

2.3　随机过程的均方导数

定义 2.3.1　随机过程 $\{X(t),t\in T\}$ 在 t_0 处若存在以下均方极限

$$\lim_{\Delta t \to 0} \frac{X(t_0 + \Delta t) - X(t_0)}{\Delta t},$$

则称此极限为 $X(t)$ 在 t_0 的**均方导数**,记为 $X'(t_0)$ 或 $\left.\dfrac{dX(t)}{dt}\right|_{t=t_0}$,此时称 $X(t)$ 在 t_0 点处**均方可导**.

若 $X(t)$ 在 T 的每一点 t 处均方可导,则称 $X(t)$ 在 T 上**均方可导**或**可微**,此时均方导数记为 $X'(t)$ 或 $\dfrac{dX(t)}{dt}$,这是一个新的随机过程.

例 2.3.1 试求随机过程 $X(t) = At + B$ 的均方导数,其中 A, B 为相互独立的随机变量.

解:

$$\begin{aligned} X'(t) &= \lim_{\Delta t \to 0} \frac{X(t + \Delta t) - X(t)}{\Delta t} \\ &= \lim_{\Delta t \to 0} \frac{A(t + \Delta t) + B - (At + B)}{\Delta t} \\ &= \lim_{\Delta t \to 0} A, \end{aligned}$$

而

$$E \left| \frac{X(t + \Delta t) - X(t)}{\Delta t} - A \right|^2 = E|A - A|^2 = 0,$$

故由定义知

$$X'(t) = A.$$

类似地,可以定义 $\{X(t), t \in T\}$ 的二阶均方导数为

$$X''(t) = \lim_{h \to 0} \frac{X'(t + h) - X'(t)}{h},$$

n 阶均方导数为

$$X^{(n)}(t) = \lim_{h \to 0} \frac{X^{(n-1)}(t + h) - X^{(n-1)}(t)}{h}, \quad n = 1, 2, \cdots.$$

为了推导出均方可微准则,我们先介绍广义二阶导数定义.

定义 2.3.2 设 $f(s, t)$ 为普通二元函数,若

$$\lim_{\substack{h \to 0 \\ h' \to 0}} \frac{1}{hh'} [f(s + h, t + h') - f(s + h, t) - f(s, t + h') + f(t, t)]$$

存在,则称 $f(s, t)$ 在 (s, t) 处**广义二阶可导**或**可微**,此极限称为 $f(s, t)$ 在 (s, t) 处的**广义二阶导数**,记为 $\dfrac{\partial^2 f(s, t)}{\partial s \partial t}$.

定理 2.3.1(均方可微准则) 随机过程 $\{X(t), t \in T\}$ 在 t 处均方可微的充要条件是相关函数 $R_X(s, t)$ 在 (s, t) 处广义二阶可微.

证：　充分性. 设 $R_X(s,t)$ 在 (s,t) 处广义二阶可微，即

$$\frac{\partial^2 R_X(s,t)}{\partial s\partial t}$$

$$=\lim_{\substack{h\to 0\\h'\to 0}}\frac{1}{hh'}[R_X(s+h,t+h')-R_X(s+h,t)-R_X(s,t+h')+R_X(t,t)]\quad(2.3.1)$$

存在，而

$$E\left|\frac{X(t+h)-X(t)}{h}-\frac{X(t+h')-X(t)}{h'}\right|^2$$

$$=E\left|\frac{X(t+h)-X(t)}{h}\right|^2+E\left|\frac{X(t+h')-X(t)}{h'}\right|^2$$

$$-2E\left|\frac{X(t+h)-X(t)}{h}\cdot\frac{X(t+h')-X(t)}{h'}\right|,$$

其中

$$E\left|\frac{X(t+h)-X(t)}{h}\cdot\frac{X(t+h')-X(t)}{h'}\right|$$

$$=\frac{1}{hh'}[R_X(t+h,t+h')-R_X(t+h,t)-R_X(t,t+h')+R_X(t,t)]$$

$$\to\frac{\partial^2 R_X(t,t)}{\partial t\partial t},\quad(h\to 0,h'\to 0),$$

且

$$E\left|\frac{X(t+h)-X(t)}{h}\right|^2=\frac{1}{h^2}[R_X(t+h,t+h)-2R_X(t+h,t)+R_X(t,t)]$$

$$\to\frac{\partial^2 R_X(t,t)}{\partial t\partial t}\quad(h\to 0).$$

同理

$$E\left|\frac{X(t+h')-X(t)}{h'}\right|^2\xrightarrow{h'\to 0}\frac{\partial^2 R_X(t,t)}{\partial t\partial t}.$$

故得

$$\lim_{\substack{h\to 0\\h'\to 0}}E\left|\frac{X(t+h)-X(t)}{h}-\frac{X(t+h')-X(t)}{h'}\right|^2=0$$

上式等价于 $\lim_{h\to 0}\dfrac{X(t+h)-X(t)}{h}$ 存在，即充分性得证.

　　必要性. 设 $X'(t)=\lim_{h\to 0}\dfrac{X(t+h)-X(t)}{h}$ 存在，则由均方极限性质 3° 及上述证明知

$$E[X'(t)X'(t)]=\lim_{\substack{h\to 0\\h'\to 0}}E\left|\frac{X(t+h)-X(t)}{h}\cdot\frac{X(t+h')-X(t)}{h'}\right|^2$$

$$= \frac{\partial^2 R_X(t,t)}{\partial t \partial t},$$

即式(2.3.1)右端极限存在,故此得证.

推论 2.3.1　若 $R_X(s,t)$ 的广义二阶导数 $\dfrac{\partial^2 R_X(s,t)}{\partial s \partial t}$ 在对角线 (t,t) 处存在,则在任意点 (s,t) 处 $\dfrac{\partial^2 R_X(s,t)}{\partial s \partial t}$ 也存在,且

$$\frac{\partial^2 R_X(s,t)}{\partial s \partial t} = E[X'(s)X'(t)].$$

证:　(略).

如果二阶矩过程 $\{X(t), t \in T\}$ 是均值为 $\mu_X(t)$,相关函数为 $R_X(s,t)$ 的均方可导过程,则 $\dfrac{\partial}{\partial s} R_X(s,t)$, $\dfrac{\partial}{\partial t} R_X(s,t)$, $\dfrac{\partial^2}{\partial s \partial t} R_X(s,t)$, $\dfrac{\partial^2}{\partial t \partial s} R_X(s,t)$ 都存在,且

$$E[X'(s)X(t)] = \frac{\partial}{\partial s} R_X(s,t);$$

$$E[X(s)X'(t)] = \frac{\partial}{\partial t} R_X(s,t);$$

$$E[X'(s)X'(t)] = \frac{\partial^2}{\partial s \partial t} R_X(s,t);$$

$$E[X'(t)X'(s)] = \frac{\partial^2}{\partial t \partial s} R_X(s,t).$$

均方导数具有与普通函数类似的性质,而且对这些性质的证明,只需用到均方导数的定义与均方极限的性质.

现在,我们来介绍均方导数的性质.

1° 若 $X(t)$ 在 t 处均方可导,则 $X(t)$ 在 t 处均方连续.

2° 若 $X(t), Y(t)$ 在 $t \in T$ 处均方可导,则对任意常数 a, b 有

$$[aX(t) = bY(t)]' = aX'(t) + bY'(t).$$

3° $X(t)$ 的均方导数 $X'(t)$ 的数学期望为

$$\mu_{X'}(t) = E[X'(t)] = \frac{\mathrm{d}}{\mathrm{d}t} E[X(t)] = \mu_X'(t).$$

上式表明求导运算与数学期望运算可以交换顺序,但需要注意,前者是对随机过程求导,后者是对普通函数求导.

4° $X(t)$ 的均方导数 $X'(t)$ 的相关函数为

$$R_{X'}(s,t) = E[X'(s)X'(t)] = \frac{\partial^2}{\partial s \partial t} R_X(s,t) = \frac{\partial^2}{\partial s \partial t} R_X(t,s).$$

5° 若 X 是随机变量,则 $X' = 0$,故有 $[X(t) + X]' = X'(t)$.

　　此性质表明,若两个随机过程的均方导数相等,则它们只相差一个随机变量(也可是常数).

　　例 2.3.2　设随机过程 $X(t)$ 的均值和相关函数为

$$\mu_X(t)=5\sin t,$$

$$R_X(t,s)=3\mathrm{e}^{-0.5(s-t)^2},$$

试求 $Y(t)=X'(t)$ 的均值与协方差.

　　解：　$\mu_Y(t)=\mu_X'(t,s)=[5\sin t]'=5\cos t.$

$$R_Y(t,s)=R_{X'}(t,s)=\frac{\partial^2}{\partial t\partial s}[3\mathrm{e}^{-0.5(s-t)^2}]$$

$$=\frac{\partial}{\partial t}[3(-0.5)\mathrm{e}^{-0.5(s-t)^2}2(s-t)]$$

$$=\frac{\partial}{\partial t}[3\mathrm{e}^{-0.5(s-t)^2}2(t-s)]$$

$$=3(-0.5)\mathrm{e}^{-0.5(s-t)^2}(-1)(-2)(s-t)^2+3\mathrm{e}^{-0.5(s-t)^2}$$

$$=3\mathrm{e}^{-0.5(s-t)^2}[1-(s-t)^2].$$

故　　　　$C_Y(t,s)=R_X(t,s)-\mu_X(t)\mu_X(s)$

$$=3\mathrm{e}^{-0.5(s-t)^2}[1-(s-t)^2]-25\sin t\cdot\sin s.$$

2.4　随机过程的均方积分

　　我们可以按照定义普通定积分的方式定义均方积分.

　　定义 2.4.1　设随机过程为 $\{X(t),t\in T=[a,b]\}$,而 $f(t)(t\in T)$ 为任意普通函数,

　　(1)分割 $T=[a,b]$.将 $[a,b]$ 分成 n 个子区间,分点为

$$a=t_0<t_1<\cdots<t_n=b,$$

记 $\Delta t_k=t_k-t_{k-1}$,及 $\Delta_n=\max\limits_{1\leqslant k\leqslant n}\Delta t_k$;

　　(2)作和式

$$Y_n=\sum_{k=1}^{n}f(\xi_k)X(\xi_k)\Delta t_k,\quad t_{k-1}\leqslant\xi_k\leqslant t_k;$$

　　(3)如果在 $\Delta_n\to 0$ 时,Y_n 均方收敛于 Y,且该极限不依赖于分点和 ξ_k 的取法,则称 $f(t)X(t)$ 在 $T=[a,b]$ 上**均方可积**,并称 Y_n 的极限 Y 为 $f(t)X(t)$ 在 $[a,b]$ 上的**均方积分**,记作

$$Y=\int_a^b f(t)X(t)\mathrm{d}t=\lim_{\Delta_n\to 0}\sum_{k=1}^{n}f(\xi_k)X(\xi_k)\Delta t_k.$$

特别地，若 $f(t)\equiv1$ 时，则有

$$\int_a^b X(t)\mathrm{d}t = \lim_{\Delta_n\to0}\sum_{k=1}^n X(\xi_k)\Delta t_k.$$

定理 2.4.1（均方可积准则）　设 $f(t)$ 为普通函数，随机过程为 $\{X(t),t\in T=[a,b]\}$，$f(t)X(t)$ 在 $[a,b]$ 上均方可积的充要条件是以下普通二重积分

$$\int_a^b\int_a^b f(s)f(t)R_X(s,t)\mathrm{d}s\mathrm{d}t$$

存在，且

$$E\left|\int_a^b f(t)X(t)\mathrm{d}t\right|^2 = \int_a^b\int_a^b f(s)f(t)R_X(s,t)\mathrm{d}s\mathrm{d}t$$

证：　（略）.

定理 2.4.2　若随机过程 $\{X(t),t\in T\}$ 在 $[a,b]$ 上均方连续，则 $X(t)$ 在 $[a,b]$ 上均方可积.

证：　由均方连续准则可知，$R_X(s,t)$ 在 $[a,b]\times[a,b]$ 上连续，又由普通连续函数的可积性知，$R_X(s,t)$ 在 $[a,b]\times[a,b]$ 上二重积分存在，再由定理 2.4.1 即知，$X(t)$ 在 $[a,b]$ 上均方可积.

均方可积具有与普通积分类似的性质.

1°（唯一性）若 $Y_1=\int_a^b f(t)X(t)\mathrm{d}t$，$Y_2=\int_a^b f(t)X(t)\mathrm{d}t$，则 $Y_1=Y_2$.

2°（线性性）$\int_a^b[C_1X(t)+C_2Y(t)]\mathrm{d}t = C_1\int_a^b X(t)\mathrm{d}t + C_2\int_a^b Y(t)\mathrm{d}t$.

3°（可加性）对任意 $c\in[a,b]$，有

$$\int_a^b X(t)\mathrm{d}t = \int_a^c X(t)\mathrm{d}t + \int_c^b X(t)\mathrm{d}t.$$

4°若 $Y_t=\int_a^t X(s)\mathrm{d}s$，$t\in[a,b]$，则

$$Y'(t)=\left[\int_a^t X(s)\mathrm{d}s\right]'=X(t).$$

5°（牛顿－莱布尼兹公式）设 $X(t)$ 在 $[a,b]$ 上均方可导，且 $X'(t)$ 在 $[a,b]$ 上均方连续，则

$$\int_a^b X'(t)\mathrm{d}t = X(b)-X(a).$$

6°设 $X(t)$ 在 $[a,b]$ 上均方可积，则

$$E\left[\int_a^b X(t)\mathrm{d}t\right] = \int_a^b EX(t)\mathrm{d}t$$

上式表明，$X(t)$ 在 $[a,b]$ 上均方可积，则求均值与求积分可交换顺序.

7°$X(t)$ 在 $[a,b]$ 上均方连续，则

$$E\left[\int_a^b X(t)\mathrm{d}t\right]\leqslant M(b-a)^2,$$

其中 $M=\max\limits_{a\leqslant t\leqslant b}EX^2(t)$.

例 2.4.1 已知某随机过程 $\{X(t),t\in T\}$ 的均值函数为 $\mu_X(t)=t^2+1$,试求 $Y(s)=\int_0^s X(t)\mathrm{d}t$ 的均值函数.

解: 由性质 6°可知

$$EY(s)=\int_0^s EX(t)\mathrm{d}t=\int_0^s(t^2+1)\mathrm{d}t=\frac{s^3}{3}+s.$$

2.5   正态过程的均方微积分

正态过程是实际问题中常见的随机过程,设 $\{X(t),t\in T\}$ 为正态随机过程.

(1)设 $X^{(n)}=(X_1^{(n)},X_2^{(n)},\cdots,X_k^{(n)})$ 为 k 维正态随机变量,且 $X^{(n)}$ 均方收敛于 $X=(X_1,X_2,\cdots,X_k)$,即对每个 i 有

$$\lim_{n\to\infty}X_i^{(n)}=X_i,$$

即

$$\lim_{n\to\infty}E|X_i^{(n)}-X_i|^2=0,\quad 1\leqslant i\leqslant k,$$

则 X 亦为 k 维正态随机变量.

(2)设 $X(t)$ 在 T 上均方可导,则 $\{X'(t),t\in T\}$ 亦为正态过程.

证: 由于多维正态随机变量经过线性变换后,仍为正态随机变量,所以对任意 $t_1,t_2,\cdots,t_n\in T$,

$$\left(\frac{X(t_1+h)-X(t_1)}{h},\frac{X(t_2+h)-X(t_2)}{h},\cdots,\frac{X(t_k+h)-X(t_k)}{h}\right)$$

也是 k 维正态随机变量.

又由于 $X(t)$ 在 T 上均方可导,所以对每个 j 均有

$$\lim_{h\to 0}\frac{X(t_j+h)-X(t_j)}{h}=X'(t_j),\quad 1\leqslant j\leqslant k.$$

由上述(1)的结果知 $(X'(t_1),X'(t_2),\cdots,X'(t_k))$ 是 k 维正态随机变量,即 $\{X'(t),t\in T\}$ 亦为正态随机过程.

(3)若 $\{X(t),t\in T\}$ 在 T 上均方可积,则

$$Y(s)=\int_a^s X(t)\mathrm{d}t,\qquad a,s\in T$$

亦为正态过程.

证: 对任一点 $s_j\in T$, $j=1,2,\cdots,k,X(t)$ 的均方积分变量为

$$Y(s_j) = \int_a^{s_j} X(t)\mathrm{d}t, \qquad a, s_j \in T.$$

再按均方可积的定义,在区间 $[a, s_j]$ 上取一列点

$$a = t_0 < t_1 < \cdots < t_{n_j} = s_j, \quad \Delta t_k = t_k - t_{k-1}, \quad \lambda_{n_j} = \max_{1 \leqslant k \leqslant n_j} \{\Delta t_k\},$$

则

$$Y(s_j) = \int_a^{s_j} X(t)\mathrm{d}t = \lim_{\lambda_{n_j} \to 0} \sum_{k=1}^{n_j} X(t_j)\Delta t_k$$
$$= \lim_{n \to \infty} Y^{(n)}(s_j), \quad j = 1, 2, \cdots, k.$$

由于 $X(t)$ 为正态过程,而 $Y^{(n)}(s_j)$ 是 $(X(t_0), X(t_1), X(t_2), \cdots, X(t_{n_j}))$ 的线性组合,故它服从正态分布,即 $Y^{(n)}(s_j)$,$j = 1, 2, \cdots, k$,服从正态分布,由(1)的结果知 k 维正态随机变量

$$(Y^{(n)}(s_1), Y^{(n)}(s_2), \cdots, Y^{(n)}(s_k))$$

的均方极限

$$(Y(s_1), Y(s_2), \cdots, Y(s_k))$$

也是 k 维正态随机变量. 由正态过程定义知,正态过程的积分过程 $\{Y(s), s \in T\}$ 也是正态过程.

2.6　随机微分方程

如同在高等数学中讨论的含有未知函数的导数(或微分)的方程称之为微分方程一样,在均方可导意义下,同样可以讨论随机微分方程的求解问题,其定义、性质基本上类似于普通函数的微分方程.

随机线性微分方程的定义.

定义 2.6.1　设 $\{X(t), t \in T\}$ 和 $\{Y(t), t \in T\}$ 为随机过程,$Y(t)$ 的 n 阶均方导数 $Y^{(n)}(t)$ 存在,$a_k (1 \leqslant k \leqslant n)$ 为随机变量或常数,则称

$$a_n Y^{(n)}(t) + a_{n-1} Y^{(n-1)}(t) + \cdots + a_1 Y'(t) + a_0 Y(t) = X(t) \qquad (2.6.1)$$

为 n 阶随机线性微分方程.

特别地,当 $a_k (1 \leqslant k \leqslant n)$,$X(t)$,$Y(t)$ 均为普通函数或常数时,式(2.6.1)即为普通意义下的微分方程.

下面讨论两类简单微分方程的解法.

(1)缺 $Y(t)$ 项的一阶微分方程:

$$\begin{cases} Y'(t) = X(t), \quad t \in T, \\ Y(t_0) = Y_0, \end{cases} \qquad (2.6.2)$$

其中，$X(t)$为二阶矩过程，Y_0是二阶矩随机变量. 利用均方积分性质可得式(2.6.2)的解：

$$Y(t) = \int_0^t X(s)\mathrm{d}s + Y_0. \qquad (2.6.3)$$

易验证解唯一.

$Y(t)$的均值函数为

$$\mu_Y(t) = EY(t) = E\left[\int_0^t X(s)\mathrm{d}s\right] + E(Y_0)$$

$$= \int_0^t EX(s)\mathrm{d}s + E(Y_0)$$

$$= \int_0^t \mu_X(s)\mathrm{d}s + E(Y_0).$$

特别地，当 $\mu_X(s) = 0$ 时，有 $EY(t) = E(Y_0)$，$Y(t)$的相关函数为

$$R_Y(s,t) = E[Y(s)Y(t)] = E\left\{\left[\int_0^s X(u)\mathrm{d}u + Y_0\right]\left[\int_0^t X(u)\mathrm{d}u + Y_0\right]\right\}$$

$$= E\left[\int_0^s X(u)\mathrm{d}u\int_0^t X(u)\mathrm{d}u + Y_0\int_0^t X(u)\mathrm{d}u + Y_0\int_0^s X(u)\mathrm{d}u + Y_0^2\right].$$

若 $X(t)$ 与 Y_0 相互独立，且 $E[X(t)] = 0$，有

$$R_Y(s,t) = E\left[\int_0^s\int_0^t X(u)X(v)\mathrm{d}u\mathrm{d}v + E(Y_0^2)\right]$$

$$= \int_0^s\int_0^t E[X(u)X(v)]\mathrm{d}u\mathrm{d}v + E[Y_0^2]$$

$$= \int_0^s\int_0^t R_X(u,v)\mathrm{d}u\mathrm{d}v + E[Y_0^2].$$

由此可见，$Y(t)$的自相关函数由 Y_0 与 $X(t)$ 的自相关函数所决定.

（2）一阶线性微分方程：

$$\begin{cases} Y'(t) = a(t)Y(t) + X(t), \\ Y(t_0) = Y_0, \end{cases} \qquad (2.6.4)$$

其中 $a(t)$是普通函数，$X(t)$为二阶矩过程，Y_0是二阶矩随机变量. 式(2.6.4)的解为

$$Y(t) = Y_0\exp\left\{\int_{t_0}^t a(u)\mathrm{d}u\right\} + \int_{t_0}^t X(s)\exp\left\{\int_s^t a(u)\mathrm{d}u\right\}\mathrm{d}s. \qquad (2.6.5)$$

下面我们来验证式(2.6.5)是式(2.6.4)的解.

显然，有边界值 $Y(t_0) = Y_0$. 又，若对式(2.6.5)两边求均方导数，则

$$Y'(t) = \frac{\mathrm{d}}{\mathrm{d}t}\left[Y_0\exp\left\{\int_{t_0}^t a(u)\mathrm{d}u\right\}\right] + \frac{\mathrm{d}}{\mathrm{d}t}\left[\int_{t_0}^t X(s)\exp\left\{\int_s^t a(u)\mathrm{d}u\right\}\mathrm{d}s\right]$$

$$=Y_0 a(t)\exp\left\{\int_{t_0}^t a(u)\mathrm{d}u\right\}+X(t)\exp\left\{\int_{t_0}^t a(u)\mathrm{d}u\right\}$$

$$+\int_{t_0}^t X(s)a(t)\exp\left\{\int_s^t a(u)\mathrm{d}u\right\}\mathrm{d}s$$

$$=Y_0 a(t)\exp\left\{\int_{t_0}^t a(u)\mathrm{d}u\right\}+X(t)+\int_{t_0}^t X(s)a(t)\exp\left\{\int_s^t a(u)\mathrm{d}u\right\}\mathrm{d}s$$

$$=a(t)\left[Y_0\exp\left\{\int_{t_0}^t a(u)\mathrm{d}u\right\}+\int_{t_0}^t X(s)\exp\left\{\int_s^t a(u)\mathrm{d}u\right\}\mathrm{d}s\right]+X(t)$$

$$=a(t)Y(t)+X(t),$$

此式即式(2.6.5).

$Y(t)$的均值函数为

$$\mu_Y(t)=E[Y(t)]$$

$$=E(Y_0)\exp\left\{\int_{t_0}^t a(u)\mathrm{d}u\right\}+\int_{t_0}^t E[X(s)]\exp\left\{\int_s^t a(u)\mathrm{d}u\right\}\mathrm{d}s$$

$$=E(Y_0)\exp\left\{\int_{t_0}^t a(u)\mathrm{d}u\right\}+\int_{t_0}^t \mu_X(s)\exp\left\{\int_s^t a(u)\mathrm{d}u\right\}\mathrm{d}s.$$

$Y(t)$的相关函数为

$$R_Y(t_1,t_2)=E[Y(t_1)Y(t_2)]$$

$$=E[Y_0^2]\exp\left\{\int_{t_0}^{t_1} a(u)\mathrm{d}u\right\}\exp\left\{\int_{t_0}^{t_2} a(u)\mathrm{d}u\right\}$$

$$+\exp\left\{\int_{t_0}^{t_1} a(u)\mathrm{d}u\right\}\int_{t_0}^{t_2} E[Y_0 X(s)]\exp\left\{\int_{t_0}^{t_2} a(u)\mathrm{d}u\right\}\mathrm{d}s$$

$$+\exp\left\{\int_{t_0}^{t_2} a(u)\mathrm{d}u\right\}\int_{t_0}^{t_1} E[Y_0 X(s)]\exp\left\{\int_s^{t_1} a(u)\mathrm{d}u\right\}\mathrm{d}s$$

$$+\int_{t_0}^{t_1}\int_{t_0}^{t_2} E[X(s)X(t)]\exp\left\{\int_s^{t_1} a(u)\mathrm{d}u\right\}\exp\left\{\int_t^{t_2} a(u)\mathrm{d}u\right\}\mathrm{d}s\mathrm{d}t.$$

2.7　习题

1.设随机过程 $X(t)$ 的相关函数为 $R_X(t,x)=\mathrm{e}^{-\alpha(s-t)^2}$,试问随机过程 $X(t)$ 是否均方连续?

2.若 $R_X(s,t)$ 的广义二阶导数 $\dfrac{\partial^2 R_X(s,t)}{\partial s\partial t}$ 在对角线 (t,t) 处存在,则在任意点 (s,t) 处 $\dfrac{\partial^2 R_X(s,t)}{\partial s\partial t}$ 也存在,且

$$\frac{\partial^2 R_X(s,t)}{\partial s \partial t} = E[X'(s)X'(t)].$$

试证明上述结论.

3.设随机过程$\{X(t),t\in T\}$的均值函数与协方差函数为

$$\mu_X(t) = c\sin\omega_0 t,$$

$$R_X(t,s) = be^{-\alpha(s-t)}\left[\cos\omega_0(s-t) + \frac{\alpha}{\omega_0}\sin\omega_0(s-t)\right], \quad t<s,$$

试求$Y(t) = X'(t)$的均值与协方差函数.

4.设随机过程$\{X(t),t\in T\}$的协方差函数为$C_X(t_1,t_2)=(1+t_1t_2)\sigma^2$,试求$Y(s) = \int_0^s X(t)\mathrm{d}t$的协方差函数与方差函数.

5.设随机过程$\{X(t),t\geqslant 0\}$的相关函数为$R(s,t)=Me^{-\alpha|s-t|}$,试求$X(t)$的积分$Y(s) = \int_0^s X(t)\mathrm{d}t$的相关函数.

6.设有随机起点的自由落体运动方程

$$\begin{cases} \dfrac{\mathrm{d}X(t)}{\mathrm{d}t}=gt, & t>0, \\ X(0)=X_0, \end{cases}$$

其中$X(t)$表示时刻t的物体位置,X_0是服从$N(0,\sigma^2)$的随机变量,求解微分方程并讨论解的概率特性.

第 3 章 马尔可夫链

马尔可夫(Markov)过程在理论研究和实际应用中是非常重要的一类过程.

3.1 马尔可夫链

定义 3.1.1 设随机序列 $\{X(n),\ n=0,1,2,\cdots\}$ 满足如下条件：

(1)对于每个 $n\ (n=0,1,2,\cdots)$，$X(n)$ 取整数集或它的子集(记为 I)；

(2)对任意 $r+1$ 个非负整数 $n_1,n_2,\cdots n_r,m\ (0\leqslant n_1<n_2<\cdots<n_r<m)$ 和任意正整数 k，以及状态 $i_1,i_2,\cdots,i_r,i,j\in I$，有

$$P\{X(m+k)=j|X(n_1)=i_1,X(n_2)=i_2,\cdots,X(n_r)=i_r,X(m)=i\}$$
$$=P\{X(m+k)=j|X(m)=i\},$$

则称随机序列 $\{X(n),\ n=0,1,2,\cdots\}$ 为**马尔可夫链**,也称随机序列 $\{X(n),\ n=0,1,2,\cdots\}$ 具有**马尔可夫性**或**无后效性**.条件概率 $P\{X(m+k)=j|X(m)=i\}$ 称为马尔可夫链 $\{X(n),\ n=0,1,2,\cdots\}$ 在 m 时刻从状态 i 到状态 j 的 **k 步转移概率**,记作 $p_{ij}(m,m+k)$,即

$$p_{ij}(m,m+k)=P\{X(m+k)=j|X(m)=i\}.$$

注 在定义 3.1.1 中,$X(n),n=0,1,2,\cdots$,取值的全体所构成的集合 I,称为马尔可夫链 $\{X(n),\ n=0,1,2,\cdots\}$ 的**状态空间**.若状态空间有限,则称之为**有限(状态)马尔可夫链**;若状态空间为无限,则称之为**可数(状态)马尔可夫链**.

通常,I 取为 $\{1,2,\cdots,N\}$,$\{0,1,2,\cdots,N\}$,$\{1,2,\cdots\}$,$\{0,1,2,\cdots\}$ 或 $\{\cdots,-2,-1,0,1,2,\cdots\}$ 等.

若 m 表示现在时刻,$n_1,n_2,\cdots,n_r$ 表示过去时刻,$m+k$ 表示将来时刻,则马尔可夫性表明,过程在将来($m+k$ 时刻)处于状态 j 的条件概率取决于现在(m 时刻)处于状态 i 这一条件,而与过去 r 个时刻 $n_1,n_2,\cdots,n_r$ 所处状态无关.

在上述定义中,若 k 步转移概率 $p_{ij}(m,m+k)$ 不依赖于时刻 m,则称 $\{X(n),\ n=0,1,2,\cdots\}$ 为**齐次马尔可夫链**或**时齐马尔可夫链**.在此种情况下,其状态转移概率仅依赖于转移出发的状态 i,转移步数 k 和转移最后所到达的状态 j,而与转移起始时刻 m 无关,可记为 $p_{ij}(k)$,即

$$p_{ij}(k)=p_{ij}(m,m+k)=p\{X(m+k)=j|X(m)=i\},$$

$$i,j\in I, \quad k=1,2,\cdots, \quad m=0,1,2,\cdots.$$

在以下讨论中,如无特殊声明,所提到的马尔可夫链均指齐次马尔可夫链.

当转移步数 $k=1$ 时,$p_{ij}(1)$ 称为**一步转移概率**,简记为 p_{ij},即

$$p_{ij}=p_{ij}(1)=P\{X(m+1)=j|X(m)=i\}.$$

通常我们规定

$$p_{ij}(0)=\delta_{ij}=\begin{cases}1, & i=j, \\ 0, & i\neq j.\end{cases}$$

由于 $p_{ij}(k)$ 是条件概率,因此

$$p_{ij}(k)\geqslant 0, \quad \sum_{j\in I}P_{ij}(k)=1, \quad i,j\in I, \quad k=1,2,\cdots.$$

若马尔可夫链具有有限状态空间 $I=\{1,2,\cdots,N\}$,则以一步转移概率 p_{ij} 为元素可构成一个 N 阶矩阵,记为 P,即

$$P=\begin{pmatrix} p_{11} & p_{12} & \cdots & p_{1N} \\ p_{21} & p_{22} & \cdots & p_{2N} \\ \vdots & \vdots & & \vdots \\ p_{N1} & p_{N2} & \cdots & p_{NN} \end{pmatrix}.$$

若马尔可夫链具有无限状态空间 $I=\{1,2,\cdots\}$,仍用 P 表示以 p_{ij} 为元素的矩阵,即

$$P=\begin{pmatrix} p_{11} & p_{12} & \cdots \\ p_{21} & p_{22} & \cdots \\ \vdots & \vdots & \end{pmatrix}.$$

矩阵 P 称为**一步转移概率矩阵**.显然,矩阵 P 的所有元素非负,且行元素之和为 1,此种矩阵称为**随机矩阵**.一步转移概率矩阵就是随机矩阵.

我们用 $P(k)$ 表示以 k 步转移概率 $p_{ij}(k)$ 为元素构成的矩阵,即

$$P(k)=\begin{pmatrix} p_{11}(k) & p_{12}(k) & \cdots & p_{1N}(k) \\ p_{21}(k) & p_{22}(k) & \cdots & p_{2N}(k) \\ \vdots & \vdots & & \vdots \\ p_{N1}(k) & p_{N2}(k) & \cdots & p_{NN}(k) \end{pmatrix}$$

或

$$P(k)=\begin{pmatrix} p_{11}(k) & p_{12}(k) & \cdots \\ p_{21}(k) & p_{22}(k) & \cdots \\ \vdots & \vdots & \end{pmatrix},$$

称它们为 k 步转移概率矩阵.显然,$P(k)$ 是随机矩阵.当 $k=1$ 时,$P(1)=P$.

例 3.1.1   在伯努利试验中,设每次独立试验的结果出现事件 A 的概率为

$$P(A)=p \quad (0<p<1),$$

则出现事件 $\overline{A}$ 的概率为

$$P(\overline{A})=1-p.$$

将第 n 次试验的结果用随机变量

$$X(n)=\begin{cases}0, & \overline{A} \text{ 发生,} \\ 1, & A \text{ 发生,}\end{cases} \quad n=1,2,\cdots$$

来表示,就得到一个随机变量序列 $\{X(n), n=1,2,\cdots\}$.

由于各次试验是独立进行的,因此各次试验的结果是相互独立的,从而有

$$P\{X(m+k)=j \mid X(n_1)=i_1, X(n_2)=i_2, \cdots, X(n_r)=i_r, X(m)=i\}$$

$$=P\{X(m+k)=j\}=\begin{cases}1-p, & j=0, \\ p, & j=1,\end{cases}$$

$$P\{X(m+k)=j \mid X(m)=i\}$$

$$=P\{X(m+k)=j\}=\begin{cases}1-p, & j=0, \\ p, & j=1,\end{cases}$$

因此

$$P\{X(m+k)=j \mid X(n_1)=i_1, X(n_2)=i_2, \cdots, X(n_r)=i_r, X(m)=i\}$$

$$=P\{X(m+k)=j \mid X(m)=i\}$$

$$1\leqslant n_1 < n_2 < \cdots < n_r < m, \quad i_l=0,1, \quad l=1,2,\cdots,r, \quad r=1,2,\cdots;$$

$$i,j=0,1; \quad k=1,2,\cdots$$

所以 $\{X(n), n=1,2,\cdots\}$ 是马尔可夫链,其状态空间为 $I=\{0,1\}$,一步转移概率为

$$p_{00}=1-p, \quad p_{10}=1-p,$$
$$p_{01}=p, \quad p_{11}=p;$$

一步转移概率矩阵为

$$P=\begin{pmatrix}1-p & p \\ 1-p & p\end{pmatrix}.$$

例 3.1.2 (一维随机游动)设一质点在数轴的点集 $\{1,2,3,4,5\}$ 上随机游动,并且在 $1,2,\cdots$ 等时刻发生游动. 游动的概率规则是:当质点现在位于点 2,3 或 4 时,下一时刻以概率 p $(0<p<1)$ 向左移动一格,以概率 $1-p$ 向右移动一格;当质点现在位于点 1 或 5 时,下一时刻以概率 1 分别移到点 2 或 4. 点 1 和 5 称为反射壁. 称这种质点游动为带有两个反射壁的随机游动.

解: 用随机变量 $X(n)$ 表示 n 时刻质点的位置,则 $\{X(n), n=0,1,2,\cdots\}$ 是一随机序列,其状态空间为 $I=\{1,2,3,4,5\}$.

如果已知质点的现在状态 $X(m)=i$,质点将来的状态概率分布只与质点现在

的状态 i 有关,而与质点过去状态无关,因此 $\{X(n), n=0,1,2,\cdots\}$ 是马尔可夫链.

一步转移概率如下:

当 $i=2,3,4$ 时,有 $p_{ii-1}=p, p_{ii+1}=1-p, p_{ii}=0, p_{ij}=0, |j-i|>1$;

当 $i=1$ 时,有 $p_{12}=1, p_{1j}=0 \ (j=1,3,4,5)$;

当 $i=5$ 时,有 $p_{54}=1, p_{5j}=0 \ (j=1,2,3,5)$.

一步转移概率矩阵为

$$P=\begin{pmatrix} 0 & 1 & 0 & 0 & 0 \\ p & 0 & 1-p & 0 & 0 \\ 0 & p & 0 & 1-p & 0 \\ 0 & 0 & p & 0 & 1-p \\ 0 & 0 & 0 & 1 & 0 \end{pmatrix}.$$

如果质点游动的规则改为:质点现在位于点 $2,3,4$ 时,规则不变;质点现在位于点 1 或 5 时,下一时刻以概率留在原处不动,则马尔可夫链的一步转移概率矩阵为

$$P=\begin{pmatrix} 1 & 0 & 0 & 0 & 0 \\ p & 0 & 1-p & 0 & 0 \\ 0 & p & 0 & 1-p & 0 \\ 0 & 0 & p & 0 & 1-p \\ 0 & 0 & 0 & 0 & 1 \end{pmatrix},$$

这时点 1 和 5 称为吸收壁,状态 1 和 5 称为吸收状态.

如果质点游动的规则改为:质点现在位于点 $2,3,4$ 时,下一时刻各以 $\frac{1}{3}$ 的概率向左或向右移动一格或留在原处;当质点现在位于点 1 时,下一时刻各以 $\frac{1}{2}$ 的概率移动到点 2 或留在原处;当质点现在位于点 5 时,下一时刻以概率 1 留在原处,则马尔可夫链的一步转移概率矩阵为

$$P=\begin{pmatrix} \frac{1}{2} & \frac{1}{2} & 0 & 0 & 0 \\ \frac{1}{3} & \frac{1}{3} & \frac{1}{3} & 0 & 0 \\ 0 & \frac{1}{3} & \frac{1}{3} & \frac{1}{3} & 0 \\ 0 & 0 & \frac{1}{3} & \frac{1}{3} & \frac{1}{3} \\ 0 & 0 & 0 & 0 & 1 \end{pmatrix}.$$

此种规则允许质点在原处停留.

给出质点游动的不同概率规则,就得到各种各样的随机游动模型和相应的马尔可夫链. 状态空间 I 可以是有限的,也可以是无限的.

3.2　切普曼—柯尔莫哥洛夫方程

3.2.1　切普曼—柯尔莫哥洛夫方程

为了确定齐次马尔可夫链的 k $(k > 1)$ 步转移概率 $p_{ij}(k)$,我们给出切普曼—柯尔莫哥洛夫方程.

定理 3.2.1　设 $\{X(n), n = 0, 1, 2, \cdots\}$ 是齐次马尔可夫链,状态空间为 I,则对于任意正整数 k, l,有

$$p_{ij}(k+l) = \sum_{s \in I} p_{is}(k) p_{sj}(l), \quad i, j \in I.$$

此式称为切普曼—柯尔莫哥洛夫方程,简称 $C-K$ 方程.

证：　因为 $\{X(n), n = 0, 1, 2, \cdots\}$ 是齐次马尔可夫链,所以对于任意非负整数 m,有

$$p_{ij}(k+l) = P\{X(m+k+l) = j \mid X(m) = i\},$$

由于事件组 $\{X(m+k) = s\}$ $(s \in I)$ 是对状态空间 I 的一个划分(即是一完全事件组),根据条件概率定义和全概率公式有

$$P\{X(m+k+l) = j \mid X(m) = i\}$$

$$= \frac{P\{X(m) = i, X(m+k+l) = j\}}{P\{X(m) = i\}}$$

$$= \frac{\sum_{s \in I} P\{X(m) = i, X(m+k) = s, X(m+k+l) = j\}}{P\{X(m) = i\}}$$

$$= \sum_{s \in I} \frac{P\{X(m) = i, X(m+k) = s, X(m+k+l) = j\}}{P\{X(m) = i, X(m+k) = s\}}$$

$$\cdot \frac{P\{X(m) = i, X(m+k) = s\}}{P\{X(m) = i\}}$$

$$= \sum_{s \in I} P\{X(m+k+l) = j \mid X(m) = i, X(m+k) = s\}$$

$$\cdot P\{X(m+k) = s \mid X(m) = i\}.$$

利用马尔可夫性,可得

$$P\{X(m+k+l) = j \mid X(m) = i, X(m+k) = s\}$$

$$= P\{X(m+k+l) = j \mid X(m+k) = s\}, \quad s \in I.$$

根据转移概率定义及齐次性,有

$$p_{ij}(k+l)=P\{X(m+k+l)=j\,|\,X(m)=i\}$$
$$=\sum_{s\in I}P\{X(m+k+l)=j\,|\,X(m+k)=s\}$$
$$\cdot P\{X(m+k)=s\,|\,X(m)=i\}$$
$$=\sum_{s\in I}p_{sj}(l)p_{is}(k)$$
$$=\sum_{s\in I}p_{is}(k)p_{sj}(l),\quad i,j\in I.$$

$C-K$ 方程表明,"从状态 i 出发经 $k+l$ 步转移到状态 j"这一事件,可以分解为"从状态 i 出发经 k 步转移到达中间状态 $s(s\in I)$,再从 s 出发经 l 步转移到达状态 j"这样一些事件的并. 对于不同的中间状态 $s(s\in I)$,这样的事件是互不相容的.

将 $C-K$ 方程表示成矩阵形式,有

$$P(k+l)=P(k)P(l).$$

在上式中,取 $k=l=1$,得

$$P(2)=P(1+1)=P(1)P(1)=PP=P^2.$$

取 $k=1,l=2$,得

$$P(3)=P(1)P(2)=PP^2=P^3.$$

一般地,有

$$P(k)=P^k,\quad k=1,2,\cdots.$$

上式表明,齐次马尔可夫链的 k 步转移概率矩阵等于 k 个一步转移概率矩阵的乘积. 因此,k 步转移概率可由一步转移概率得到. 由此可见,马尔可夫链的状态转移规律可以用一步转移概率完全确定.

3.2.2　初始概率分布及绝对概率分布

定义 3.2.1　设 $\{X(n),\,n=0,1,2,\cdots\}$ 为马尔可夫链,状态空间为 I. 在初始时刻$(n=0)$状态$X(0)$的概率分布

$$P\{X(0)=i\}=p_i,\quad i\in I$$

称为马尔可夫链 $\{X(n),\,n=0,1,2,\cdots\}$ 的**初始概率分布**. 在 m 时刻$(n=m)$状态 $X(m)$ 的概率分布

$$P\{X(m)=i\}=p_i(m),\quad i\in I,\quad m\geqslant 0$$

称为马尔可夫链在 m 时刻的**绝对概率分布**.

特别地,当 $m=0$ 时,绝对概率分布就是初始概率分布,可记作

$$P\{X(0)=i\}=p_i-p_i(0)\ (i\in I).$$

如果马尔可夫链在初始时刻由确定的状态 i_0 出发,则初始概率分布为

$$p_{i_0}=1, \quad p_i=0, \quad i\neq i_0, \quad i_0,i\in I.$$

m 时刻绝对概率分布满足条件

$$p_i(m)\geqslant 0, \quad \sum_{i\in I}p_m(m)=1, \quad i\in I, \quad m=0,1,2,\cdots.$$

设 $\{X(n), n=0,1,2,\cdots\}$ 为齐次马尔可夫链. 如果已知在 m 时刻的绝对概率分布 $p_i(m)$ $(i\in I)$ 及一步转移概率 $p_{ij}(i,j\in I)$, 则根据全概率公式, 可得在 $m+1$ 时刻的绝对概率分布

$$P\{X(m+1)=j\}=\sum_{i\in I}P\{X(m)=j\}P\{X(m+1)=j|X(m)=j\},$$

即

$$p_j(m+1)=\sum_{i\in I}p_i(m)p_{ij}, \quad j\in I, \quad m\geqslant 0.$$

如果已知初始概率分布 $p_i(i\in I)$ 及 m 步转移概率 $p_{ij}(m)$ $(i,j\in I, m\geqslant 1)$, 则在 m 时刻的绝对概率分布为

$$P\{X(m)=j\}=\sum_{i\in I}p_i(m)p_{ij}, \quad j\in I, \quad m\geqslant 1. \tag{1}$$

综上讨论可知, 绝对概率分布可以由初始概率分布和一步转移概率确定.

如果齐次马尔可夫链的状态空间 $I=\{1,2,\cdots,N\}$, P 是一步转移概率矩阵, 则式(1)可表示为

$$(p_1(m),p_2(m),\cdots p_N(m))=(p_1,p_2,\cdots p_N)P^m, \quad m\geqslant 1. \tag{2}$$

记 $\boldsymbol{p}=\boldsymbol{p}(0)=(p_1,p_2,\cdots p_N)$, $\boldsymbol{p}(m)=(p_1(m),p_2(m),\cdots p_N(m))$, 则式(2)可表示成

$$\boldsymbol{p}(m)=\boldsymbol{p}\cdot P^m. \tag{3}$$

3.2.3　有限维概率分布

定理 3.2.2　设 $\{X(n), n=0,1,2,\cdots\}$ 是齐次马尔科夫链, 状态空间为 I, 初始概率分布为 $P\{X(0)=i\}=p_i$, k 步转移概率为 $p_{ij}(k)$ $(i,j\in I, k\geqslant 1)$, 则对于任意 r 个正整数 $n_1,n_2,\cdots n_r(0\leqslant n_1<n_2<\cdots<n_r)$ 及 r 个状态 $i_1,i_2,\cdots i_r\in I$, 有

$$P\{X(n_1)=i_1,X(n_2)=i_2,\cdots,X(n_r)=i_r\}$$
$$=\sum_{i\in I}p_i p_{ii_1}(n_1)p_{i_1 i_2}(n_2-n_1)\cdots p_{i_{r-1}i_r}(n_r-n_{r-1}).$$

证: (略).

此定理表明, 马尔可夫链的有限维概率分布可以由初始概率分布及转移概率完全确定.

3.3　马尔可夫链的遍历性

讨论当转移步数 $k\to+\infty$ 时马尔可夫链的转移概率 $p_{ij}(k)$ 的极限, 是一个很重

要的问题.

定义 3.3.1　设 $\{X(n)$, $n=0,1,2,\cdots\}$ 是马尔可夫链,状态空间为 I, k 步转移概率为 $p_{ij}(k)$ $(i,j\in I$, $k=1,2,\cdots)$.如果对于一切状态 $i,j\in I$,存在不依赖于 i 的常数 π_j,使得
$$\lim_{k\to\infty}p_{ij}(k)=\pi_j,\quad j\in I,$$
则称这一马尔可夫链具有**遍历性**.

显然, $\pi_j\geqslant 0$ $(j\in I)$,对于有限状态空间 I,有 $\sum\limits_{j\in I}\pi_j=1$;对于无限状态空间 I,有 $\sum\limits_{j\in I}\pi_j\leqslant 1$.如果 $\pi_j(j\in I)$ 满足条件 $\sum\limits_{j\in I}\pi_j=1$,则称 $\{\pi_j(j\in I)\}$ 为马尔可夫链的**极限分布**.

遍历性的直观意义是:不论质点从哪一个状态 i 出发,当转移步数 k 充分大时,到达状态 j 的概率近似于常数 π_j,因而,如果已经求得 π_j 的值,则当 k 充分大时, π_j 可以作为 $p_{ij}(k)(i,j\in I)$ 的近似值.

下面我们不加证明地给出有限状态的马尔可夫链是否具有遍历性的一个判别定理.

定理 3.3.1　设马尔可夫链 $\{X(n)$, $n=0,1,2,\cdots\}$ 具有有限状态空间 $I=\{1,2,\cdots,N\}$, k 步转移概率为 $p_{ij}(k)$ $(i,j\in I,k=1,2,\cdots)$.如果存在正整数 k_0,使得对任意的状态 $i,j\in I$,都有
$$p_{ij}(k_0)>0,\quad i,j\in I,$$
则此马尔可夫链具有遍历性,即存在常数 π_j,使得
$$\lim_{k\to\infty}p_{ij}(k)=\pi_j,\quad i,j\in I,$$
且极限分布 $\pi=(\pi_1,\pi_2,\cdots,\pi_N)$ 是方程组
$$\pi_j=\sum_{i=1}^{N}\pi_ip_{ij},\quad j=1,2,\cdots,N$$
满足条件
$$\pi_j>0\ (j=1,2,\cdots,N),\quad \sum_{j=1}^{N}\pi_j=1$$
的唯一解.

此定理给出了马尔可夫链具有遍历性的一个充分条件及求极限分布的方法.根据此定理,要证明具有有限状态的马尔可夫链具有遍历性,只需找到一个正整数 k_0,使得 k_0 步转移概率矩阵 $P(k_0)=P^{k_0}$ 中没有零元素.这时有

$$\lim_{k\to\infty}P(k)=\lim_{k\to\infty}\begin{pmatrix} p_{11}(k) & p_{12}(k) & \cdots & p_{1N}(k) \\ p_{21}(k) & p_{22}(k) & \cdots & p_{2N}(k) \\ \vdots & \vdots & & \vdots \\ p_{N1}(k) & p_{N2}(k) & \cdots & p_{NN}(k) \end{pmatrix}=\begin{pmatrix} \pi_1 & \pi_2 & \cdots & \pi_N \\ \pi_1 & \pi_2 & \cdots & \pi_N \\ \vdots & \vdots & & \vdots \\ \pi_1 & \pi_2 & \cdots & \pi_N \end{pmatrix},$$

即上式中最后一个矩阵的所有行都相同,都是极限分布$(\pi_1,\pi_2,\cdots,\pi_N)$,而第 j 列是同一个常数 $\pi_j(j=1,2,\cdots,N)$.

定义 3.3.2　设马尔可夫链$\{X(n),n=0,1,2,\cdots\}$具有有限状态空间 $I=\{1,2,\cdots,N\}$,一步转移概率矩阵为 $P=(p_{ij})$. 如果初始概率分布 $\boldsymbol{p}=(p_1,p_2,\cdots,p_N)$ 满足条件

$$p_j=\sum_{i=1}^{N}p_ip_{ij},\quad j=1,2,\cdots,N$$

或写成矩阵形式

$$\boldsymbol{p}=\boldsymbol{p}P,$$

则称马尔科夫链$\{X(n),n=0,1,2,\cdots\}$是**平稳的**,称 $\boldsymbol{p}=(p_1,p_2,\cdots,p_N)$为此链的**一个平稳分布**.

设$\{X(n),n=0,1,2,\cdots\}$是平稳的马尔可夫链,具有平稳分布

$$\boldsymbol{p}=(p_1,p_2,\cdots,p_N).$$

如果 $X(n)$的初始概率分布取为 $\boldsymbol{p}$,$X(n)$在 1 时刻的绝对概率分布为

$$\boldsymbol{p}(1)=(p_1(1),p_2(1),\cdots,p_N(1)),$$

则根据 3.2.2 的式(3),有

$$\boldsymbol{p}(1)=\boldsymbol{p}\cdot P.$$

由定义 3.3.2 知

$$\boldsymbol{p}P=\boldsymbol{p},$$

因此有

$$\boldsymbol{p}(1)=\boldsymbol{p}.$$

同理可得$\{X(n),n=0,1,2,\cdots\}$在 2 时刻的绝对概率分布

$$\boldsymbol{p}(2)=(p_1(2),p_2(2),\cdots p_N(2))$$
$$=\boldsymbol{p}(1)P=\boldsymbol{p}P=\boldsymbol{p}.$$

一般地,$\{X(n),n=0,1,2,\cdots\}$在 m 时刻的绝对概率分布

$$\boldsymbol{p}(m)=\boldsymbol{p}(m-1)=\cdots=\boldsymbol{p}(2)=\boldsymbol{p}(1)=\boldsymbol{p},\quad m\geqslant1.$$

由此可见,如果马尔可夫链$\{X(n),n=0,1,2,\cdots\}$是平稳的,并取初始概率分布为平稳分布,则它在任意时刻 m 的绝对概率密度都相同,都等于初始概率分布. 也就是说,对于任意状态 j $(j\in I)$,平稳马尔可夫链在各个时刻 m $(m=0,1,2,\cdots)$ 处于状态 j 的概率都相等,都等于 $p_j(j\in I)$.

例 3.3.1　已知工作人员在三个部门间轮换的规则如表 3.1 所示. 求经过多次轮换之后,工作人员轮换到各个部门的概率.

表 3.1　工作人员轮换规则

	部门 1	部门 2	部门 3
部门 1	$p_{11}=0.5$	$p_{12}=0.5$	$p_{13}=0$
部门 2	$p_{21}=0$	$p_{22}=0.5$	$p_{23}=0.5$
部门 3	$p_{31}=0.75$	$p_{32}=0.25$	$p_{33}=0$

解：　工作人员在三个部门之间轮换的转移概率为

$$P=\begin{pmatrix} 0.5 & 0.5 & 0 \\ 0 & 0.5 & 0.5 \\ 0.75 & 0.25 & 0 \end{pmatrix}.$$

因为

$$P(2)=P^2=\begin{pmatrix} 0.5 & 0.5 & 0 \\ 0 & 0.5 & 0.5 \\ 0.75 & 0.25 & 0 \end{pmatrix}^2=\begin{pmatrix} 0.25 & 0.5 & 0.25 \\ 0.375 & 0.375 & 0.25 \\ 0.375 & 0.5 & 0.125 \end{pmatrix},$$

可见矩阵 $P(2)$ 的所有元素都大于 0,由定理 3.3.1 知,马尔可夫链具有遍历性:

$$\lim_{k\to\infty}p_{ij}(k)=\pi_j,\quad j=1,2,3.$$

π_1,π_2,π_3 满足方程组

$$(\pi_1,\pi_2,\pi_3)=(\pi_1,\pi_2,\pi_3)\begin{pmatrix} 0.5 & 0.5 & 0 \\ 0 & 0.5 & 0.5 \\ 0.75 & 0.25 & 0 \end{pmatrix}.$$

再由条件 $\pi_1+\pi_2+\pi_3=1$,得方程组

$$\begin{cases} \pi_1=0.5\pi_1+0.75\pi_3, \\ \pi_2=0.5\pi_1+0.5\pi_2+0.25\pi_3, \\ \pi_3=0.5\pi_2, \\ \pi_1+\pi_2+\pi_3=1. \end{cases}$$

解得

$$\pi_1=\frac{3}{9}=\frac{1}{3},\quad \pi_2=\frac{4}{9},\quad \pi_3=\frac{2}{9},$$

它们分别是工作人员轮换到部门 1,2,3 的概率.

3.4　习题

1.设有独立重复试验序列 $\{X_n,n\geq 1\}$,以 $X_n=1$ 记第 n 次试验时事件 A 发生且 $P\{X_n=1\}=p$;以 $X_n=0$ 记第 n 次试验时事件 A 不发生且 $P\{X_n=0\}=q=1-$

p. 求 k 步转移概率矩阵.

2. (天气预报问题)设明天是否有雨仅与今天的天气有关,而与过去的天气无关. 又设今天下雨而明天也下雨的概率为 α,而今天无雨明天有雨的概率为 β. 规定有雨天气状态为 0,无雨天气状态为 1. 因此问题是两个状态的马尔可夫链. 设 $\alpha=0.7, \beta=0.4$,求今天有雨且第四天仍有雨的概率.

3. A 种啤酒改变广告策略后,经市场调查发现,买 A 种啤酒及另三种啤酒 B, C, D(设市场上只有这四种啤酒)的顾客每两个月的平均转移概率如下:

$$A \to A(95\%) \to B(2\%) \to C(2\%) \to D(1\%),$$
$$B \to A(30\%) \to B(60\%) \to C(6\%) \to D(4\%),$$
$$C \to A(20\%) \to B(10\%) \to C(70\%) \to D(0\%),$$
$$D \to A(20\%) \to B(20\%) \to C(10\%) \to D(50\%).$$

设目前购买 A, B, C, D 四种啤酒的顾客的分布为 $(25\%, 30\%, 35\%, 10\%)$,求半年后 A 种啤酒占有的市场份额.

4. 设一个齐次马尔可夫链有 3 个状态,它的一步转移概率矩阵为

$$P = \begin{bmatrix} q & p & 0 \\ q & 0 & p \\ 0 & q & p \end{bmatrix},$$

其中 $0<p<1, p+q=1$,证明该链具有遍历性,并求其极限分布 $\{\pi_1, \pi_2, \pi_3\}$.

5. 设马尔可夫链 $\{X(n), n=0,1,2,\cdots\}$ 的状态空间 $I=\{1,2\}$,一步转移概率矩阵为 $P = \begin{pmatrix} 1 & 0 \\ 0 & 1 \end{pmatrix}$,试分析该链是否具有遍历性.

第 4 章　平稳过程

在第 3 章中,我们讨论了马尔可夫链,其特点是随机过程在"将来"某时刻的统计特性只取决于"现在"的统计特性,而与"过去"无关.但在实际中遇到的随机过程在"将来"某时刻的统计特性常常不仅与"现在"有关,而且与"过去"有关.平稳过程就是具有这种特性的随机过程.本章介绍平稳过程的概念,宽平稳过程的相关函数及其性质.

4.1　严平稳过程及其数字特征

统计特性不随时间的推移而变化的过程即为严平稳过程.

定义 4.1.1　设 $\{X(t),t\in T\}$ 是一随机过程,n 是任意正整数.如果对于任意 n 个数值 $t_1,t_2,\cdots,t_n\in T$ 及使得 $t_1+h,t_2+h,\cdots,t_n+h\in T$ 的任意实数 h,随机过程 $\{X(t),t\in T\}$ 的 n 维分布函数满足条件

$$F(x_1,x_2,\cdots,x_n,t_1,t_2,\cdots,t_n)=F(x_1,x_2,\cdots,x_n,t_1+h,t_2+h,\cdots,t_n+h),$$
$$(4.1.1)$$

则称 $\{X(t),t\in T\}$ 为**严平稳过程**或**狭义平稳过程**.

在随机过程 $\{X(t),t\in T\}$ 存在有限维概率密度族时,条件(4.1.1)等价于

$$f(x_1,x_2,\cdots,x_n,t_1,t_2,\cdots,t_n)=f(x_1,x_2,\cdots,x_n,t_1+h,t_2+h,\cdots,t_n+h),$$
$$(4.1.2)$$

即随机过程的 n 维概率密度不随时间的推移而改变.

平稳过程的参数集 T 一般取为 $[0,+\infty)$ 或 $(-\infty,+\infty)$.在参数集 T 是离散集合时,例如 T 取为 $\{0,1,2,\cdots\}$ 或 $\{0,\pm1,\pm2,\cdots\}$ 时,条件(4.1.1)中的 h 应该是整数,此时称该过程为**严平稳随机序列**或**严平稳时间序列**.

如果严平稳过程 $\{X(t),t\in T\}$ 的均值函数 $\mu_X(t)$ 和自相关函数 $R_X(t,t+\tau)$ $(t,t+\tau\in T)$ 存在,则有如下性质.

性质 1　如果严平稳过程 $\{X(t),t\in T\}$ 的均值函数 $\mu_X(t)$ 存在,则 $\mu_X(t)$ 是常数,记此常数为 μ_X,有

$$\mu_X(t)=E[X(t)]=\mu_X(常数),\quad t\in T.$$

证：只就 $\{X(t),t\in T\}$ 存在概率密度的情况加以证明.在式(4.1.2)中取

$n=1,x_1=x,t_1=t,h=-t$,则有
$$f(x,t)=f(x,t+h)=f(x,0),$$
这表明,严平稳过程$\{X(t),t\in T\}$的一维概率密度不依赖于时间t,由此可得$\{X(t),t\in T\}$的均值函数为
$$\mu_X(t)=E[X(t)]=\int_{-\infty}^{+\infty}xf(x,0)\mathrm{d}x=\mu_X,$$
即$\mu_X(t)$是一个常数μ_X.

性质 2　如果严平稳过程$\{X(t),t\in T\}$的相关函数$R_X(t,t+\tau)$存在,则$R_X(t,t+\tau)$仅是τ的函数,而与t无关.将此函数记为$R_X(\tau)$,有
$$R_X(t,t+\tau)=R_X(\tau),\quad t,t+\tau\in T.$$

证：　只就$\{X(t),t\in T\}$存在一维、二维概率密度的情况加以证明.在(4.1.2)式中取$n=2,t_1=t,t_2=t+\tau,h=-t$,则
$$f(x_1,x_2,t,t+\tau)=f(x_1,x_2,t+h,t+\tau+h)=f(x_1,x_2,0,\tau),$$
这表明严平稳过程的二维概率密度仅依赖于时刻差$\tau=t_2-t_1=(t+\tau)-t$,而与时刻t及$t+\tau$无关.于是其自相关函数为
$$\begin{aligned}R_X(t,t+\tau)&=E[X(t)X(t+\tau)]\\&=\int_{-\infty}^{+\infty}\int_{-\infty}^{+\infty}x_1x_2f(x_1,x_2,0,\tau)\mathrm{d}x_1\mathrm{d}x_2\\&=R_X(\tau).\end{aligned}$$

由上述两个性质,易知严平稳过程的协方差函数$C_X(t,t+\tau)$只是时间间隔τ的函数,记为$C_X(\tau)$;方差函数$\sigma_X^2(t)$及均方值函数$\psi_X^2(t)$都是不依赖于t的常数,分别记为σ_X^2及ψ_X^2.

由性质 1 可知,严平稳过程的所有样本曲线都在坐标平面tOx内的水平直线$x=\mu_X$上下波动,偏离度为常数σ_X.性质 2 表明,严平稳过程在时刻t_1和t_2的两个状态$X(t_1)$和$X(t_2)$之间的统计依赖关系只与时刻差$\tau=t_2-t_1$有关,而与t_1及t_2的取值无关,即不随时间的推移而变化.

4.2　宽平稳过程

在实际问题中,要确定一个随机过程的有限维分布函数族或概率密度族,并进而验证条件(4.1.1)或(4.1.2)对一切n成立是十分困难的.故通常只考虑以下的广义平稳过程.

定义 4.2.1　如果随机过程$\{X(t),t\in T\}$满足条件：

(1)$\{X(t),t\in T\}$是二阶矩过程；

(2)$\{X(t),t\in T\}$的均值函数 $\mu_X(t)$ 是常数,即

$$\mu_X(t)=E[X(t)]=\mu_X, \quad t\in T, \tag{4.2.1}$$

其中 μ_X 是常数;

(3)$\{X(t),t\in T\}$的相关函数 $R_X(t_1,t_2)$ 只与 t_2-t_1 有关,而与 t_1,t_2 无关,即

$$R_X(t_1,t_2)=R_X(t_2-t_1), \quad t_1,t_2\in T, \tag{4.2.2}$$

则称$\{X(t),t\in T\}$为**宽平稳过程**或**广义平稳过程**.

式(4.2.1)表明,宽平稳过程$\{X(t),t\in T\}$的均值函数 $\mu_X(t)$ 是不随时间 t 的推移而改变的,是常数.式(4.2.2)表明,宽平稳过程$\{X(t),t\in T\}$的相关函数 $R_X(t_1,t_2)$ 满足条件

$$R_X(t_1,t_2)=R_X(t_1+h,t_2+h)=R_X(t_2-t_1),$$
$$t_1,t_2,t_1+h,t_2+h\in T,$$

即相关函数不随时间的推移而改变.

设$\{X(t),t\in T\}$是宽平稳过程,根据第 1 章第 2 节所讨论过的关系式,可得

$$\psi_X^2(t)=R_X(0)=\psi_X^2,$$
$$\sigma^2(t)=R_X(0)-\mu_X^2,$$
$$C_X(t_1,t_2)=R_X(t_2-t_1)-\mu_X^2=C_X(t_2-t_1),$$

即均方值函数 $\psi_X^2(t)$ 及方差函数 $\sigma_X^2(t)$ 是常数,协方差函数 $C_X(t_1,t_2)$ 是 t_2-t_1 的函数而与 t_1,t_2 无关.

如果一个严平稳过程的二阶矩存在,则它必为宽平稳过程. 由于一个严平稳过程的二阶矩不一定存在,因而其不一定是一个宽平稳过程. 反之,宽平稳过程也不一定是严平稳过程.

对于正态随机过程而言,因为它的概率密度可由均值函数和(自)相关函数完全确定,所以如果均值函数和(自)相关函数不随时间推移而变化,则概率密度函数也不随时间推移而变化,因而宽平稳性与严平稳性是一致的.

今后,我们讲到一个平稳过程时,如无特别声明,总是指宽平稳过程,其参数集 T 为 $(-\infty,+\infty)$.

例 4.2.1 设 X 是随机变量,$E(X)\neq 0$,讨论下面两个随机过程

$$X(t)=X, \quad Y(t)=tX, \quad -\infty<t<+\infty,$$

的平稳性.

解: 显然,$\{X(t),+\infty<t<+\infty\}$是严平稳过程,且当 $E(X^2)$ 存在时也是宽平稳过程.

由于

$$E[Y(t)]=tE(x), \quad -\infty<t<+\infty,$$

因此$\{Y(t),+\infty<t<+\infty\}$不是平稳过程.

例 4.2.2　（离散白噪声）设$\{X(n),n=0,\pm1,\pm2,\cdots\}$是两两不相关的实值随机变量序列,即对任意整数$n_1\neq n_2$,有$\text{cov}(X(n_1),X(n_2))=0$,且

$$E[X(n)]=0,\quad D[X(n)]=\sigma^2>0,\quad n=0,\pm1,\pm2,\cdots.$$

由于

$$\mu_X(n)=E[X(n)]=0,\quad n=0,\pm1,\pm2,\cdots,$$

$$R_X(n_1,n_2)=E[X(n_1),X(n_2)]=\begin{cases}\sigma^2,&n_1=n_2,\\0,&n_1\neq n_2,\end{cases}$$

$$n_1,n_2=0,\pm1,\pm2,\cdots,$$

即$\mu_X(n)$是常数,$R_X(n_1,n_2)$只与n_2-n_1有关,所以$\{X(n),n=0,\pm1,\pm2,\cdots\}$是一个平稳随机序列.

在物理与工程技术上,常把上例中的平稳随机序列称为离散白噪声,用它作为一种随机干扰的数学模型.如果再假设$X(n)$服从正态分布$N(0,\sigma^2)$ $(n=0,\pm1,\pm2,\cdots)$,则上述随机序列称为正态白噪声.

定义 4.2.2　设有二阶矩过程$\{X(t),-\infty<t<+\infty\}$,如果对于任意实数$h>0$,随机过程的增量$X(t+h)-X(t)$ $(-\infty<t<+\infty)$是平稳过程,则称$\{X(t),-\infty<t<+\infty\}$是**平稳增量过程**.

4.3　相关函数的性质

随机过程最基本的数字特征是均值函数和相关函数,对于平稳过程而言,由于其均值函数是常数,所以相关函数成为平稳过程最基本的数字特征,相关函数可以提供平稳过程各状态间关联特征的信息,是研究平稳过程的工具.

设$\{X(t),-\infty<t<+\infty\}$为平稳过程,记其相关函数为$R_X(\tau)$,由于$E[X^2(t)]\geqslant0$,故有下面性质 1.

性质 1　$R_X(0)=E[X^2(t)]=\psi_X^2>0$.

性质 1 表明,平稳过程的均方值可以由相关函数令$\tau=0$得到.

由于

$$R_X(-\tau)=E[X(t)X(t-\tau)]=E[X(t-\tau)X(t)]=R_X(\tau)$$

因此有性质 2.

性质 2　$R_X(\tau)$是偶函数,即$R_X(-\tau)=R_X(\tau)$.

性质 3　$|R_X(\tau)|\leqslant R_X(0)$.

证:　因为

$$0 \leqslant E\{[X(t) \pm X(t+\tau)]^2\} = 2[R_X(0) \pm R_X(\tau)],$$

所以

$$\pm R_X(\tau) \leqslant R_X(0),$$

即

$$|R_X(\tau)| \leqslant R_X(0).$$

类似地可证明：平稳过程 $\{X(t), -\infty < t < +\infty\}$ 的协方差函数 $C_X(\tau)$ 满足以下不等式：

$$|C_X(\tau)| \leqslant C_X(0) = \sigma_X^2.$$

令

$$\rho_X(\tau) = \frac{C_X(\tau)}{C_X(0)},$$

称 $\rho_X(\tau)$ 为平稳过程 $\{X(t), -\infty < t < +\infty\}$ 的**标准（自）协方差函数**.

由上面的不等式可知，$|\rho_X(\tau)| \leqslant 1$.

性质 4 $R_X(\tau)$ 是非负定的，即对任意数组 $t_1, t_2, \cdots, t_n \in (-\infty, +\infty)$ 和任意函数 $g(t)$，都有

$$\sum_{i,j=1}^{n} R_X(t_i - t_j) g(t_i) g(t_j) \geqslant 0.$$

证：（略）.

对于平稳过程而言，（自）相关函数的非负定性是最本质的特性.

如果平稳过程 $\{X(t), -\infty < t < +\infty\}$ 满足

$$X(t) = X(t+L), \quad t, t+L \in (-\infty, +\infty),$$

其中 L 是常数，则称 $\{X(t), -\infty < t < +\infty\}$ 为**周期平稳过程**，L 称为该过程的**周期**.

性质 5   如果 $\{X(t), -\infty < t < +\infty\}$ 是周期为 L 的周期平稳过程，则其相关函数 $R_X(\tau)$ 是周期为 L 的周期函数.

证：（略）.

从直观意义上说，非周期平稳过程 $\{X(t), -\infty < t < +\infty\}$ 的两个状态 $X(t)$ 和 $X(t+\tau)$ 之间的相关性会随着 $|\tau|$ 的增大而减弱，在 $|\tau| \to +\infty$ 的极限情况下，二者相互独立，因此有

$$\lim_{|\tau| \to +\infty} R_X(\tau) = \lim_{|\tau| \to +\infty} E[X(t)X(t+\tau)]$$
$$= \lim_{|\tau| \to +\infty} E[X(t)] \cdot E[X(t+\tau)] = \mu_X^2,$$

于是有性质 6.

性质 6   不包含任何周期分量的非周期平稳过程 $\{X(t), -\infty < t < +\infty\}$ 的相

关函数满足

$$\lim_{|\tau| \to +\infty} R_X(\tau) = R_X(\infty) = \mu_X^2.$$

特别地,若 $\mu_X = 0$,则有

$$\lim_{|\tau| \to +\infty} R_X(\tau) = 0.$$

性质 7　如果平稳过程 $\{X(t), -\infty < t < +\infty\}$ 的均值函数为 μ_X,则其相关函数为

$$R_X(\tau) = C_X(\tau) + \mu_X^2.$$

如果 $\{X(t), -\infty < t < +\infty\}$ 满足性质 6 的条件,则 $\sigma_X^2 = R_X(0) - R_X(\infty)$.

证:　(略).

性质 8　如果平稳过程 $\{X(t), -\infty < t < +\infty\}$ 含有一个周期分量,则其相关函数 $R_X(\tau)$ 也有一个周期分量,且周期相同.

4.4　习题

1. 讨论随机相位正弦波

$$X(t) = a\cos(bt + \phi), \quad -\infty < t < \infty,$$

的平稳性.

2. 试证明相关函数性质 3:$|R_X(\tau)| \leqslant R_X(0)$.

3. 试证明相关函数性质 4:$R_X(\tau)$ 是非负定的,即对任意数组 $t_1, t_2, \cdots, t_n \in (-\infty, +\infty)$ 和任意函数 $g(t)$,都有

$$\sum_{i,j=1}^{n} R_X(t_i - t_j) g(t_i) g(t_j) \geqslant 0.$$

4. 设平稳过程 $\{X(t), -\infty < t < +\infty\}$ 的自相关函数为

$$R_X(\tau) = 100e^{-10|\tau|} + 100\cos 10\tau + 100,$$

求 $\{X(t), -\infty < t < +\infty\}$ 的均值函数、均方值函数和方差函数.

第四部分　习题参考答案

第一部分　微分方程习题答案

第1章习题答案

1.(1)一阶,非线性　(2)二阶,非线性　(3)二阶,线性

2.(1)是　(2)否　(3)是

第2章习题答案

1.

(1)$e^y = e^x + c$

(2)$(1+x^2)(1+y^2) = cx^2$

(3)$1 + \ln \dfrac{y}{x} = cy$

(4)$x^2 - xy + y^2 + x - y = c$

(5)$\tan(6x+c) = \dfrac{2}{3}(x+4y+1)$

(6)$(y^3 - 3x)^7 (y^3 + 2x)^3 = cx^{15}$

(7)$y - 2 = ce^{-2\arctan\frac{y-2}{x+1}}$

2.

(1)$x + y + 2 = ce^x$

(2)$y = c\cos x + \sin x$

(3)$2x = cy + y^3, \quad y = 0$

(4)$\dfrac{1}{y^4} = -x + \dfrac{1}{4} + ce^{-4x}, \quad y = 0$

(5)$\dfrac{1}{y} = -\sin x + ce^x, \quad y = 0$

3.

(1)$x^3 - xy + 2y^2 = c$

(2)$\sin \dfrac{y}{x} - \cos \dfrac{x}{y} + x - \dfrac{1}{y} = c$

(3)$\arctan \dfrac{x}{y} = x + c$

(4)$x\sin(x+y) = c$

(5)$e^y(x\cos x + (y-1)\sin x) = c$

(6)$x^4 y^2 + x^3 y^5 = c$

---

(7)$x+1=y(c+y)$, $y=0$

4.

(1)$x=p+\dfrac{1}{p}$, $y=\dfrac{1}{2}p^2-\ln|p|+c$

(2)$2cy=c^2x^2+4$, $y=\pm 2x$

(3)$y^2=(c+x)^2+1$, $y=\pm 1$

第3章习题答案

1.

(1)$y=c_1e^x+c_2e^{-x}+c_3e^{2x}$

(2)$y=e^{-2x}(c_1\cos 3x+c_1\sin 3x)$

(3)$y=c_1e^x+c_2\cos x+c_3\sin x$

(4)$y=c_1e^{-x}+(c_2+c_3x)e^x$

(5)$y=e^{-x}[(c_1+c_2x)\cos x+(c_3+c_4x\sin x)]$

(6)$y=-12e^{-2x+4}+8xe^{-2x+4}$

(7)$y=2\cos x-\sin x$

2.

(1)$y=c_1e^x+c_2e^{-x}+(e^x-e^{-x})\ln|e^x-1|-xe^x-1$

(2)$y=c_1e^x+c_2xe^x+xe^x\ln|x|-xe^x$

(3)$y=c_1e^{-x}+c_2e^{-5x}+\dfrac{1}{21}e^{2x}$

(4)$y=c_1\cos x+c_2\sin x+\dfrac{1}{2}(x+1)e^{-x}$

(5)$y=c_1\cos 2x+c_2\sin 2x-\dfrac{1}{8}x^2\cos 2x+\dfrac{1}{16}x\sin 2x$

(6)$y=c_1\cos x+c_2\sin x-\dfrac{1}{2}x\cos x+\dfrac{1}{3}\cos 2x$

(7)$y=c_1\cos x+c_2\sin x+x-\sin 2x+x\sin x$

(8)$y=e^x(c_1\cos x+c_2\sin x)+\dfrac{1}{4}xe^x(\cos x+x\sin x)$

(9)$y=\left(1+\dfrac{5}{8}x\right)\cos x-\left(\dfrac{21}{8}-2x+\dfrac{1}{8}x^2\right)\sin x$

第 4 章习题答案

1. $\begin{bmatrix} x \\ y \end{bmatrix} = c_1 \begin{bmatrix} 1 \\ -1 \end{bmatrix} e^t + c_2 \begin{bmatrix} 1 \\ 3 \end{bmatrix} e^{5t}$

2. $\begin{bmatrix} x \\ y \end{bmatrix} = \begin{bmatrix} e^{-6t}\cos t & e^{-6t}\sin t \\ e^{-6t}(\cos t - \sin t) & e^{-6t}(\cos t + \sin t) \end{bmatrix} \begin{bmatrix} c_1 \\ c_2 \end{bmatrix}$

3. $\begin{bmatrix} x \\ y \end{bmatrix} = c_1 \begin{bmatrix} 1-t \\ t \end{bmatrix} e^{2t} + c_2 \begin{bmatrix} -t \\ 1+t \end{bmatrix} e^{2t}$

4. $\begin{bmatrix} x \\ y \\ z \end{bmatrix} = c_1 \begin{bmatrix} 1 \\ 0 \\ -1 \end{bmatrix} e^{-t} + c_2 \begin{bmatrix} 0 \\ 1 \\ -1 \end{bmatrix} e^{-t} + c_3 \begin{bmatrix} 1 \\ 1 \\ 1 \end{bmatrix} e^{2t}$

5. $x = (c_1 t + c_2)e^t + 2c_3, \quad y = c_1 e^t - c_3, \quad z = (c_1 t + c_2)e^t + c_3$

6. $\begin{bmatrix} x \\ y \end{bmatrix} = c_1 \begin{bmatrix} 1 \\ -1 \end{bmatrix} e^t + c_2 \begin{bmatrix} 2 \\ -3 \end{bmatrix} e^{2t} + \begin{bmatrix} -2e^{-t} \\ e^{-t} \end{bmatrix}$

7. $\begin{bmatrix} x \\ y \end{bmatrix} = c_1 \begin{bmatrix} \cos t \\ -\sin t \end{bmatrix} + c_2 \begin{bmatrix} \sin t \\ \cos t \end{bmatrix} + \begin{bmatrix} \dfrac{1}{2}t\cos t + \dfrac{1}{4}\sin t + 1 \\ -\dfrac{1}{2}t\sin t - \dfrac{1}{4}\cos t \end{bmatrix}$

8. $\begin{bmatrix} x \\ y \\ z \end{bmatrix} = \begin{bmatrix} \left(\dfrac{t}{2} - \dfrac{3}{4}\right)e^{-t} + e^{-2t} - \dfrac{1}{4}e^{-3t} \\ \left(-\dfrac{t}{2} + \dfrac{5}{4}\right)e^{-t} - 2e^{-2t} + \dfrac{3}{4}e^{-3t} \\ \left(\dfrac{t}{2} - \dfrac{7}{4}\right)e^{-t} - 4e^{-2t} - \dfrac{9}{4}e^{-3t} \end{bmatrix}$

9. $\begin{bmatrix} x \\ y \end{bmatrix} = \begin{bmatrix} \dfrac{3}{20}e^{5t} - e^{-t} - \dfrac{1}{4}e^t - \dfrac{2}{5} \\ \dfrac{3}{10}e^{5t} + e^{-t} - \dfrac{1}{2}e^t + \dfrac{1}{5} \end{bmatrix}$

第 5 章习题答案

1. $y_x = -\dfrac{3}{4} + C 5^x; \quad y_x = -\dfrac{3}{4} + \dfrac{37}{12}5^x$

2. $y_x = \dfrac{2^x}{3} + C(-1)^x; \quad y_x = \dfrac{2^x}{3} + \dfrac{5}{3}(-1)^x$

3. $y_x = -\dfrac{36}{125} + \dfrac{1}{25}x + \dfrac{2}{5}x^2 + C(-4)^x; \quad y_x = -\dfrac{36}{125} + \dfrac{1}{25}x + \dfrac{2}{5}x^2 + \dfrac{161}{125}(-4)^x$

4. $y_x = 4 + C_1\left(\dfrac{1}{2}\right)^x + C_2\left(-\dfrac{7}{2}\right)^x; \quad y_x = 4 + \dfrac{3}{2}\left(\dfrac{1}{2}\right) + \dfrac{1}{2}\left(-\dfrac{7}{2}\right)^x$

5. $y_x = 4^x \left(C_1 \cos \dfrac{\pi}{3} x + C_2 \sin \dfrac{\pi}{3} x \right)$; $\quad y_x = 4^x \left(\dfrac{1}{2\sqrt{3}} \sin \dfrac{\pi}{3} x \right)$

6. $y_x = (\sqrt{2})^x \left(C_1 \cos \dfrac{\pi}{4} x + C_2 \sin \dfrac{\pi}{4} x \right)$; $\quad y_x = 2(\sqrt{2})^x \cos \dfrac{\pi}{4} x + 1$

第 6 章习题答案

1.

(1) $u = \Phi(x - y, y - z)$

(2) $u = \Phi\left(\dfrac{x_1}{x_n}, \dfrac{x_2}{x_n}, \cdots, \dfrac{x_{n-1}}{x_n} \right)$

(3) $u = \Phi(ax + by + z, x^2 + y^2 + z^2)$

2.

(1) $x^2 + y^2 + z^2 = 2 \left(\dfrac{ax + by + z}{b + 1} \right)^2$

(2) $2z = (x + y)^2$

3.

(1) 双曲型 $\dfrac{\partial^2 u}{\partial \xi \partial \eta} = 0$

(2) 在 $x \neq 0, y \neq 0$ 处，双曲型 $\dfrac{\partial^2 u}{\partial \xi \partial \eta} + \dfrac{1}{4\eta} \dfrac{\partial u}{\partial \xi} - \dfrac{1}{\xi} \dfrac{\partial u}{\partial \eta} + u = 0$

(3) 抛物型 $\dfrac{\partial^2 u}{\partial \eta^2} - \dfrac{2\xi}{\eta^2} \dfrac{\partial u}{\partial \xi} = 0$

(4) 椭圆型 $\dfrac{\partial^2 u}{\partial \xi^2} + \dfrac{\partial^2 u}{\partial \eta^2} + \dfrac{1}{\xi - \mu} \dfrac{\partial u}{\partial \xi} + \dfrac{1}{2\eta} \dfrac{\partial u}{\partial \eta} = 0$

第二部分　最优化方法习题答案

第 1 章习题答案

1.

(1)具有唯一最优解　(2)具有唯一最优解　(3)具有无界解　(4)无可行解.

2.略.

3.

$(1)x_1^* = \dfrac{5}{11}, x_2^* = 0, x_3^* = \dfrac{50}{11}, \min f = -\dfrac{280}{11}$　　(2)无最优解.

4.

$(1)x_1^* = 5, x_2^* = 0, x_3^* = 0, \min f = 5.$　　$(2)x_1^* = \dfrac{31}{4}, x_2^* = \dfrac{1}{4}, x_3^* = 0, \max f = 23$

5.

$(1)x_1^* = 2, x_2^* = \dfrac{5}{7}, x_3^* = 0, \min f = \dfrac{3}{5}$　　$(2)x_1^* = \dfrac{2}{9}, x_2^* = \dfrac{16}{9}, x_3^* = 0, \max f = 32\dfrac{7}{9}$

6.

$(1)\lambda = 4 - 4\alpha$

(2)当 $\delta \geqslant 0$ 时,现行基为可行基

(3)当 $\lambda \geqslant 0$ 且 $\delta \geqslant 0$ 时,现行基为最优基

(4)一定有最优解. 当 $\lambda > 0$ 且 $\delta \geqslant 0$ 时,有唯一最优解;当 $\lambda = 0$ 且 $\delta \geqslant 0$ 时,有无穷多最优解

$(5)\omega = -13 - 4\delta$

第 2 章习题答案

1. 略

2. $x_1^* = 1, x_2^* = x_3^* = x_4^* = 0, x_5^* = 1, \min f = 5$

3. $y_1^* = 5, y_2^* = 0, \min g = 100$

4. $x_1^* = \dfrac{7}{5}, x_2^* = 0, x_3^* = \dfrac{1}{5}, x_4^* = 0, \min f = \dfrac{19}{5}$

5.

$(1)x_1^* = 7, x_2^* = 5, x_3^* = 0, \min f = 108$

$(2)x_1^* = 3, x_2^* = 0, x_3^* = 0, x_4^* = 0, \min f = 9$

6.资源 1 的影子价格是 $\dfrac{4}{3}$,资源 2 的影子价格是 1,资源 3 的影子价格是 $\dfrac{8}{3}$

7. 最优解为 $x_1^* = 0, x_2^* = 20, x_3^* = 0, \max f = 100$

(1)最优解变为 $x_1^* = 0, x_2^* = 0, x_3^* = 9, \max f = 117$

(2)最优解变为 $x_1^* = 0, x_2^* = 5, x_3^* = 5, \max f = 90$

(3)最优解不变

(4)最优解不变

(5)最优解变为 $x_1^* = 0, x_2^* = \dfrac{25}{2}, x_3^* = \dfrac{5}{2}, \max f = 95$

(6)最优解不变

第 3 章习题答案
(略)

第 4 章习题答案
(略)

第 5 章习题答案
(略)

第三部分　随机过程初步习题答案

第1章习题答案

1.解

以随机变量 Y 记抛掷硬币的实验结果,则

$$Y=\begin{cases}-1, & \text{反面},\\ 1, & \text{正面},\end{cases}$$

且

$$P\{Y=1\}=P\{Y=-1\}=1/2.$$

(1)当 $t=1/2$ 时,若 $Y=1$,则 $X(1/2)=\cos(\pi/2)=0$;若 $Y=-1$,则 $X(1/2)=2\cdot(1/2)=1$. 于是

$$\begin{aligned}F_X(x,1/2)&=P\{X(1/2)\leqslant x\}\\ &=P\{X(1/2)\leqslant x|Y=1\}P\{Y=1\}\\ &\quad+P\{X(1/2)\leqslant x|Y=-1\}P\{Y=-1\}\\ &=\begin{cases}0, & x<0,\\ 1/2, & 0\leqslant x<1,\\ 1, & 1\leqslant x.\end{cases}\end{aligned}$$

类似可得

$$F_X(x,1)=P\{X(1)\leqslant x\}=\begin{cases}0, & x<-1,\\ 1/2, & -1\leqslant x<2,\\ 1, & 2\leqslant x.\end{cases}$$

(2)当 $t=1$ 时,若 $Y=1$,则 $X(1/2)=\cos\pi=-1$;若 $Y=-1$,则 $X(1/2)=2\cdot 1=2$. 于是

$$F_X(x_1,x_2,1/2,1)=P\{X(1/2)<x_1,X(1)\leqslant x_2\}$$
$$=\begin{cases}0, & x_1<0,-\infty<x_2<+\infty,\\ 0, & x_1\geqslant 0,x_2<-1,\\ \dfrac{1}{2}, & 0\leqslant x_1<1,2\leqslant x_2,\\ \dfrac{1}{2}, & x_1>1,-1\leqslant x_2<2,\\ 1, & x_1>1,x_2\geqslant 2.\end{cases}$$

2.解

因为 $\varphi(t)$ 是普通函数,有 $E[\varphi(t)]=\varphi(t)$,故

$$\mu_Y(t) = E[Y(t)] = E[X(t) + \varphi(t)]$$
$$= E[X(t)] + E[\varphi(t)] = \mu_X(t) + \varphi(t),$$
$$C_Y(t_1, t_2) = E\{[Y(t_1) - \mu_Y(t_1)][Y(t_2) - \mu_Y(t_2)]\}$$
$$= E\{[X(t_1) - \mu_X(t_1)][Y(t_2) - \mu_Y(t_2)]\}$$
$$= C_X(t_1, t_2).$$

3.证 设 $X(t)$ 的一维和二维概率密度分别为 $f_1(x, t)$ 和 $f_2(x_1, x_2, t_1, t_2)$，则

$$\mu_Y(t) = E[Y(t)] = \int_{-\infty}^{\infty} y(t)f(x, t)\mathrm{d}x = \int_{-\infty}^{x} f_1(x, t)\mathrm{d}x = F_1(x, t),$$

$$R_Y(t_1, t_2) = E[Y(t_1)Y(t_2)] = \int_{-\infty}^{\infty}\int_{-\infty}^{\infty} y_1 y_2 f_2(x_1, x_2, t_1, t_2)\mathrm{d}x_1\mathrm{d}x_2$$

$$= \int_{-\infty}^{x_1}\int_{-\infty}^{x_2} f_2(x_1, x_2 t_1, t_2)\mathrm{d}x_1\mathrm{d}x_2 = F_2(x_1, x_2, t_1, t_2).$$

4.解

对于任意 n 个时刻 $t_1, t_2, \cdots, t_n \in (-\infty, \infty)$ 及任意一组实数 $c_1, c_2, \cdots, c_n$，和式

$$\sum_{i=1}^{n} c_i X(t_i) = A\sum_{i=1}^{n} c_i t_i + B\sum_{i=1}^{n} c_i t_i^2$$

是相互独立的正态随机变量 A, B 的线性组合，因此是正态随机变量.根据概率论的知识，可知 n 维随机变量 $(X(t_1), X(t_2), \cdots, X(t_n))$ 服从 n 维正态分布.根据定义1.2.8 可知 $\{X(t), t \in (-\infty, \infty)\}$ 是正态随机过程.

$X(t)$ 的均值函数及相关函数分别为

$$\mu_X(t) = E[X(t)] = E(tA + t^2 B) = tE(A) + t^2 E(B) = 0, \quad t \in (-\infty, \infty),$$
$$R_X(t_1, t_2) = E[(t_1 A + t_1^2 B)(t, A + t^2, B)] = (t_1 t_2 + t_1^2 t_2^2)\sigma^2, \quad t_1 t_2 \in (-\infty, \infty).$$

第 2 章习题答案

1.解

因为 $R_X(t, x) = \mathrm{e}^{-\alpha(s-t)^2}$ 是初等函数，当 $t = s$ 时 $R_X(t, t) = 1$ 连续.故由定理2.2.1知随机过程 $X(t)$ 均方连续.

2.证 由均方导数定义知，若 $\{X(t), t \in T\}$ 在任意点 t 处均方可导，则有

$$\lim_{h \to 0} \frac{X(s+h) - X(s)}{h} = X'(s), \quad \lim_{h \to 0} \frac{X(t+h) - X(t)}{h} = X'(t)$$

由均方极限的性质 3 得

$$\frac{\partial^2 R_X(s, t)}{\partial s \partial t} = \lim_{\substack{h \to 0 \\ h' \to 0}} E\left|\frac{X(s+h) - X(s)}{h} \frac{X(t+h') - X(t)}{h'}\right|$$

$$= E\left[\lim_{h \to 0} \frac{X(s+h) - X(s)}{h} \lim_{h' \to 0} \frac{X(t+h') - X(t)}{h'}\right]$$

$$= E[X'(s)X'(t)].$$

3. **解**

由均方导数的性质 3 知,

$$\mu_{X'}(t) = \mu_X'(t) = [c\sin\omega_0 t]' = c\omega_0\cos\omega_0 t,$$

再由均方导数的性质 4 得, 当 $t < s$ 时,

$$R_Y(t,s) = R_X(t,s) = \frac{\partial^2}{\partial t \partial s} R_X(t,s)$$

$$= \frac{\partial^2}{\partial t \partial s} \left\{ b e^{-\alpha(s-t)} \left[\cos\omega_0(s-t) + \frac{\alpha}{\omega_0}\sin\omega_0(s-t) \right] \right\}$$

$$= \frac{\partial}{\partial t} \left\{ -\alpha b e^{-\alpha(s-t)} \left[\cos\omega_0(s-t) + \frac{\alpha}{\omega_0}\sin\omega_0(s-t) \right] \right.$$

$$\left. + b e^{-\alpha(s-t)} \left[-\omega_0\sin\omega_0(s-t) + \alpha\cos\omega_0(s-t) \right] \right\}$$

$$= \frac{\partial}{\partial t} \left\{ -b e^{-\alpha(s-t)} \left[\omega_0 + \frac{\alpha^2}{\omega_0} \right] \sin\omega_0(s-t) \right\}$$

$$= -\alpha b e^{-\alpha(s-t)} \left(\omega_0 - \frac{\alpha^2}{\omega_0} \right) \sin\omega_0(s-t) + b e^{-\alpha(s-t)} \left(\omega_0 - \frac{\alpha^2}{\omega_0} \right) \omega_0\cos\omega_0(s-t)$$

$$= b(\omega_0^2 + \alpha^2) e^{-\alpha(s-t)} \left[\cos\omega_0(s-t) - \frac{\alpha}{\omega_0} \right) \sin\omega_0(s-t) \right].$$

4. **解**

$$C_Y(s_1, s_2) = E\{[Y(s_1) - EY(s_1)][Y(s_2) - EY(s_2)]\}$$

$$= E \left\{ \int_0^{s_1} [X(t_1) - EX(t_1)dt_1] \left[\int_0^{s_2} [X(t_2) - EX(t_2)]dt_2 \right] \right\}$$

$$= \int_0^{s_1}\int_0^{s_2} E[(X(t_1) - EX(t_1)][X(t_2) - EX(t_2)]dt_1 dt_2$$

$$= \int_0^{s_1}\int_0^{s_2} C_X(t_1, t_2)dt_1 dt_2 = \int_0^{s_1}\int_0^{s_2} (1 + t_1 t_2)\sigma^2 dt_1 dt_2$$

$$= \int_0^{s_1}\int_0^{s_2} \sigma^2 dt_1 dt_2 + = \int_0^{s_1}\int_0^{s_2} t_1 t_2 \sigma^2 dt_1 dt_2$$

$$= \sigma^2 s_1 s_2 + \sigma^2 \frac{s_1^2}{2}\frac{s_2^2}{2} = \sigma^2 s_1 s_2 \left(1 + \frac{1}{4}s_1 s_2 \right),$$

$$D_Y(s) = C_Y(s_1, s_2)|_{s_1 = s_2 = s} = \sigma^2 s^2 \left(1 + \frac{s^2}{4} \right).$$

5. **解**

$$R_Y(s_1, s_2) = E[Y(s_1)Y(s_2)] = E\left[\int_0^{s_1} X(t_1)dt_1 \int_0^{s_2} X(t_2)dt_2 \right]$$

$$= E\left[\int_0^{s_1}\int_0^{s_2} X(t_1)X(t_2)dt_1 dt_2 \right] = \int_0^{s_1}\int_0^{s_2} EX(t_1)X(t_2)dt_1 dt_2$$

$$= \int_0^{s_1} \int_0^{s_2} R(t_1,t_2)\mathrm{d}t_1\mathrm{d}t_2] = M\int_0^{s_1}\int_0^{s_2} \mathrm{e}^{-\alpha|t_1-t_2|}\mathrm{d}t_1\mathrm{d}t_2.$$

当 $s_1 < s_2$ 时,

$$R_Y(s_1,s_2) = M\int_0^{s_1}\left[\int_0^{t_1}\mathrm{e}^{-\alpha(t_1-t_2)}\mathrm{d}t_2 + \int_{t_1}^{s_2}\mathrm{e}^{-\alpha(t_2-t_1)}\mathrm{d}t_2\right]\mathrm{d}t_1$$

$$= M\left[\int_0^{s_1}\mathrm{e}^{-\alpha(t_1)}\frac{1}{\alpha}(\mathrm{e}^{\alpha t_1}-1)\mathrm{d}t_1 + \int_0^{s_1}\mathrm{e}^{\alpha t_1}\left(\frac{1}{\alpha}\right)(\mathrm{e}^{-\alpha s_2}-\mathrm{e}^{-\alpha t_1})\mathrm{d}t_1\right]$$

$$= M\left[\frac{1}{\alpha}s_1 + \frac{1}{\alpha^2}(\mathrm{e}^{-\alpha s_1}-1) + \frac{s_1}{\alpha} - \frac{1}{\alpha^2}(\mathrm{e}^{-\alpha(s_2-s_1)}-\mathrm{e}^{-\alpha s_2})\right]$$

$$= \frac{2Ms_1}{\alpha} + \frac{M}{\alpha^2}[\mathrm{e}^{-\alpha s_1}+\mathrm{e}^{-\alpha s_2}-\mathrm{e}^{-\alpha(s_2-s_1)}-1].$$

类似地,当 $s_2 < s_1$ 时,有

$$R_Y(s_1,s_2) = \frac{2Ms_2}{\alpha} + \frac{M}{\alpha^2}[\mathrm{e}^{-\alpha s_1}+\mathrm{e}^{-\alpha s_2}-\mathrm{e}^{-\alpha(s_1-s_2)}-1],$$

故得

$$R_Y(s_1,s_2) = \frac{2M}{\alpha}\min(s_1,s_2) + \frac{M}{\alpha^2}[\mathrm{e}^{-\alpha s_1}+\mathrm{e}^{-\alpha s_2}-\mathrm{e}^{-\alpha(s_2-s_1)}-1].$$

6. 解

对方程两边求均方积分,得

$$\int_0^t X'(s)\mathrm{d}s = \int_0^t g(s)\mathrm{d}s ,$$

解得

$$X(t) = X(0) + \frac{1}{2}gt^2 = X_0 + \frac{1}{2}gt^2.$$

而

$$E[X(t)] = E[X_0] + \frac{1}{2}E[gt^2] = \frac{1}{2}gt^2.$$

$$C_Y(s,t) = E[X(s)X(t)] - E[\mu_X(s)X(t)] - E[X(s)\mu_X(t)] + \mu_X(s)\mu_X(t)$$

$$= E\left[\left(X_0+\frac{1}{2}gs^2\right)\left(X_0+\frac{1}{2}gt^2\right)\right]\frac{1}{2}gs^2E\left[X_0+\frac{1}{2}gt^2\right]$$

$$+ E\left[X_0+\frac{1}{2}gs^2\right]\frac{1}{2}gt^2 + \frac{1}{4}g^2s^2t^2$$

$$= \sigma^2 + \frac{1}{4}g^2s^2t^2 - \frac{1}{4}g^2s^2t^2 + \frac{1}{4}g^2s^2t^2 = \sigma^2.$$

$$D[X(t)] = C_X(t,t) = \sigma^2.$$

因为对任意正整数 $n,t_1,t_2,\cdots,t_n \in T$, $X(t_1),X(t_2),\cdots,X(t_n)$ 均为服从正态分布的随机变量,故解过程 $\{X(t),t\in T\}$ 是一正态过程。

第 3 章习题答案

1. 解

　　$\{X_n, n \geqslant 1\}$ 是齐次马尔可夫链,由独立性知

$$P\{X_{n+1} = i_{n+1} \mid X_n = i_n\} = P\{X_{n+1} = i_{n+1}\}.$$

又由重复性知,有

$$P_{ij} = P\{X_n = j\} = \begin{cases} p, & j = 1, \\ q, & j = 0. \end{cases}$$

故

$$\boldsymbol{P} = \begin{bmatrix} p_{00} & p_{01} \\ p_{10} & p_{11} \end{bmatrix} = \begin{bmatrix} q & p \\ q & p \end{bmatrix}, \boldsymbol{PP} = \begin{bmatrix} q & p \\ q & p \end{bmatrix} \begin{bmatrix} q & p \\ q & p \end{bmatrix} = \begin{bmatrix} q & p \\ q & p \end{bmatrix},$$

$$\boldsymbol{P}^{(k)} = \overbrace{\boldsymbol{PP}\cdots\boldsymbol{P}}^{k} = \begin{bmatrix} q & p \\ q & p \end{bmatrix}.$$

2. 解

　　由题设条件,得一步转移概率矩阵为

$$\boldsymbol{P} = \begin{bmatrix} p_{00} & p_{01} \\ p_{10} & p_{11} \end{bmatrix} = \begin{bmatrix} \alpha & 1-\alpha \\ \beta & 1-\beta \end{bmatrix} = \begin{bmatrix} 0.7 & 0.3 \\ 0.4 & 0.6 \end{bmatrix},$$

于是,二步转移概率矩阵为

$$\boldsymbol{P}^{(2)} = \boldsymbol{PP} = \begin{bmatrix} 0.7 & 0.3 \\ 0.4 & 0.6 \end{bmatrix} \begin{bmatrix} 0.7 & 0.3 \\ 0.4 & 0.6 \end{bmatrix} = \begin{bmatrix} 0.61 & 0.39 \\ 0.52 & 0.48 \end{bmatrix},$$

四步转移概率矩阵为

$$\boldsymbol{P}^{(4)} = \boldsymbol{P}^{(2)} \boldsymbol{P}^{(2)} = \begin{bmatrix} 0.5749 & 0.4251 \\ 0.5668 & 0.4332 \end{bmatrix}.$$

从而得到今天有雨且第四天仍有雨的概率为 $p_{00}^{(4)} = 0.5749$.

3. 解

　　因为转移概率矩阵为

$$\boldsymbol{P} = \begin{bmatrix} 0.95 & 0.02 & 0.02 & 0.01 \\ 0.30 & 0.60 & 0.06 & 0.04 \\ 0.20 & 0.10 & 0.70 & 0.00 \\ 0.20 & 0.20 & 0.10 & 0.50 \end{bmatrix},$$

再令 $\mu = (\mu_1, \mu_2, \mu_3, \mu_4) = (0.25, 0.30, 0.35, 0.10)$. 半年以后顾客的转移概率为 $\boldsymbol{P}^{(3)}$,而

$$P^{(3)} = P^3 = \begin{bmatrix} 0.8894 & 0.8894 & 0.8894 & 0.8894 \\ 0.60175 & 0.60175 & 0.60175 & 0.60175 \\ 0.4834 & 0.4834 & 0.4834 & 0.4834 \\ 0.5009 & 0.5009 & 0.5009 & 0.5009 \end{bmatrix}.$$

因为只关心从 A, B, C, D 四种啤酒经三次转移后到 A 种的概率, 所以由 $P^{(3)}$ 的第一列, 得

$$P = (0.25, 0.30, 0.35, 0.10) \begin{bmatrix} 0.8894 \\ 0.60175 \\ 0.4834 \\ 0.5009 \end{bmatrix} \approx 0.624.$$

所以 A 种啤酒在半年后占有的市场份额为 62.4%, 广告的效益很好.

4. 解

因为

$$P(2) = P^2 = \begin{bmatrix} q^2 + pq & pq & p^2 \\ q^2 & 2pq & p^2 \\ q^2 & pq & pq + p^2 \end{bmatrix},$$

可见矩阵 $P(2)$ 的所有元素都大于 0, 根据定理 3.3.1 可知马尔可夫链具有遍历性.

为求 π_1, π_2, π_3, 列出方程组

$$\begin{cases} \pi_1 = q\pi_1 + q\pi_2, \\ \pi_2 = p\pi_1 + q\pi_3, \\ \pi_3 = p\pi_2 + p\pi_3. \end{cases}$$

由此解得

$$\pi_2 = \frac{p}{q}\pi_1, \quad \pi_3 = \left(\frac{p}{q}\right)^2 \pi_1.$$

由条件

$$\pi_j > 0 \ (j = 1, 2, 3), \quad \pi_1 + \pi_2 + \pi_3 = 1,$$

得

$$\pi_1 \left[1 + \frac{p}{q} + \left(\frac{p}{q}\right)^2 \right] = 1,$$

所以

$$\pi_1 = \frac{1}{1 + \frac{p}{q} + \left(\frac{p}{q}\right)^2}, \quad \pi_2 = \frac{\frac{p}{q}}{1 + \frac{p}{q} + \left(\frac{p}{q}\right)^2}, \quad \pi_3 = \frac{\left(\frac{p}{q}\right)^2}{1 + \frac{p}{q} + \left(\frac{p}{q}\right)^2}.$$

特别地,当 $p=q=\dfrac{1}{2}$ 时,有 $\pi_1+\pi_2+\pi_3=\dfrac{1}{3}$. 这时极限分布是等概率分布. 如果此链的初始概率分布为 $\boldsymbol{p}=\left(\dfrac{1}{3},\dfrac{1}{3},\dfrac{1}{3}\right)$,则此链是平稳的,$\boldsymbol{p}=\left(\dfrac{1}{3},\dfrac{1}{3},\dfrac{1}{3}\right)$ 是一个平稳分布.

5. 解

由于对任意整数,都有 $p^k=p$,即

$$p_{11}(k)=p_{22}(k)=1,\quad p_{12}(k)=p_{21}(k)=0,\quad k=1,2,\cdots,$$

因此有

$$\lim_{k\to\infty}p_{11}(k)=1,\quad \lim_{k\to\infty}p_{21}(k)=0,$$

所以

$$\lim_{k\to\infty}p_{11}(k)\neq\lim_{k\to\infty}p_{21}(k),$$

由此可知马尔可夫链不具有遍历性.

第 4 章习题答案

1. 解

题中的 ϕ 是区间 $[0,2\pi]$ 上服从均匀分布的随机变量,故 ϕ 的概率密度为

$$f(\varphi)=\begin{cases}\dfrac{1}{2\pi}, & 0<\varphi<2\pi,\\[2mm] 0, & \text{其他},\end{cases}$$

于是

$$\mu_X(t)=E[X(t)]=E[a\cos(bt+\phi)]=\int_0^{2\pi}a\cos(bt+\varphi)\dfrac{1}{2\pi}\mathrm{d}\varphi=0,$$

$$R_X(t_1,t_2)=E[X(t_1)X(t_2)]=\dfrac{a^2}{2}\cos b(t_2-t_1)=\dfrac{a^2}{2}\cos b\tau=R_X(\tau),$$

其中 $\tau=t_2-t_1$. 因为 $E[X^2(t)]=R_X(0)=\dfrac{a^2}{2}<+\infty$,所以 $\{X(t),-\infty<t<+\infty\}$ 是二阶矩过程,从而是宽平稳过程.

2. 解

因为

$$0\leqslant E\{[X(t)\pm X(t+\tau)]^2\}=2[R_X(0)\pm R_X(\tau)],$$

所以

$$\pm R_X(\tau)\leqslant R_X(0),$$

即

$$|R_X(\tau)|\leqslant R_X(0).$$

3. **解**

根据（自）相关函数的定义和均值的运算性质，得

$$\sum_{i,j=1}^{n} R_X(t_i - t_j)g(t_i)g(t_j) = \sum_{i,j=1}^{n} E[X(t_i)X(t_j)]g(t_i)g(t_j)$$

$$E\left\{\sum_{i,j=1}^{n} X(t_i)X(t_j)g(t_i)g(t_j)\right\} = E\left\{\left[\sum_{i=1}^{n} X(t_i)g(t_i)g(t_j)\right]^2\right\} \geqslant 0.$$

4. **解**

因为

$$R_X(\tau) = 100\cos 10\tau + (100e^{-10|\tau|} + 100) = R_{X_1}(\tau) + R_{X_2}(\tau),$$

其中 $R_{X_1}(\tau)$ 为该平稳过程周期分量的相关函数，该分量的均值函数为零. 由性质 6 可得非周期分量的相关函数 $R_{X_2}(\tau)$ 满足

$$R_{X_2}(\infty) = \mu_{X_2}^2 = 100,$$

所以 $X(t)$ 的均值函数为

$$\mu_X = \mu_{X_2} = \pm 10,$$

均方值函数为

$$\Psi_X^2 = R_X(0) = 300,$$

方差函数为

$$\sigma_X^2 = R_X(0) - \mu_X^2 = 200.$$